GOLDFIEBER

Herausgegeben von Gisela Graichen

GOLDFIEBER
VON DEN MINEN DER SKYTHEN ZU DEN SCHÄTZEN TIMBUKTUS

Herausgegeben von Gisela Graichen

Econ

Der Econ Verlag ist ein Unternehmen
der Econ Ullstein List Verlag
GmbH & Co. KG, München

1. Auflage 2002
ISBN 3-430-14596-1

Buchgestaltung:
Büro Jorge Schmidt, München
Layout: Tabea Dietrich, München
Repro: Franzis print & media GmbH, München
Druck- und Bindearbeiten: Mohn-Media, Gütersloh

INHALT

Der »Berliner Goldhut« –
Fundort unbekannt. Wer
die Zeichen der bronze-
zeitlichen Ornamentik zu
lesen vermochte, der hatte
das Wissen, der hatte die
Macht.

VON ZAUBERHÜTEN UND DEM »FLEISCH DER GÖTTER«

21. Dezember 1995,

14.30 Uhr, Museum für Vor- und Frühgeschichte Berlin (MVF), Schloss Charlottenburg, Büro des Direktors:

Wolfgang W., Kunsthändler aus Frankfurt am Main, ist pünktlich. Unter dem Arm trägt er eine großformatige Farbfotografie. Professor Wilfried Menghin wirft einen schnellen Blick auf den abgebildeten goldenen Gegenstand und ist enttäuscht. Wenn das die telefonisch angekündigte Überraschung sein soll ... Denn den »Goldkegel von Ezelsdorf« kennt er gut, er liegt im Germanischen Nationalmuseum Nürnberg. Herr W. hält das Foto immer noch hoch. Und dann, beim zweiten Blick, erstarrt Menghin: Es zeigt einen sehr ähnlichen, aber bisher unbekannten Goldkegel mit schmaler Krempe, unbegreiflich gut erhalten. Er ist in Schweizer Privatbesitz und steht zum Verkauf. W. ist der Vermittler. Der Professor weiß, dass er unbedingt »dranbleiben« muss.

Gleich nach den Feiertagen, am 29. Dezember 1995, versichert sich Menghin der Unterstützung des Generaldirektors der Staatlichen Museen zu Berlin für weitere Verhandlungen, die sich als komplex und kompliziert herausstellen. Voraussetzung ist absolutes Vertrauen, schließlich handelt es sich um ein Stück aus dem »grauen Markt«.

4. Februar 1996,

**Treffen – privatissimum –, im Konferenzraum eines
Züricher Hotels:**

Wilfried Menghin und der Chefrestaurator des Berliner Museums, Hermann Born, sehen das Original zum ersten Mal. Beide sind überwältigt, haben aber sofort den Eindruck, das Stück könne nicht echt sein, zu makellos ist sein Erhaltungszustand, zu präzise sind die Ornamente eingraviert. Die Wissenschaftler sind misstrauisch. W. kann – oder will? – darüber hinaus keinerlei Auskunft zum Eigentümer und zur Herkunft des im Angebot »Hut« beziehungsweise »Tiara« genannten Objekts geben. Der Verkäufer wehrt sich vehement gegen den Verdacht der Fälschung. Am Ende darf Born zwei kleine Goldproben entnehmen. Die metallographische Analyse im renommierten Berliner Rathgen-Forschungslabor beweist die Echtheit des Fundstücks.

24. April 1996,

Museum für Vor- und Frühgeschichte Berlin, Werkstätten:

Auf Einladung der Staatlichen Museen in Berlin können internationale Experten eine archäologische Autopsie, eine naturwissenschaftliche Beprobung des Originals vornehmen. Die Fachkollegen im In- und Ausland sind informiert. Die drei in den letzten anderthalb Jahrhunderten ausgegrabenen Goldkegel aus der Bronzezeit sind bekannt und umfassend mit Goldanalysen etc. veröffentlicht. Basis für eine Fälschung? Das Abschlussprotokoll nach Bewertung aller Untersuchungen erklärt: Das Objekt ist echt, es ist antik. Neben der Zusammensetzung des Goldes werden als weitere Indizien für die Echtheit die künstlich nicht herstellbare Oxidation, Konstruktionsmerkmale und radiologische Befunde angeführt. Es stammt aus der Zeit 1000 v. Chr. – ein Kultobjekt von europäischem Rang, das für die Öffentlichkeit erhalten werden soll. Die Direktorenkonferenz der Staatlichen Museen zu Berlin befürwortet einstimmig den Ankauf. Bedingung: Die Eigentumsverhältnisse müssen geklärt werden. Schließlich tobt seit Jahren eine Diskussion über die Anschaffung von »grauer« Ware durch staatliche Museen. Der Goldhut wandert einstweilen wieder in den Schweizer Tresor.

Sommer 1996

Anfragen durch das Museum für Vor- und Frühgeschichte Berlin an alle Landesdenkmalämter und großen Museen im In- und Ausland über das fragliche Objekt verlaufen negativ. Das bedeutet, das Stück war bislang nicht bekannt, ist nirgendwo abgängig und Ansprüche Dritter sind nicht vorhanden.

16. September 1996, Vaduz

Die Kunsthandel ARTRADA, Vaduz, schreibt: Unser Unternehmen wurde anwaltlich mit der Veräußerung beauftragt. Der Ihnen von Herrn W. zur Vermittlung überlassene Kultkegel der Bronzezeit entstammt einer Kollektion ererbter Einzelstücke. Eine Fundgeschichte sowie ein Fundort sind nicht überliefert.

Und nun hat der Direktor des MVF, Professor Menghin, ein Problem: Kann er ein Objekt ohne eindeutig nachgewiesene Provenienz, das immerhin 1,5 Millionen DM kosten soll, für sein Haus erwerben? Letztlich aus Steuermitteln bezahlen?

Die Authentizität ist einwandfrei geklärt, kulturhistorisch entspricht der Goldkegel den drei bisher gefundenen, doch keiner ist so gut erhalten. Mit dem Ankauf könnte der »Fall« dieser Denkmälergattung neu aufgerollt werden. Hitzige Diskussionen über die Ethik des Erwerbs provenienzloser Altertümer durch staatliche Sammlungen folgen. Einige Kollegen sprechen sich harsch dagegen aus. Im Dezember 1996 wird das Objekt der Begierde schließlich noch einmal zur Bewertung nach Berlin gebracht.

12. Dezember 1996

Der Ankauf des archäologischen Fundes aus Haushaltsmitteln der Staatlichen Museen Berlin wird beschlossen. Der Goldhut wird im MVF unter der Nummer IIc 6068, Fundort unbekannt, »vermutlich Süddeutschland«, inventarisiert.

Der »Goldene Hut von Schifferstadt« wurde 1835 unbeschädigt auf einem Acker ausgegraben. Er stand senkrecht auf einer Platte aus gebranntem Ton. Auf der Krempe lagen, schräg gegen den Schaft gelehnt, drei Bronzebeile. Die Wissenschaftler verglichen den Hut damals mit »einer Kopfbedeckung ähnlich der Tiara der assyrischen Könige«.

Der »Goldhut von Ezelsdorf« – Zustand bei der Einlieferung in das Germanische Nationalmuseum Nürnberg. 1953 wurde er bei Rodungsarbeiten entdeckt. Ohne die Bedeutung seines Fundes einschätzen zu können, zerhackte der Finder das kostbare Stück. Seine Frau trug ein Teilchen zum Zahnarzt, der die Besonderheit und den Wert glücklicherweise erkannte.

Ich möchte von Wilfried Menghin wissen, ob er ein ungutes Gefühl dabei hat –, der Finder könnte sich doch zumindest einer Unterschlagung schuldig gemacht haben. Leistet solch ein Ankauf aus dunklen Quellen nicht der Raubgräberei Vorschub? Mit Hightech ausgerüstete professionelle Schatzsucher sind sowieso schon zu einer Crux für die Wissenschaft geworden. Funde ohne Befunde, alsi Funde ohne den Fundzusammenhang, gelten den Archäologen als wertlos. Der Kampf gegen Grabräuber und unseriöse Kunsthändler ist weltweit zu einem ernsten Problem geworden. In Deutschland steht Raubgräberei mittlerweile unter Strafe und wird im Wiederholungsfall mit Gefängnis geahndet.

Menghin kennt den grauen Markt, er weiß, dass ein unrechtmäßig erworbener Fund eine neue Identität bekommt, also so lange gewaschen wird, bis er einer öffentlichen Sammlung zum Kauf angeboten werden kann. Und natürlich lehnt er das ab. Doch hier ist alles anders, unglaublich, ungewöhnlich und einzigartig, schließlich handelt es sich um einen Zauberhut, den Hut des Magiers. Wer ihn besaß, hatte das geheime Wissen der Welt. Harry Potter lässt grüßen.

»Es kommt ganz selten vor, dass solch ein exzellentes Stück überhaupt im Kunsthandel oder auch bei einer Grabung auftaucht. Achtzig Prozent aller außergewöhnlichen, besonders auffälligen Objekte sind sowieso Zufallsfunde und werden nicht bei planmäßigen Grabungen freigelegt. Es war mir sofort klar, hinter diesem Goldobjekt steckt mehr als nur Glanz und Schönheit, das muss für die Wissenschaft erhalten bleiben, koste es, was es wolle«, meint der Professor überzeugt. »Wenn ein solches Stück in den Kunsthandel nach Amerika oder Japan floatet und irgendwo im Keller eines texanischen Multimillionärs verschwindet, ist es für die Forschung für immer verloren. Das galt es zu verhindern.«

Und es galt für Menghin, die Einzigartigkeit seines Goldkegels zu beweisen. Anderthalb Jahre brauchte er dafür, Jahre, in denen er sich nächtelang mit einer starken Lichtlupe vor den Goldhut setzte und die Ornamentik aus eingravierten Kreisen, Ringen, Reihen und Symbolen prüfte. Sehr schnell entdeckte er die Übereinstimmung mit der Ornamentik der anderen drei Objekte; das älteste war 1835 bei Schifferstadt gefunden worden, danach folgte der »Cone d'Avanton« in Frankreich. Was die Funktion anbelangte, war ihm bald klar. Es waren nicht, wie bislang angenommen, Kegel, die über Kultpfähle gestülpt wurden, sondern ursprünglich mit Innenfutter ausgelegte Kopfbedeckungen. Und zwar getragen von einem Priesterkönig, der bei Zeremonien erhöht gesessen haben muss – denn die Krempe trägt auch an der Unterseite Eingravierungen.

Schon vor fünfzig Jahren hat man versucht, die Ornamentik zu entschlüsseln, aber es gelang nicht, weil keiner der drei anderen Hüte so vollständig von der Spitze bis zur Krempe erhalten ist. Professor

Gerettet, zusammengefügt und restauriert: der »Goldhut von Ezelsdorf«. Er weist die variantenreichste Ornamentik aller bislang gefundenen Goldhüte auf. Die Systematik der Verzierungen ist vergleichbar mit der auf den Goldhüten von Berlin und Schifferstadt.

Menghin schaffte es, sie endlich zu entziffern. Er knackte den Code der »Goldenen Hüte« und ist überzeugt davon, dass der Forschung damit ein Quantensprung auf dem Gebiet der Religionsgeschichte der späten Bronzezeit geglückt ist. Eine Periode, die auch das »Goldene Zeitalter« genannt wird.

Bei der Dechiffrierung der Zahlenreihen, die das Muster bildet, kam Menghin auf eine Formel, auf eine Systematik, die bei allen vier Hüten gegeben ist. Er fand den Beweis, dass die Ornamente nicht als Schmuck oder Verzierung angebracht waren. Die Auszählung der Stempel, Reihen und Kreisbuckel ergab immer wieder eine strenge Systematik um die Primzahl 19, die in der Astronomie eine bestimmende Rolle spielt. »Es elektrisierte mich, als ich plötzlich erkannte, hier ist nichts dem Zufall überlassen, hier sind präzise die Zahlenreihen des Mond- und des Sonnenjahres erfasst. Eine ganz tolle Geschichte: Mit diesem Goldhut habe ich einen Kalender, der Sonnen- und Mondzyklus umfasst, auch die Schaltjahre. Damit kann ich für Vergangenheit und Zukunft die Sonnen- und Mondphasen bestimmen, Aussaat und Ernte, bewegliche und unbewegliche Feste. Wer diesen Hut trug, wer diese Zeichen zu lesen vermochte, der hatte das Wissen, der hatte die Macht, der konnte die Zeit bestimmen, der konnte Dinge vorhersagen. Auf diesem wunderbaren Zeremonialhut ist das gesamte astronomische Wissen der späten Bronzezeit festgehalten.« Also doch Harry Potters Zauberhut.

Die um die Zahl 19 kreisenden Kalenderzyklen hat der Philosoph und Mathematiker Meton von Athen als Erster aufgeschrieben. Das war im Jahr 435 v. Chr. Menghin: »Wir können heute sagen, dass dieses Wissen um den 19-Jahres-Zyklus mit allem Drum und Dran schon ein halbes Jahrtausend zuvor in Süddeutschland bekannt, in Formeln gefasst und auf dem Goldhut festgehalten war.«

Die Form des Hutes findet der Archäologe so spannend, weil sie sich immer wieder, vom Zauberer Merlin bis zu den vorderasiatischen Völkern des Altertums wie den Hethitern, als zeremonielle Kopfbedeckung wiederholt. Im 19. Jahrhundert werden die keltischen Druiden mit solchen Hüten abgebildet, im 18. Jahrhundert werden sie von Rabbinern getragen, im Mittelalter von

Diese Kette aus Perlen und goldene Halskragen mit Verzierungen, die denen der Hüte entsprechen, komplettieren das priesterkönigliche Ornat.

den Magiern und in grauer Vorzeit waren diese hohen Spitzhüte Zeichen der Priesterkaste. Es wird noch eine wichtige Aufgabe der Volkskunde sein herauszufinden, meint Menghin, wann, von wem und zu welchem Anlass diese Spitzhüte einst getragen wurden.

Durch die Dechiffrierung der Ornamentik als Kalendersystem, das sich auf allen vier Hüten wiederholt, erscheint die Kultur der Bronzezeit in Mitteleuropa plötzlich in einem ganz neuen Licht. Die namenlosen vorkeltischen oder vorgermanischen Stämme waren keine Barbaren im Vergleich zu den Völkern des Mittelmeerraums, ihr religionsphilosophischer Hintergrund, ihr Wissen um Mathematik und Astronomie sind jetzt belegbar. Vielleicht hat dieses bronzezeitliche Volk sein geheimes Wissen an die keltischen Druiden weitergegeben. Und Professor Menghin geht noch einen Schritt weiter: Dieses namenlose Volk ist kulturell als niedrig eingestuft worden, weil es keine Schrift hatte. Doch vielleicht hatte es eine, vielleicht entsprach ihre Schrift um 1000 v. Chr. sogar von der Systematik her unserer Computerschrift um 2000 n. Chr. Menghin ist auf dem besten Weg, auch dies aus den Mustern herauszulesen. Schließlich, sagt er, komme auch der Computer bei allen Zahlen mit den beiden Zeichen Null und Eins aus. Da werde es in den nächsten fünfzig Jahren einen enormen Fortschritt in der Forschung geben, der – da ist er sicher – nur an solchen außergewöhnlichen Einzelstücken ausgemacht werden kann. Und er ist nicht wenig stolz auf seine Ergebnisse, die zeigen, der Goldhut war sein Geld wert.

Den nächsten Triumph hatte der Direktor in diesen Wochen zu vermelden: Nach der Analyse des Goldobjekts als Kalender und Teil eines priesterköniglichen Ornats, fertigte er ein Bild an, wie der Träger ausgesehen haben könnte. Dabei zeichnete er ihm einen goldenen Halskragen mit denselben Mustern und Emblemen sowie ein Brustgehänge aus Perlen. Und das Unglaubliche geschah: Aus den dunklen Quellen des Schweizer Kunsthandels wurde ihm vor kurzem genau so ein Stück angeboten. Da zurzeit die Preise für solche Objekte in den Keller gerutscht sind – mit der Metallsonde wird zu viel aufgespürt, der Abnehmerkreis ist beschränkt und es gibt nur wenige Museen, die fundortlose Stücke überhaupt erwerben können, weil sie wie das Berliner MVF einen übernationalen Sammlungsauftrag haben –, bekam er die einzigartigen Stücke zu einem guten Preis. Ein Schnäppchen sozusagen. Die Untersuchung und Entzifferung der insgesamt drei erworbenen goldenen Halskragen wird ihn sicher wieder viele arbeitsreiche Nächte kosten.

Mit dem Stolz des Museumsmanns weist Menghin darauf hin, dass das Berliner Museum für Vor- und Frühgeschichte damit im Besitz des Ornats - Hut und Kette –, sowie des liturgischen Geräts eines Priesterkönigs ist. Denn schließlich lagerte hier bis 1945 nicht nur Schliemanns berühmter Schatz von Troja, sondern auch der bronzezeitliche Goldschatz von Eberswalde: neun goldene Schalen, die bei verschiedenen Kulthandlungen Verwendung fanden.

Gold – Gier, Rausch und Magie

Gold war eben schon für die Menschen der Bronzezeit ein ganz besonderer Stoff. Im »Goldenen Zeitalter«, dieser sagenhaften Epoche des Friedens und der Glückseligkeit in Europa zwischen dem 18. und dem 8. Jahrhundert v. Chr., wurde es hauptsächlich aus Flüssen gewaschen, vor allem aus dem Rheinsand (Rheingold, Nibelungen). Noch im 19. Jahrhundert war Mannheim ein bedeutendes Zentrum. Bis zum Anfang des 20. Jahrhunderts war die Goldsuche in Flüssen weit verbreitet, man konnte mit Glück auch davon leben, wie etwa an der Donau und kleineren thüringischen Flüssen. Der wichtigste goldführende Fluss aber ist die Eder im Sauerland. Ein befreundeter Professor fand heute noch so viel Gold, dass er sich einen Ehering daraus schmieden ließ.

Der warme gelbe oder auch rote Glanz des Goldes ist einzigartig und er ist unvergänglich. Der Stoff, der Ewigkeit verheißt – Gold oxidiert nicht wie Bronze und Kupfer, es rostet nicht wie Eisen, es wird von Luft, Wasser und Säuren nicht angegriffen. Es verändert sich nicht.

In den unterschiedlichsten Kulturen und Zeiten fand das Edelmetall als Zeichen der Macht, im Gottesdienst und bei Kulthandlungen Verwendung. Im Mittelalter, so weiß der Aberglaube zu berichten, darf man Zauber- und Heilkräuter nur mit einer goldenen Sichel schneiden. Im Hinduismus besitzt Gold eine mystische Bedeutung: als Symbol des Lebens und der Unsterblichkeit. Das »Fleisch der Götter« nannten es die alten Ägypter. Die Goldmaske des Tutanchamun und die Geschichte der Freilegung seines Grabes – »Gold, Gold, Gold« – zählen zu den Höhepunkten der Archäologie. So wie Heinrich Schliemanns Ausgrabungen des Priamos-Schatzes und der Goldmasken des Agamemnon. Die Barbaren, die Steppenvölker aus den Weiten Asiens, schufen wunderbare Kunstwerke aus Gold. Und die nächsten Jahre werden weitere unglaubliche Goldschätze aus Fürstengräbern der Skythen ans

Lockruf des Goldes!

Tipps und Informationen für Ihr ganz persönliches Goldfieber finden Sie auf folgenden Internetseiten:
www. Goldsucher.de
www.Goldwaschen.de
www.Goldminer.at
www.Nuggets.com
www.Schatzsucher.net
www.Goldsucher.net
www.Rafters.ch

Tageslicht bringen. Den südamerikanischen Hochkulturen galt es als heilig, den spanischen Eroberern als Ziel gieriger Wünsche, gegen die ein Menschenleben nichts galt. »Eldorado« ist zu einem Inbegriff für das ersehnte Paradies geworden.

Dem »Mythos Gold« kann sich kaum jemand entziehen – es ist das »unerklärliche Vergnügen, Gold in der Hand zu halten«, wie Henry Miller schwärmte, das sich nicht in Dollar ausdrücken ließe. Die Magie des sonnengleichen Goldes, an dem der Mensch sich vergeblich versucht: Alle Goldmacherkünste waren vergebens, das Edelmetall lässt sich nicht künstlich herstellen. Das gesamte, je auf der Welt geförderte Gold würde in einen Würfel von 18 Metern Kantenlänge passen.

Doch Gier nach Gold führte nicht nur zum hektischen Goldfieber des 19. Jahrhunderts. Der Fluch des Goldes treibt auch heute Schatzjäger und die internationale Kunstmafia um, die inzwischen so gut organisiert ist wie die Drogenmafia – in Südamerika transportiert sie ihre Beute aus Maya-Ruinen mit dem Hubschrauber ab. Aber noch immer gibt es Menschen, die ihr Glück bei der schweißtreibenden Arbeit der klassischen Goldsucher finden. Wir trafen sie in Papua-Neuguinea, in Kirgisien, in Alaska und in der westafrikanischen Republik Mali. Wir fanden die alten Goldminen der Skythen und die Goldvorkommen des sagenhaften schwarzen Königs Kanga Mussa, der riesige Goldmengen nach Arabien brachte. Wir fanden seine Goldadern, aus denen das Gold aus Tausendundeiner Nacht stammt. Und wir fanden heraus, dass die antiken Minen der Pharaonen, der Steppennomaden oder des Schwarzen Kaisers von Melli heute noch Gold enthalten.

Woher das Gold für Harry Potters Zauberhut, dem Berliner Goldhut, stammt, wissen wir auch: Es ist Flussgold und kommt aus dem Oberrhein. Auch der führt immer noch Gold.

Viel Glück beim Schürfen ...

Gisela Graichen

Goldregionen in Deutschland

Vor über 800 Jahren
zogen an den Mauern
der Moschee von
Djenné die Karawa-
nen mit dem Gold von
Mali vorbei. Der Ruf
des Muezzin begleitete
sie auf ihrem Weg in
die Schatzkammern
der Kalifen.

MALI

DAS GOLD AUS TAUSEND-UNDEINER NACHT

Die Juweliere und Gold-
schmiede der Kalifen wa-
ren Meister ihres Fachs.
Diese wunderschön ver-
zierte Schale stammt aus
der Blütezeit der arabi-
schen Kunst.

Die Pracht der islamischen Kalifen ist seit dem Mittelalter sprichwörtlich. Da es in Arabien aber kaum Goldvorkommen gab, musste das Edelmetall importiert werden. Nur, woher kam das sagenhafte Gold? Eine alte Quelle bringt uns auf die Spur Kanga Mussas, einst König von Mali. Die Straßen der Hauptstadt Timbuktu waren angeblich mit Gold gepflastert.

I

M JAHR 1324 zieht eine seltsame Prozession durch das Gewimmel eines riesigen, fremdländische Waren aller Art feilbietenden Basars in Kairo. Flankiert von schwarzhäutigen Paladinen mit goldenen Krummschwertern und hölzernen Schilden schreitet ein Mann mit der herrschaftlichen Attitüde eines Großfürsten durch die Gassen. Sein Teint ist schwärzer als die milchkaffeebraune Haut der Ägypter, seine Kleidung aus weiten, bunten Tüchern wirkt exotisch zwischen den graubraunen Kaftanen der Muhtasibs, der Marktaufseher. Es ist Kanga Mussa, König von Mali, Herrscher eines geheimnisvollen Reichs südlich der Sahara. Der strenggläubige Muslim hatte sein Land verlassen, um die vom Koran vorgeschriebene Wallfahrt nach Mekka zu absolvieren. Kairo ist für ihn nur eine Zwischenstation – er will mit den mameluckischen Händlern Geschäfte machen. Was er mitbringt, muss auf die Ägypter wie ein Traum gewirkt haben: Gold in so unglaublichen Mengen, dass der Herrscher aus dem Süden sofort zur Legende wird. Nicht nur die Goldhändler des Basars, denen er seine Schätze zeigt, können ihr Glück kaum fassen, ganz Kairo ist noch Jahre später verzückt von jenem exotischen Potentaten. Ein zwanzig Zentner schweres Stück Gold soll sich laut Ibn Khaldun, dem berühmtesten aller arabischen Geschichtsschreiber, im Besitz des Herrschers befunden haben. Mythos, Legende, Wahrheit? So viele Geschichten ranken sich um Kanga Mussa, dass Al Omari, ein aus Damaskus stammender Beamter am Hofe des Kalifen von Kairo, im Jahr 1336 beginnt, die in der Stadt kursierenden Geschichten aufzuschreiben:

»Als ich zum ersten Mal nach Kairo kam und mich dort aufhielt, hörte ich vom Erscheinen des Sultans Mussa und von seiner Pilgerfahrt berichten. Die Bewohner Kairos erzählten in lebhafter Erinnerung von seinen großzügigen Ausgaben. Kaufleute von Alt- und Neukairo rechneten mir die Gewinne vor, die sie bei Geschäften mit diesen Schwarzen gemacht hatten. Da kaufte einer von ihnen ein Hemd oder einen Mantel oder eine Robe oder ein anderes Gewand und bezahlte dafür fünf Dinare, obschon es nur einen Dinar wert war.« Für die gewieften Händler der orientalischen Basare sind die Malier ein gefundenes Fressen: »Sie waren von so einfacher Gemütsart und einer solchen Gutgläubigkeit, dass zu ihrem Nachteil jede Handlungsweise möglich war.«

Auf dem Khan El Khalil-Markt in Kairo bieten Händler heute noch vergoldete Schmuckstücke feil – Zierat für die Erben Harun al Raschids.

Gute Geschäfte

Ein heißer Freitagvormittag in Hamburg. Ungewohnte Hitze liegt über der Alster. Für Soumare Aminata Sidibé ein recht angenehmes Klima. Die Botschafterin Malis ist mit einem Spezialauftrag in die Hansestadt gekommen. Mit der »Hamburger Münze« gilt es, ein Geschäft zu machen, das für ihr Land von enormer Bedeutung ist. Die Botschafterin, eine attraktive Frau Anfang Vierzig, ist in ihrer traditionellen Tracht unter den Anzugträgern ein leuchtend bunter Farbfleck. An ihren Ohren baumeln goldene Clips, fein ziseliert. Lachend erzählt sie von den Legenden über Kanga Mussa und der Bedeutung, die Gold heute noch für Mali hat: Mali, doppelt so groß wie Frankreich, besteht zu achtzig Prozent aus Wüsten und Halbwüsten. Die Landwirtschaft kann die Bevölkerung mehr schlecht als recht ernähren. Deshalb bietet das Land seinen wichtigsten Rohstoff zum Verkauf an. Gold ist wichtigster Posten in der Exportbilanz, Devisenbringer Nummer eins und Arbeitsbeschaffer für unzählige Familien. Darüber hinaus garantiert Gold Schutz, Sicherheit und die Verbindung zu den guten Geistern: »Gold hat für die Menschen von Mali einen mystischen Wert.« Es ist eine ungünstige Zeit für den Handel mit dem Edelmetall – der Goldpreis ist weltweit im Keller.

Im Gegensatz zu Kanga Mussa, der sich seinerzeit noch übers Ohr hauen ließ, weiß die Botschafterin, was ihr Gold wert ist. 20 000 Goldstücke, nach heutiger Rechnung zwei Tonnen, soll Kanga Mussa in Kairo hinterlassen haben. Woher der Malier diese Schätze hatte, ist in den Quellen nicht überliefert. Die schiere Menge des Goldes deutet auf eine exzellente Logistik und Organisation in der Förder- und Verarbeitungstechnik, die in der damaligen Welt konkurrenzlos war. Man denkt unwillkürlich an die Augsburger Fugger, die im 16. Jahrhundert mit Hilfe ihrer Silberbergwerke die europäische Politik bestimmten. Doch während die Bergwerke der Fugger in der Alten Welt gut erforscht sind, ist wenig über die Könige Schwarzafrikas und ihre Goldminen bekannt. Dabei waren sie die wichtigsten Lieferanten des begehrten Edelmetalls für den arabischen Kulturkreis von Cór-

Förmlich überschüttet mit hunderten von alten Goldmünzen wurde 1980 ein Arbeiter, der eine Kairoer Moschee renovieren half. Aus Angst vor Dieben hatten die Vorbeter dort einst ihren Kirchenschatz versteckt.

doba über Kairo bis nach Mekka und Medina. Sagen berichten von einer »Goldinsel« – der bis heute wichtigste Hinweis auf die Herkunft des Goldes von Kanga Mussa. 1154 hatte ein Araber namens Al Idrisi von einer 150 Meilen langen Insel innerhalb eines Überschwemmungsgebiets südlich der Sahara berichtet, zu der Schwarze aus allen Teilen Afrikas kämen, um nach Gold zu graben. Tatsächlich bildet der große Strom Westafrikas, der Niger, noch heute während seines langen Laufs durch Mali ein gewaltiges Überschwemmungsgebiet.

Ist der Landstrich im Binnendelta des Niger jene »Goldinsel«, die Al Idrisi beschrieb? Kam von hier das Gold, das die Kalifen Arabiens, die Herrscher aus Tausendundeiner Nacht, für ihre phantastischen Kunstwerke verwendeten?

Ist das die Goldinsel?

Die Stadt Djenné liegt inmitten eines Überschwemmungsdeltas eines Nebenflusses des Niger. Die jährlichen Fluten bescheren den Einwohnern fruchtbare Ernten, und der Ruf Djennés als Drehscheibe des Goldhandels mag Al Idrisi suggeriert haben, das Gold Kanga Mussas habe hier seinen Ursprung.

(Aus: Susan K. und Roderick J. McIntosh, »Jenne-Jeno, An Ancient African City«)

Schönheit und Luxus

Das berühmteste arabische Gedicht des Mittelalters, Ibn Hazms »Das Halsband der Taube« erzählt in schwelgerischen Worten von einem goldenen Halsband als Symbol für die Schönheit der Liebe. Gold war der Inbegriff für Reichtum, Glück und Zivilisation. Luxusgegenstände standen hoch im Kurs, ganz nach der islamischen Idee, das Paradies solle durch die Künste bereits auf Erden sichtbar werden. Die Historiker, Chronisten einer höfischen Gesellschaft, die durch Handel reich geworden war, beschrieben mit Inbrunst Landschaften und Tiere aus Gold und Silber mit eingelegten Edelsteinen, goldene Pfauen mit Augen aus Rubinen und Federn aus emailliertem Glas mit Goldfäden oder ähnliche Preziosen. Goldschmiede schufen wahre Schätze, überzogen mit kunstvollen geometrischen Reliefs – der Islam verbot die figürliche Darstellung –, manchmal auch mit Suren aus dem Koran in kufischer Schrift.

Doch der Rohstoff war in Arabien knapp und auch in Ägypten gingen die Vorräte zur Neige. Die Dynastie der islamischen Mamelucken, die das Kalifat von Kairo stellten, hatten zwar dem Mongolensturm 1260 in der Schlacht bei Ain Galut in Palästina Einhalt gebieten können, die Minen Kleinasiens, Mesopotamiens, des Irans und der südlichen arabischen Halbinsel waren jedoch verloren. Der Handel mit dem Osten brach zusammen. In Ägypten selbst gab es längst keinen nennenswerten Bergbau mehr, und das Gold, das schon zur Pharaonenzeit von den Minen Nubiens, dem Wadi Al Allaqi, den Nil abwärts kam, ließ sich nur noch unter härtesten Bedingungen gewinnen. Da der Bedarf der Erben Harun al Raschids aber nach wie vor groß war, kam der König von Mali gerade zur rechten Zeit.

Der Koran – das Buch der Bücher der islamischen Welt. Für die Sultane der Mamelucken wurden aufwendige goldene Luxusausgaben gefertigt.

Den Ägyptern bekam der Goldsegen allerdings nicht besonders gut. Der König bezahlte alles großzügig mit dem Edelmetall und machte den Beamten am Hof des Kalifen reiche Geschenke; sein Tross brachte so viel Gold unter die Leute, dass der Preis ins Bodenlose stürzte. Als Al Omari zwölf Jahre später mit seinem Buch begann, hatte sich der Preis immer noch nicht erholt. König

Der Niger zur Zeit Heinrich Barths

Damals wie heute ist der Fluß ein Anziehungspunkt für Händler, Reisende und Forscher.

(Aus: Heinrich Barth, »Die große Reise«)

Midas hätte wahrlich keinen besseren Auftritt haben können als Kanga Mussa.

Die Wüstenroute

Dass südlich der Sahara goldreiche Gebiete lagen, wussten die Araber, die von Mekka aus nach Westen vorstießen, schon seit dem 8. Jahrhundert. »Gana«, das Goldland, nennt es Ibn al Faqih, ein arabischer Schriftsteller: »Das Gold wächst im Sand wie Karotten und wird im Sonnenaufgang gepflückt.« Die wichtigste Informationsquelle für Ibn al Faqih und andere Zeitgenossen waren Händler, die den weiten und beschwerlichen Weg Richtung Südwesten auf sich nahmen. Schon Herodot hatte den Goldhandel entlang der Küste Nordafrikas erwähnt. Von den Mittelmeerhäfen Tripolis und Tunis führten die Routen durch das Sandmeer der Sahara, »Bahr Bela Ma«, Meer ohne Ufer, genannt, an den Oasen vorbei nach Timbuktu, Malis Außenposten am Rand der Wüste. Handelskarawanen kamen immer wieder mit Gold und erstaunlichen Nachrichten zurück.

Im Lauf des 11. Jahrhunderts übernahm der expandierende Islam die Kontrolle über den Handel auf den afrikanischen Routen. Die Araber lieferten ihre ausgezeichneten Stoffe, Papier, Waffen und Kupfer nach Westafrika und bekamen dafür Sklaven und Gold. Über die Mittelmeerhäfen Tunis und Tripolis gelangte das Gold Malis schließlich auch nach Europa: nach Italien etwa, wo im Jahr 1252 der erste Florentiner, die Goldwährung von Florenz, aus malischem Gold geprägt wurde, und nach Spanien, wo es den arabischen Kalifaten von Granada und Córdoba dazu diente, die Verteidigung gegen die christlichen Eroberer zu finanzieren. Im 14. und 15. Jahrhundert schließlich stützte das afrikanische Gold auch die Währungen der christlichen Staaten Holland, Spanien und Portugal, bis Christoph Columbus' Entdeckungsfahrten Südamerika zum neuen Eldorado der Alten Welt machten.

Die umkämpfte Stadt

Aus der Zeit der ersten Goldexporte stammen auch die ersten mirakelhaften Berichte über Timbuktu, die Hauptstadt des Königreichs Mali, das zur damaligen Zeit weit über die Grenzen des heutigen Staates hinausging. Glaubt man ihnen, waren die Straßen der Metropole mit Goldplatten gepflastert, die Türen und Wände der Häuser aus purem Gold gehämmert. Märchenhaft reich seien ihre Bewohner gewesen. Die Araber geben Timbuktu den Namen »Belad ed Deheb« – Stadt des Goldes.

Diese sagenhaften Berichte beflügelten die Phantasie der Europäer. Jahre nach Al Omaris Bericht über die Wallfahrt des Königs entsteht 1375 in Spanien ein einzigartiges Dokument: die »Mappa Mundi«, eine Karte der damals bekannten Welt. Sie spiegelt das Wissen von drei Kulturen. Abraham Cresques, ein jüdischer Kartograph, malte sie auf der Basis arabischer Informationen im Auftrag des christlichen Königs Karl V. von Frankreich. Südlich der Sahara zeigt sie den schwarzen König von Mali auf

Auf diesem Boot, das dem Niger flussabwärts fährt, findet ein ganzes Dorf Platz – Ziegen, Kühe und Hunde eingeschlossen.

einem Thron sitzend mit einem Klumpen Gold in der Hand. »Dieser König ist der reichste und angesehenste Herrscher in diesem Land wegen der Überfülle an Gold, das man in seinem Land findet«, so die Inschrift neben der imposanten Figur Kanga Mussas. Zwei Städte findet man im Umkreis des Königs eingezeich-

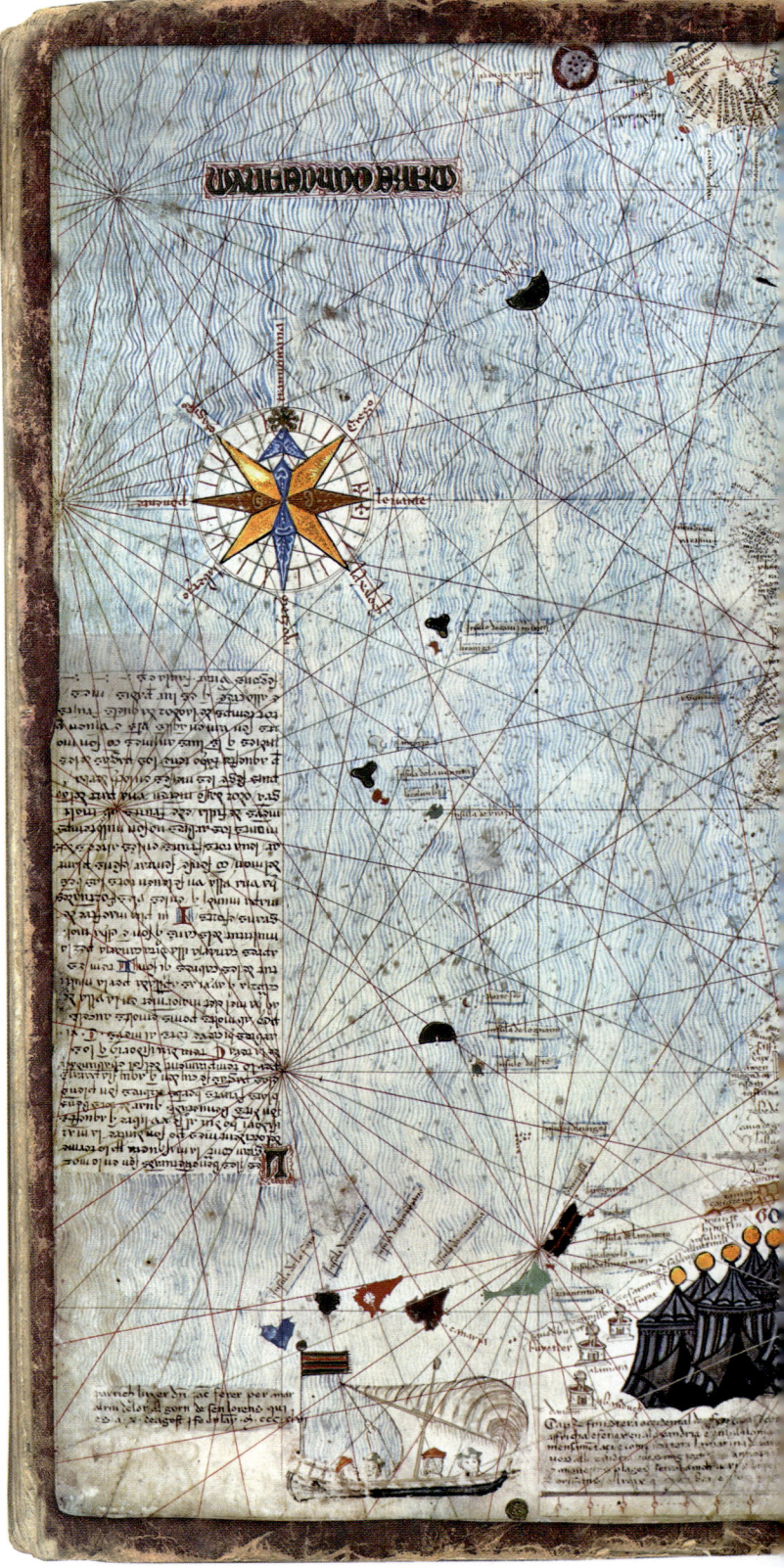

1375 fertigte der mallor-
quinische Jude Abraham
Cresques eine »Mappa
Mundi« an, eine Karte der
damals bekannten Welt.
In der unteren Hälfte der
rechten Seite thront der
schwarze König von Mali
mit einem Goldklumpen in
der Hand, links davon sieht
man einen hellhäutigen
Berber auf einem Kamel
vor seinen Zelten.

29

net: »ciudat de melli«, Kern des Reiches Mali, und »tenbuch«, das sagenumwobene Timbuktu. Der arabische Mythos hatte Eingang in die Sagenwelt des christlichen Europa gefunden – und wurde zum Auslöser einer langen Reihe von Kämpfen um die Stadt.

Ein zarter Traum aus alter Zeit

Der Flughafen in Mopti, der zweitgrößten Stadt Malis. Besser gesagt: das Feld, auf dem Flugzeuge landen dürfen. An dem großen Schild mit der Aufschrift »Mopti«, einziger Schmuck eines einstöckigen Gebäudes, ist zu erkennen, dass dieses Feld eine Art von Verkehrsknotenpunkt sein muss.

Wer mag uns bei der Suche nach dem Gold weiterhelfen? Außer einem bezaubernden Lächeln ernten wir leider meistens nur ein »Je ne sais pas« – »Keine Ahnung«.

Unser Drehteam hat Schwierigkeiten mit dem Flug nach Timbuktu. Der Pilot weigert sich, die zugesagte Menge Übergepäck mitzunehmen. Entbehrliches Equipment wird aussortiert, einer vom Team muss zurück bleiben, der Rest macht sich auf den Weg. Unter uns bahnt sich der Niger seinen Weg durch zahllose Wasseradern. Die netzförmigen blauen Linien sind Teil eines riesigen Binnendeltas, das der Fluss bildet, bevor er an der Sahara vorbei

in einem Bogen Richtung Südosten fließt.
Mit dem Auto ist zu bestimmten Zeiten
kein Durchkommen: Timbuktu, die Stadt
in der Wüste, ist zur Regenzeit von der
Außenwelt fast abgeschnitten. Der Pilot,
ein Franzose, ist erst seit vier Wochen in
Mali. Über Funk hat er eben erfahren, dass
Tuareg-Rebellen einen Überfall in der
Sahara verübt haben. Schon die deutsche
Botschaft hatte uns vor Fahrten nach Tim-
buktu und in die Sahara gewarnt. Der
Krieg zwischen den Tuareg und der
Regierung Malis sei längst noch nicht zu
Ende, man könne leicht zwischen die
Fronten geraten. Oder auch einfach nur
eine leichte Beute für die Räuber sein.

Jahrhundertelang war der Zugang zu
dieser heiligen Stadt des Islam für Nicht-
muslime verboten. Das Wenige, was das
christliche Abendland wusste, ging auf einen arabischen Reisenden zurück, der als
Sklave unter die Obhut von Papst Leo X.
geraten war. Dieser ermutigte »Leo Afri-

canus«, so wurde der Sklave genannt, die Geschichte seiner Reisen
durch Nord- und Zentralafrika aufzuschreiben. 1526 erschien das
Werk, das über Timbuktu Erstaunliches zu berichten wusste: Es
sei eine Stadt der Weisen und Gelehrten, voller Bücher und
Manuskripte, die höher gewertet würden als Handelsgüter. Der
König von Timbuktu verfüge über große Mengen Gold in Barren
und Münzen. Das Volk belustige sich abends auf der Straße bei
Musik und Tanz.

250 Jahre lang blieb Leo Africanus die einzige Quelle. Seine
Berichte machten Timbuktu zu einem der großen mystischen
Rätsel der europäischen Romantik. Die Sehnsucht nach fernen
Ländern und unentdeckten Gebieten beflügelte dabei besonders
die jungen Dichter Englands wie Shelley, Lord Byron oder Keats.
1829 gewann der damals erst zwanzigjährige Alfred Tennyson,

Der Charme und Liebreiz der malischen Frauen, den sie selbst bei harter Arbeit nicht verlieren, beeindruckte schon frühe arabische Reisende.

der spätere Hofpoet Königin Victorias, einen Dichterwettbewerb mit einem Vers, in dem er Timbuktu zum Heiligen Gral der »Explorergeneration« erhebt. Schon Tennyson ahnte aber, dass die Enttäuschung über die Realität größer sein könnte als das Glück, die Stadt gefunden zu haben:

Was, wenn die Sage deines Timbuktu
Ein zarter Traum nur wär' aus alter Zeit?
Die Zeit ist nah, dies glorreich Heimatland
Kühner Entdeckerfreude preiszugeben.
Bald wird der Leuchtglanz deiner stolzen Türme
Vom Wirken ihres Zauberstabs verdunkelt.
Verdunkelt schrumpeln sie zu Hütten,
zu schwarzen Hütten mitten in der Ödnis
Trübweiten Sands, zu niedrem Lehmgemäuer
Barbarischer Behausung.

Die ersten Entdecker

Um dieselbe Zeit machten sich die ersten Expeditionen auf, die märchenhafte Stadt zu finden. 1825 erhält der Schotte Alexander Gordon Laing, Major der britischen Armee, den Auftrag, die Stadt für das Empire zu besetzen – mit einem Ein-Mann-Trupp. Ein wahnwitziger Plan, doch Laing hatte zuvor schon unter ständiger Lebensgefahr das Innere Sierra Leones erforscht. Wenn es einer schaffen könnte, dann er. Das Auftreten des herrischen Offiziers aber, dem der korrekte Sitz seiner Uniform wichtiger ist als das Wohlergehen seiner Schutzbefohlenen, schafft ihm zahlreiche Feinde. Immer wieder wird seine Karawane überfallen, einheimische Helfer werden ermordet. Lakonisch schildert er in einem Brief die Verletzungen, die ihm Räuber zugefügt hatten: drei Säbelhiebe an die Schläfe, ein Schlag in die Wange, der den Kiefer brach und das Ohr aufschlitzte, einen Messerstich in den Hals und einen Schuss in die Hüfte. Dennoch erreicht Laing als erster abendländischer Forscher Timbuktu. Dort verliert sich zunächst seine Spur.

Der Franzose René Caillié, der den nächsten Versuch wagt, bereitet sich besser vor: Er lernt Arabisch, studiert die Sitten und

Gebräuche der Muslime und gibt sich einen arabischen Namen: Abd Allah. Seinen Begleitern erzählt der 26-jährige Abenteurer, er sei eigentlich Ägypter, den französische Soldaten als Kind entführt hätten und der nun wieder das Leben eines Muslimen führen wolle. Caillié, dessen einzige Ausrüstung ein Regenschirm war, erreicht Timbuktu im Jahr 1827. Endlich kann er den Mythos enträtseln. Die Realität entpuppt sich jedoch als große Enttäuschung: »Da lagen lauter schlecht gebaute Lehmhäuser. Und ringsum gab es nur weißen Flugsand, bis zum Horizont, wo der blassrote Abendhimmel die Erde berührte.« Timbuktu sei zwar groß, aber bis auf den Salzhandel völlig verarmt, der Boden für die Landwirtschaft ungeeignet, schreibt er. Von Gold keinerlei Spur.

18 Tage lang hält es René Caillié in Timbuktu aus. Bevor er die Stadt verlässt, erfährt er noch, wie sein Vorgänger Laing umkam: Fanatische Muslime hatten ihn ermordet, nachdem er sich geweigert hatte, dem Christentum abzu-schwören. Im September 1828 erreicht René Caillié halb tot das französische Konsulat in Tanger. Die Ehrungen, mit denen Frankreich den »Bezwinger Timbuktus« überschüttet, mildern nicht die Malaria-anfälle, die ihn langsam zugrunde richten. Zudem zweifeln einige Forscher, denen die niedere Herkunft Cailliés ein Dorn im Auge ist, die Authentizität seiner Entdeckung an. 1838 stirbt er, keine vierzig Jahre alt.

Ein geplatzter Traum

1828 kehrt René Caillié aus Timbuktu zurück; er war enttäuscht von dem, was er gesehen hatte: »Nach meiner ersten Begeisterung stellte ich fest, daß der Anblick da vor meinen Augen durchaus nicht meinen Erwartungen entsprach. Ich hatte von der Größe und dem Reichtum der Stadt eine völlig andere Vorstellung gehabt.«

(Aus: René Caillié, »Travels through Central Africa to Timbuctoo«)

Timbuktu-Sandwiches

Hotel »Azelei«, Timbuktu. Oder, wie Douglas Adams sagen würde: das Restaurant am Ende des Universums. Unser Team ist aber nicht einmal an diesem Außenposten der realen Welt allein. Der Speisesaal ist fest in der Hand zweier spendabler Amerikanerinnen, die sich von einem »Targi« die Stadt zeigen ließen. Ihr Führer leistet ihnen nun beim Essen Gesellschaft, für das sie eigens orientalisch wallende Gewänder angezogen haben. Das Essen schmeckt für europäische Gaumen ungewöhnlich, unser Kameramann fängt sich prompt eine Lebensmittelvergiftung ein. Baba, unser Führer, der sich um unser leibliches Wohl kümmert, schleppt als Ersatz Sandwiches an. Man kommt einfach nicht auf die Idee, dass »Sandwich« auch eine wörtliche Bedeutung haben kann. Ein kräftiger Biss und es knirscht zwischen den Zähnen. Dem Korn der Wüste entkommt keiner – es ist einfach überall.

So gestärkt machen wir unseren ersten Erkundungsgang. Von Reichtum und Pracht der Vergangenheit ist nichts mehr zu sehen. Unwillkürlich denkt man an die Weltreisende Bettina Selby, die 1990 als erste weiße Frau Westafrika mit dem Fahrrad erkundete: »Als ich Timbuktu endlich erreichte, waren es meine eigenen dürftigen Reichtümer, auf die alle scharf waren.« Kaum haben wir das Haus verlassen, hängt uns sofort eine Traube von Straßenkindern am Rockzipfel. Die Lehmhäuser wirken mit ihren glatten, fensterlosen Wänden zur Straße hin karg und abweisend. Die Kamera fällt aus. Das Team fühlt sich so, als ob Timbuktu immer noch etwas gegen die Anwesenheit Fremder in seinen Mauern hätte.

Auf den Spuren Heinrich Barths

Ein Sandsturm umhüllt die Männer im Burnus, als der Hamburger Heinrich Barth im September 1853 vor den Toren des mysthischen Timbuktu steht. Drei Jahre hatte der kleine gedrungene Kaufmannssohn gebraucht, um das Ziel seiner Reise zu erreichen. Er will nach der Unsicherheit über Cailliés Berichte das Rätsel um Timbuktu endgültig lösen.

Von Tripolis aus war Barth quer durch die Sahara zum Tschad-See und von dort aus nach Westen zum Niger gezogen. Zwei Begleiter, den Missionar James Richardson und den Geographen Adolf Overweg, verlor er unterwegs; ihn selbst plagen heftige Fieberanfälle. Barths Hoffnung, für die Strapazen belohnt zu werden, erfüllt sich nicht. »Wir zogen dann durch den Schutt, der sich rund um den Erdwall der Stadt angehäuft hat, ließen eine Reihe schmutziger Rohrhütten, welche die ganze Stadt umgaben, zu unserer Rechten und betraten so die engen Straßen und Gassen.« Acht Monate bleibt Barth in der Stadt, erkundet sie auf langen Streifzügen und notiert detailliert seine Beobachtungen. Er steht unter dem Schutz des örtlichen Scheichs, doch vertraut er unterwegs eher auf seine Pistole, die er ständig bei sich trägt. Timbuktu macht auf ihn wie schon auf Caillié »keinen großen Eindruck«, wie er schreibt. Nur ein Bauwerk kündet noch von vergangener Größe: die stolz emporragende Sankoro-Moschee, die der Sage nach von Kanga Mussa erbaut wurde.

Fast 150 Jahre nach Heinrich Barth steht unser Kameramann in dieser Moschee und flucht angesichts der Lichtverhältnisse. Nach dem Ausfall der Kamera versucht er mit einer kleinen digitalen Touristenkamera ein paar schöne Aufnahmen einzufangen. Die einstige Pracht lässt sich kaum mehr erahnen, aber die Atmosphäre in dem kühlen Bau hat trotzdem etwas Magisches. In einem Nebenraum fällt uns ein kleines Loch in der Wand auf Bodenhöhe auf, das keinem richtigen Zweck zu dienen scheint.

Ein Deutscher in Timbuktu

Heinrich Barth, 1821 als Sohn eines Hamburger Handwerkers geboren, sprach mit 14 Jahren fließend Englisch und unternahm mit 24 Jahren seine erste Forschungsreise in den Mittelmeerraum. Im Jahr 1849 brach er zu jener Expedition auf, die ihn 1853 auch nach Timbuktu führte. Als er nach sechs Jahren und 15 000 Kilometern nach Europa zurückkehrte, versagte man ihm die Anerkennung für seine Leistungen. Erst ein Jahr vor seinem Tod 1865 bekam er die lang ersehnte Professorenstelle. In Afrika blieb jedoch die Erinnerung an »Abd el Kerim«, wie er sich auf der Reise genannt hatte, noch Jahrzehnte nach seinem Tod wach.

(Nach: Heinrich Barth, »Die große Reise«)

Die Bibliothek von Tim-buktu, in der die wahren Schätze der Wüstenstadt verwahrt werden. Erwartet uns hinter dieser Tür das Geheimnis des malischen Goldes?

Der Aufseher der Moschee, der uns auf Schritt und Tritt begleitet, erklärt: Vor einigen Jahren sei dies noch eine Tür gewesen. Der Wind habe so viel Sand hereingetragen, dass der Boden sich stän-dig erhöht habe. Timbuktu drohe ein Opfer der Wüste zu werden. 20 000 Menschen leben noch hier, ein Viertel der einstigen Be-völkerung. Der Rest ist vor dem Sand geflüchtet.

Die Bibliothek

Ein paar Straßen weiter erinnert eine Tafel – 1969 von Heinrich Lübke auf einem seiner zahlreichen Afrikabesuche eingeweiht – an Barths Studierzimmer in Timbuktu, ein acht Quadratmeter großer Raum mit Holzstühlen und einem kleinen Schreibtisch. Barth, der den Mythos des reichen Timbuktu gründlich zerstör-te, fand inmitten der Armut auch faszinierende Zeugnisse einer großen Vergangenheit: arabische Schriften, die in Timbuktus Moscheen und Koranschulen lagern. Im 15. Jahrhundert war die Stadt Sitz einer Universität mit über 20 000 Studenten und 180 Koranschulen. Die »Stadt der 333 Heiligen« ist bis heute ein Zentrum islamischer Gelehrsamkeit. In fast jeder Familie findet man wundervolle alte Bücher oder eine verstaubte Familienchronik. Mit saudischen Geldern wurde im letzten Jahrhundert das Achmed-Baba-Institut gegründet, das die verstreuten Bücher sammelt und übersetzt. Das Haus, benannt nach einem Universitätsprofessor aus dem 17. Jahrhundert, ist eines der modernsten in Timbuktu; die Holztür erinnert mit ihren schmiedeeisernen Verzierungen an die arabischen Paläste des Maghreb. Die Bedingungen sind ideal. Im trockenen Klima Timbuktus kann das Papier kaum verrotten, lediglich die Tinte muss vor Licht geschützt werden. Die über 3000 Bücher der Bibliothek reichen bis zum 12. Jahrhundert zurück und stammen aus allen Ecken der islamischen Welt. Historische Werke wie etwa der »Tarikh-as-Sudan« aus dem 17. Jahrhundert, die wichtigste Chronik Westafrikas, lagern hier ebenso wie juristische Traktate, theologische Streitschriften, astrologische, medizinische und pharmazeutische Lehrbücher in wunderschön geschwungener Schrift. Im »Tarikh-as-Sudan« wird auch die Geschichte Kanga Mussas erzählt; mehr erfährt man aber nicht. »In den Büchern stehen sehr viele Informationen über das Gold, aber immer nur über die Menge Gold, die Kanga Mussa besaß, nicht aber woher es stammte«, so der Direktor. Von den Quellen, von den Minen also keine Rede.

Timbuktu hat noch mehr auf Lager – im wahrsten Sinne des Wortes. Nachdem der Direktor uns im Stile eines Jorge von Burgos, dem blinden Abt aus Umberto Ecos »Im Namen der Rose«, die Bibliothek ausführlich gezeigt hat, führt uns ein Mitarbeiter zu seinem Privathaus. Im Aufgang innerhalb des Hofes stehen zwei große Truhen, voll mit Büchern. Der Mitarbeiter schließt die klapprige Wellblechtür zu seinem Domizil auf. Drinnen erwarten uns regalweise Folianten. Übereinander gestapelt füllen sie jede kleine Ecke des Raumes aus. Es ist seine private Sammlung, und eines Tages wird er sie dem Institut vermachen.

Entdeckten die Afrikaner Amerika?

Wir wundern uns, warum die arabischen Schriften die einzige Quelle für die Geschichte Westafrikas im Mittelalter sind. Der Museumsdirektor erklärt uns, dass die schwarzafrikanische Geschichte meist nur mündlich überliefert wurde. Von Generation zu Generation wird das Wissen in Erzählungen, Legenden und Sagen weitergegeben; Jahreszahlen sind ohne Bedeutung. Den arabischen Überlieferungen zufolge hatte Sundjata, ein Großonkel von Kanga Mussa, das Reich von Mali im 13. Jahrhundert auf den Resten des untergegangenen Reichs von Gana gegründet (daher leitet sich auch der heutige Staatsname »Ghana« her). Sundjata ertrank 1255 in der Nähe der Hauptstadt Niani in einem Fluss. Zur Zeit seines tragischen Todes war Mali bereits berühmt für seinen Reichtum. Seine Könige blickten bald weit über die Grenzen Afrikas hinaus – nach Amerika. Mohammed, der Vorgänger Kanga Mussas, fand sein Ende, als er im Jahr 1312 eine gewaltige Expedition von 2000 Schiffen anführte, die von der Küste Afrikas aus nach Westen segelte, um einer seltsamen Strömung zu folgen. Mohammed kam nie zurück – doch war er es vielleicht, der als Erster Amerika entdeckt? Man wird es wohl nie genau sagen können. Sein Nachfolger Kanga Mussa, der bis 1337 regierte, beschränkte weite Reisen jedenfalls auf seine Wallfahrt nach Mekka.

Sein Hof muss auf Fremde einen erhabenen Eindruck gemacht haben. Al Omari schreibt 1336: »Der Sultan thront in seinem Palast auf einer großen Estrade, die man ›Bembe‹ nennt, auf einer großen Bank aus Ebenholz, die einem Thron gleicht und so groß ist wie ein Mensch; auf jeder Seite schützen Elefantenzähne die Estrade. [...] Der Sultan hat neben sich seine Waffen, die alle aus Gold bestehen: Schwert, Lanze, Köcher, Bogen und Pfeile. Er trägt große Hosen, die aus ungefähr zwanzig Teilen zusammengesetzt sind und die nur er allein tragen darf. Hinter ihm stehen dreißig Pagen, türkische oder andere, die man für ihn in Kairo kauft. Einer von ihnen, zu seiner Linken, hält in der Hand einen Sonnenschirm aus Seide, der gekrönt ist von einem Vogel aus Gold; der Vogel hat die Gestalt eines Falken.«

Die Spur des Goldes

In den Schriften Al Omaris finden wir nun endlich auch Hinweise, wie Kanga Mussa in den Besitz des Goldes kam. Der Chronist erzählt von einem mameluckischen Beamten, der Kanga Mussa nach der Herkunft seiner Schätze fragte: »Der Sultan [von Mali] erzählte mir auch, dass es in seinem Reich heidnische Völker gebe, die er die Steuer der Ungläubigen nicht zahlen lässt, sondern die er zur Förderung des Goldes in den Minen einsetzt.« Kanga Mussa, ein gläubiger Muslim, ließ also das Gold nicht selbst abbauen, sondern kassierte nur den Tribut. Das heißt, dass sein Herrschaftsgebiet sich nicht auf einen Stamm begrenzte, sondern auch nichtmuslimische Völker umfasste. Und er muss sehr mächtig gewesen sein – so mächtig, dass die unterworfenen Stämme nicht wagten, gegen die Tributzahlungen aufzubegehren. Dem Beamten gibt Kanga Mussa sein Geheimnis preis: »Er sagte mir auch, dass die Goldminen aus Löchern bestehen, die man ungefähr bis zur Tiefe eines Menschen gräbt. Man sammelt das Gold auf dem Grund [dieser Löcher].«

Mit einfachsten Mitteln müssen einst die Minen des Königs Kanga Mussa angelegt worden sein – in einer Zeit bevor es Loren, Kräne oder Bagger gab.

Habe ich Glück? Ein Gold-wäscher mit seiner hölzer-nen Kalbasse, in der er das goldhaltige Gestein mit Wasser auswäscht.

Den Goldexperten Hans-Gert Bach-mann elektrisieren diese wenigen Zeilen. Jahrzehntelang zog der Professor für Metallurgie für die »Degussa« durch die Welt, um mögliche Goldabbaugebiete zu begutachten und Gesteinsproben auf ihren Goldgehalt zu untersuchen. Seine Spezialität ist es, historische Informa-tionen wie die Berichte der Araber oder Heinrich Barths auf Hinweise zu Goldvor-kommen zu untersuchen. Jeder Gold-sucher täte gut daran, erst einmal als Historiker auf die Pirsch zu gehen, meint er. Aus den alten Quellen lasse sich oft sehr gut ablesen, wo es sich heute lohnt, den Spaten anzusetzen. Bachmann kennt die alten Quellen der Araber genauestens. Er ist sicher, dass es sich bei den beschriebe-nen Löchern nicht um richtige Minen handeln kann, mit Stollen und einem Untertageabbau wie etwa bei »primären Lagerstätten«. Dort wird die eigentliche goldführende Schicht unter Einsatz von Maschinen abgebaut.

Mali wird von der zweitwichtigsten goldführenden Schicht Afrikas, dem »Grünsteingürtel«, im Westen durchzogen. Der zen-tralafrikanische Grünsteingürtel, der vor zwei Milliarden Jahren im Präkambrium entstanden ist, besteht vorwiegend aus grünen, vulkanischen Gesteinen. Diese sind die primären Goldträger, aus denen durch Verwitterung die goldhaltigen Sande und Kiese ent-standen sind. Die Beschreibung der Minen Malis legt eine »allu-viale Lagerstätte« nahe, ein Goldvorkommen, das durch Erosions-prozesse entstanden ist. In jahrhundertelanger Arbeit tragen Flüsse die obere Schicht einer Goldader ab. Die Goldpartikel sin-ken an einer anderen Stelle des Flusses durch ihre natürliche Schwere wieder zu Boden und bilden eine goldführende Schicht aus Staub und kleinen Nuggets. Führt der Fluss sehr viel Schlamm mit sich, wird das Gold bald von einer schützenden Erdschicht überdeckt. Fast alle Flussläufe Westafrikas sind goldhaltig, aber nur wenige sind es tatsächlich wert, abgebaut zu werden.

Kanga Mussas Goldgräber haben aller Wahrscheinlichkeit nach in ehemaligen Flussbetten Gold geschürft. Dort gräbt man nur ein bis zwei Meter, bis man auf die goldführende Schicht stößt. Wie reich wäre der König erst gewesen, wenn er über die Mittel verfügt hätte, die eigentliche Goldader des Grünsteingürtels anzuzapfen? So reichte schon der »Abfall« dieser Ader, um die gesamte damalige bekannte Welt zu beeindrucken.

Die Wüstenkrieger

Wir verlassen Timbuktu wieder. Unser Ziel sind die Tuareg, die geheimnisvollen Reiter der Wüste, die Nomaden und Händler, die einst wegen ihrer Grausamkeit gefürchtet waren. Auch sie lebten einst im Einflussbereich Kanga Mussas. Als Herrscher der Wüste organisierten sie die gefährlichen Transporte von Tripolis und Tunis durch das Air-Gebirge nach Timbuktu. Vor allem aber brachten sie das lebenswichtige Salz aus den Oasen Taoudenni und Sidschilmessa auf den Markt nach Timbuktu. In fenstergroßen Platten wird es den Kamelen übergeschnallt, rechts und links je 75 Kilogramm. Die Tuareg, die wir treffen, sind bereits seit zwanzig Stunden mit ihrer Karawane unterwegs. Sie sind ab-

»Nach Timbuktu 52 Tage« – eine düstere Verheißung für die Karawanen, die sich von dieser Grenzstadt in Marokko aus auf den Weg durch die Sahara machen.

41

weisend, wortkarg. Ihre magische Aura, ihre elegante Erscheinung flößt uns Respekt ein. Waren sie es nicht, vor denen uns die Botschaft und der Pilot gewarnt hatten? Waren sie es nicht, die Laing, Caillié und Barth solche Schwierigkeiten bereitet hatten?

Erbittert haben sich die Tuareg gegen die Besetzung Timbuktus durch die Franzosen 1894 zur Wehr gesetzt. Frankreich musste eine Garnison der Fremdenlegion in Timbuktu stationieren, um der aufsässigen Wüstenkrieger Herr zu werden. Auch als Mali 1960 unabhängig wurde, endete der Konflikt nicht. 1973 begann ein blutiger Bürgerkrieg. Anlass war eine Dürreperiode, die die Tuareg »das Jahr der kleinen Tassen« nennen, in Erinnerung an die kleinen Gefäße, mit denen die Regierung Notrationen an die darbende Bevölkerung verteilte. Viele flohen damals nach Libyen, wo Moamar al Gaddhaffi sie in Trainingslagern zu Guerillakriegern ausbilden ließ. Fortan kämpften sie für einen eigenen Tuaregstaat – mit Überfällen, mit Schmuggel, mit politischen Mitteln. Die Bewohner Timbuktus leiden zwar unter den Überfällen, verstehen aber zum Teil das Anliegen der Tuareg. Sie haben genau wie die Wüstenkrieger das Gefühl, dass die Regierung sie vergessen hat.

Keine Wüste hat so viel Handelsverkehr gesehen wie die Sahara, keine so viele Menschen das Leben gekostet. Ein altes Sprichwort der Tuareg besagt, wer sechs Mal die Sahara durchquert hat, habe sein Glück bis zum Äußersten ausgereizt.

Salz wurde von den Händlern des Königs Kanga Mussa eins zu eins gegen Gold aufgewogen. In der Wüste schützt es vor dem Kollaps, wenn der Körper durch die Hitze zu viele Mineralien verloren hat.

Träge schleppen die Kamele die Salzplatten durch die Wüste. Ohne das Kamel, so der Führer der Tuareg, hätte kein Handel getrieben werden können. Die Fähigkeit der Tiere, Nährstoffe fast unbegrenzt in den Fettzellen ihrer Höcker zu speichern, und ihre Hufe, die sich dem schwierigen Sand perfekt anpassen, machten die Karawanen durch die Wüste erst möglich. Auf diese Weise brachten sie das Salz nach Timbuktu, wo es auf den Niger umgeladen und nach Süden verschifft wurde. Der Salzhandel, den Caillié einst als den wichtigsten Wirtschaftszweig in Timbuktu bezeichnete, bringt uns auch wieder auf die Spur des Goldes. Zu Kanga Mussas Zeiten wurde das Salz gegen Gold aufgewogen. »Salz aus dem Norden, Gold aus dem Süden«, lautet ein Sprichwort der Tuareg über den Handelsplatz am Rand der Wüste. Was aber liegt südlich von Timbuktu? Das Binnendelta des Niger mit seinen 1000 Wasserarmen. Ist eine der Landzungen dieses Deltas die legendäre »Goldinsel«, von der Al Idrisi schrieb? Die arabischen Quellen, das Sprichwort, alles deutet darauf hin.

Ins grüne Herz Afrikas

Eine Piroge fährt von Timbuktu aus den Niger stromaufwärts Richtung Südwesten. Mit diesen flachen, wendigen Schiffen werden alle Arten von Waren den Niger hinauf- und hinuntertransportiert: Salzplatten, Hirsesäcke, Ziegen, Autoreifen und die gesamte Verwandtschaft. Unser Bootsmann ist ein »Gondoliere«. Wie ein Venezianer steht er auf einer erhöhten Plattform im Heck

Wie ein venezianischer Gondoliere führt dieser Bootsmann seine Piroge den Niger entlang, seine wertvolle Fracht sicher im Boot verstaut.

der Piroge und lenkt mit einer drei Meter langen Stange das Schiff durch das Fahrwasser. Es ist, als ob man auf einer Promenade spazieren ginge. An den Ufern beobachten wir Alltagsszenen: Frauen waschen ihre Wäsche, Fischer trocknen ihre Netze, fliegende Händler bieten allerlei Gebratenes feil. Auf den entgegenkommenden Pirogen werfen Fischer mit kunstvoll kreisenden Handbewegungen ihre Rundnetze ins Wasser.

Das Boot erreicht den Hafen von Mopti. Hier gibt es nicht nur den zweitgrößten Markt des Landes, sondern auch eine weitere Moschee, die der Sage nach von Kanga Mussa erbaut wurde. Der zwanzig Meter hohe Bau dominiert die Altstadt mit ihren kleinen Lehmhäusern, die sich in den kühlen Schatten des Gotteshauses schmiegen. Angeblich ließ Kanga Mussa die Moscheen von Timbuktu, Mopti und Djenné während seiner Wallfahrt nach Mekka errichten. Damit er jeden Freitag beten konnte, wurden im Abstand von je einer sieben-Tages-Reise die Gotteshäuser als Zentrum einer Siedlung errichten. So weit die Legende – in Wirklichkeit ist Mopti erst 200 Jahre alt, von den Franzosen als Handelsplatz errichtet. Die Moschee wurde erst um 1935 gebaut.

Außer dem farbenfrohen Markt, wo wir auch auf die ersten goldenen Ohrringe stoßen, hat Mopti nicht viel zu bieten. Bis auf die Menschen. Sie sind unglaublich freundlich, herzlich, offen und hilfsbereit. Als wir einmal spätabends völlig ausgehungert im Hotel ankamen, ließ sich der Koch des Restaurants überreden, den Herd noch einmal anzuwerfen. Gemeinsam mit seinem Gehilfen fuhr er los und sammelte auf der Straße sieben Hühner ein, für jedes Teammitglied eins. Fröhlich winkend kehrten sie zurück und schlugen dem ganzen Federvieh die Köpfe ab. Nach drei Stunden dampften leckere Hühnchen auf unseren Tellern.

Fenster in die Vergangenheit

Das Bild mutet an wie das Paradies selbst: Ein kleiner Bachlauf schlängelt sich durch ein breites Flusstal, das mit Bäumen und Büschen überwuchert ist. An den Hängen das Grün eines Zwiebelfeldes. Eric Huysecom führt uns auf einem kleinen Pfad entlang des Bachs zu einem Ort, der unter den Archäologen zu den »hot spots« Westafrikas zählt. Vor zwanzig Jahren war der Belgier nach Mali gekommen. Während seines ersten Jobs begann er, sich für den traditionellen Goldabbau des Landes zu interessieren. Das Gold von Mali gehört zur Geschichte Westafrikas, und mit dem Ziel, diese Geschichte nicht nur in arabischen Archiven zu erforschen, sind er und sein Team auf eine Fundstelle gestoßen, die Gold wert ist.

Einst fanden geheimnisvolle Riten an den Hängen des Yamé-Flusses statt, der sich tief in das Plateau von Bandiagara gegraben hat.

Hier, auf dem Felsplateau von Bandiagara, fünfzig Kilometer östlich von Mopti, ist das sagenumwobene Dogon-Land. Der Islam blieb den Dogon, die in Lehmhütten am Fuß des Plateaus leben, immer fremd. Ihre animistischen Rituale, die sie auf Himmelserscheinungen vor 2000 Jahren zurückführen, dauern bis zu sieben Jahre und geben den Ethnologen immer noch Rätsel auf. Auch Eric Huysecom, der inzwischen Archäologe geworden war,

Auf dem Weg zum Fahrstuhl in die Vergangenheit. Im Land der Dogon sind viele Stellen von Geistern beschützt, so auch das Grabungszelt der Archäologen.

Die Funde, die Eric Huyse-com hier am Yamé-Fluss freilegt, sind nach einer vorsichtigen Schätzung bis zu einer Million Jahre alt – und damit sind sie einige der ältesten Zeugnisse der afrikanischen Geschichte.

wollte die Dogon erforschen, ihre Welt begreifen. 1995 machte ihn jemand auf ein Steinbeil aufmerksam, das nahe des Dorfes Ounjougou am Wegrand lag. Man datierte es auf 2500 v. Chr. Huysecom nahm bei Ounjougou Ausgrabungen vor und fand noch mehr: Keramik und Steinwerkzeuge, die bis zu 9500 Jahre alt sind. Eine Sensation – die älteste Keramik südlich der Sahara. Bisher waren Funde aus dem Dogon-Land etwa auf die Zeit um 300 v. Chr. datiert worden.

Die Dogon waren nicht die ersten und auch nicht die einzigen Siedler, meint Eric. Für viele Kulturen war Bandiagara Wohn- und Durchzugsgebiet, sie alle hinterließen ihre Spuren. Das Sensationelle an den Funden war, dass sie sich alle an dieser einen Stelle befanden: am Flusslauf des Yamé, der sich seit Jahrtausenden in das Plateau gegraben hat. An dieser Stelle kann Eric alle Schichten der Vergangenheit betrachten, bis zu einer Million Jahren tief hinunter (die Datierung läuft noch). Fünf Länder finanzieren die Ausgrabung, vierzig Mitarbeiter graben vor Ort, darunter auch viele Wissenschaftler und Studenten der Universität und des »Instituts des Sciences Humaines« in Bamako. Eric legt Wert darauf, dass die malischen Studenten genauso wie er an den wissenschaftlichen Ergebnissen der Grabung beteiligt sind.

Abends sitzen wir alle im Grabungszelt und genießen die außergewöhnliche Gastfreundschaft von Eric und seinen Mitarbeitern. Natürlich kennt jeder die Geschichte von Kanga Mussa. Erics Frau und Kollegin Anne Mayor vertritt die Theorie, dass das Gold erst nach der Rückkehr von Kanga Mussa aus Kairo einen besonderen Wert in Westafrika bekommen habe. Vorher habe man Gold eher nach seinem Schmuckwert beurteilt und es für magische Zeremonien eingesetzt. Später habe es dann das begehrte Eisen abgelöst. Die Funde aus Bandiagara erzählen den Archäologen, wann welches Volk hier Metall verarbeitete. Eric weiß, dass in der Nähe der Fundstelle einige Dörfer liegen, deren Einwohner zum Stamm der Fulbe gehören. Die Fulbe hätten eine lange Tradition in der Goldverarbeitung – und auch heute würden sie noch Stücke nach alten Mustern tragen, nicht den industriell gefertigten Modeschmuck, den man in den Basaren Bamakos heute kaufen könne, erzählt er uns.

Das rote Gold des Nomadenstamms

Am nächsten Tag sind wir mit Eric unterwegs im Jeep. Fulbe sind nicht leicht anzutreffen. Sie sind Halbnomaden, die mit ihrem Vieh immer wieder ihre Weideplätze und Dörfer verlassen. Ein weiteres Problem könnte sich für uns daraus ergeben, dass die Fulbe-Männer den Frauen das Tragen von Goldschmuck oft verbieten – aus praktischen Gründen. Denn häufig werden die Dörfer überfallen, während die Männer bei der Herde sind. Die meisten Fulbe haben daher ihr Gold bei Verwandten in der Stadt deponiert. Es sei also gar nicht so einfach, als Weißer das Gold der Fulbe zu Gesicht zu bekommen, warnt Eric.

Immerhin treffen wir bereits im ersten Dorf Fulbe an. Eric kauft Kolanüsse ein, das traditionelle Tauschmittel und Gastge-

Götter? Geister? Dämonen? Der archaische Stil der schwarzafrikanischen Kunst faszinierte später auch die Maler und Bildhauer der europäischen Moderne.

schenk Malis. Auf dem Weg durch das Dorf muss Eric hundertmal »Hallo« sagen, jeder hier scheint ihn zu kennen. Und Eric Huysecom nimmt sich die Zeit, hält hier ein Schwätzchen, da ein Schwätzchen. Zeit ist relativ in Afrika. Davon gibt es schließlich genügend. Gold bekommen wir leider nicht zu sehen. Auf der Weiterfahrt erzählt Eric, dass bei den Fulbe traditionell nur die Frauen Gold tragen, Männer sind schmucklos. »Das Gold ist für die Fulbe-Frau ein Kapital, das sie immer mit sich herumtragen kann«, meint Eric. Lebensversicherung und Rentenfonds in einem. Außerdem spiele es bei Zeremonien eine große Rolle. Eine Dürreperiode habe jedoch dazu geführt, dass die Fulbe nur noch sehr wenig Gold besäßen. Die letzten Reserven schmelzen – im wahrsten Sinne des Wortes.

Nach zehn Minuten hat sich die Landschaft komplett verändert. Der Jeep durchquert eine staubige, mit struppigen Büschen bewachsene ebene Gegend. Mitten in diese Landschaft sind einige Hütten gestreut, ohne dass man die Struktur eines Dorfes erahnen könnte. Ein alter, weiß gekleideter Mann scheint auf Eric zu warten. Können wir das Gold der Fulbe sehen? Eric holt seinen Begleiter hinzu, um zu dolmetschen. Dieser übersetzt den Fulbe-Dialekt des Alten für Eric in Bambara, die Lingua Franca Malis, die der Wissenschaftler fließend spricht. Sprachen sind ein

Feste Behausungen sind den Halbnomaden der Fulbe fremd. Sind alle Wiesen abgeweidet, brechen sie ihre Hütten ab und ziehen weiter.

elendes Problem in Mali. Oft verstehen die
Menschen ihre eigenen Nachbarn schon
nicht mehr, wenn sie mehr als zehn Kilometer weiter weg wohnen. Umso erstaunlicher ist das unglaubliche Vertrauen, das
die Menschen Eric, dem Fremden, entge-
genbringen.

Der Alte ist einverstanden, uns das
Gold des Dorfes zu zeigen, ruft eine Frau,
die die Kolanüsse entgegennimmt, und
führt uns zu den Hütten. Das Gold, so wenig die Frauen auch tragen, fasziniert uns
sofort durch seine einfache aber elegante
Schönheit. Die Ohrringe sind »tordiert«,
das heißt, ein Flachstab aus Gold wurde
ineinander gedreht und zu einem Rund
geformt. Eine Art der Goldbearbeitung,
die vor Jahrtausenden auch in Europa verbreitet war. So fand die Historikerin Barbara Armbruster 1989 heraus, dass in der
ausgehenden Mittel- und beginnenden
Jungbronzezeit in Großbritannien, Irland
und Frankreich exakt dieselbe Form von
Goldringen hergestellt wurde. Kam die

Technik etwa über das Mittelmeer nach Afrika? Oder war es ein
bloßer Zufall? Zwei Goldschmiede, die unabhängig voneinander
einfach dieselbe Idee hatten? Die Ähnlichkeiten sind jedenfalls ver-
blüffend.

Eine der Fulbe-Frauen des Dorfes trägt einen auffälligen Nasenring und ein eng anliegendes spiralförmiges Amulett um den
Hals. Sieht man genauer hin, fällt die rötliche Färbung des Goldes
auf – ein Charakteristikum des Goldes von Mali. Es liegt an einer
eisenhaltigen Beize, die sich in Jahrtausenden mit dem Gold ver-
mengt hat und die durch keinen Schmelzprozess entfernt werden
kann. Sie färbt das Gold rot wie die Erde, rot wie Blut.

*Ein Nasenring ziert das Ge-
sicht dieser Fulbe-Frau, die
ein goldenes spiralförmiges
Amulett um den Hals trägt.*

Die Mine am Ende der Welt

Um an das für das arme Mali so wichtige Gold zu kommen, wurden in nur sechs Jahren Millionen von Kubikmetern Gestein wurden abgetragen und die Landschaft rund um Sadiola völlig verändert.

Zwei Flugzeuge steuern in regelmäßigen Abständen den Flughafen in Mopti an. Das eine geht nach Timbuktu, die andere Maschine bringt Arbeiter und Material nach Sadiola, zur größten Goldmine des Landes. Eric hatte uns empfohlen, die Goldexperten der Mine zu kontaktieren. Der Pilot ist ein alter Bekannter. Er warnt uns gleich vor falschen Hoffnungen: Dort draußen gebe es gar nichts außer der Mine. Die Straße zur Provinzhauptstadt Kayes werde darüber hinaus auch immer wieder überschwemmt, manchmal sei tagelang kein Durchkommen.

Die Mine von Sadiola, eine von drei professionell betriebenen Minen des Landes, liegt 800 Kilometer westlich der Hauptstadt Bamako. Betrieben wird sie als ein kanadisch-südafrikanisches Gemeinschaftsprojekt, das zu zwanzig Prozent dem Staat Mali gehört. Es dauert seine Zeit, bis unsere Genehmigung für die Dreharbeiten eintrifft, aber als wir schließlich in Sadiola ankommen, werden wir herzlich begrüßt. Sigi Traoré, ein malischer Ingenieur, übernimmt die Führung. Sigi sieht man seine 52 Jahre nicht an. Geboren und aufgewachsen in Bandiagara, dem Ort von

Erics Ausgrabung, kam er nach seinem Geologiestudium nach Sadiola. Sigi ist dort Spezialist für die Prospektion von Goldlagerstätten. Das Bambuk-Gebiet, in dem Sadiola liegt, hatte auch Eric schon als wichtiges Goldfeld erwähnt. 1725 errichteten die Franzosen das erste Handelsfort am Oberlauf des Senegalflusses, um die Goldfelder des Bambuk-Gebietes zu kontrollieren. Mitte des 19. Jahrhunderts unternahm Louis Faidherbe, der energische Gouverneur des französischen Senegal, einen spektakulären Versuch, die Kontrolle über den westlichen Teil Malis zu erringen. Am Ufer des Senegal-Flusses baute er in Medine ein riesiges Fort. Eine Provokation für den Scheich Al Hadsch Umar, der prompt 1857 mit 20 000 Mann das Fort belagerte, es aber nicht einnehmen konnte, und unter großen Verlusten abziehen musste. Mali und sein Gold gehörten damit faktisch den Franzosen.

Bis 1910 stellte die französische Regierung 141 Konzessionen zum Abbau des Goldes aus. Doch der enorme Aufwand stand in keinem Verhältnis zum geringen Ertrag. Jede eingesetzte Arbeitskraft schürfte durchschnittlich weniger als ein Gramm Gold, so errechnete der Historiker Philip Curtain – in damaliger Währung fünfzehn Cent. Ein Eldorado wie zu Zeiten Kanga Mussas war in weite Ferne gerückt.

Graben gegen die Zeit

Heute ist Mali der viertgrößte Goldproduzent in Afrika. Der Aufschwung kam mit den hohen Goldpreisen der achtziger Jahre. Von drei Tonnen im Jahr 1992 stieg der Ertrag auf 23,7 Tonnen Gold im Jahr 2000. Im selben Jahr löste das Gold Baumwolle als wichtigsten Exportfaktor ab. 22,7 Millionen Euro bringt das Edelmetall dem Staatshaushalt ein. Sadiola selbst, das im Dezember 1996 den ersten Barren goss, leistete mit 14,4 Tonnen Gold den größten Beitrag.

Sadiola ist eine gigantische Fabrikanlage mitten in der Wüste. 235 Angestellte, darunter elf Ausländer, arbeiten hier. Die Ausländer – Südafrikaner, Kanadier und auch ein Deutscher – stellen einen Teil der Verwaltung und der technischen Leitung. Viele einheimische Ingenieure wie Sigi haben hier Arbeit gefunden. Gemeinsam lebt man in einem »Goldgräberdorf« – einer Siedlung, die allen Komfort eines westlichen Vorortes bietet. Die Häuser sind geräumig, es gibt mehrere Klubs, Fitnessräume, Swimming-Pools, eine Schule und einen internationalen Supermarkt, der von Tempo-Taschentüchern bis hin zu einem Sortiment besten Whiskys alles bietet, was das Leben in der Steppe angenehm macht. Nach den Entbehrungen in Timbuktu und Mopti ist unser Team aber beinahe überfordert, die plötzlich herbeigezauberten Scampi und die Mousse au Chocolat zu genießen.

Für die Minenarbeiter ist es ein Luxus auf Zeit. Sigi führt uns in die Grube, wo das goldhaltige Gestein im Tagebau gewonnen wird, bevor es in die Wasch- und Filteranlagen der Mine gepumpt wird. Die Grube hat riesige Ausmaße: 1,5 Kilometer lang, 560 Meter breit und 65 Meter tief haben sich die Caterpillar-Bagger ins Gestein gefressen. Sigi erklärt, warum Sadiola so ergiebig für die Goldgräber ist: Die Mine liegt auf einer Verwerfung, die in nördlicher Richtung zwischen Mali und dem Senegal verläuft. Zwei verschiedene geologische Gesteinsformationen westlich und östlich der Spalte haben goldhaltigen Kalkstein quasi in die Zange genommen und zusammen mit Marmor, Diorit und Sandstein zur Oberfläche emporgedrückt. Bereits in diesem Jahr, so Sigi, werde die jetzige Grube erschöpft sein. Man könne dann nur noch die marginalen Erzgesteine des Abraums ausbeuten oder – was die Minenleitung plant –, sich tiefer in die Grube sprengen. In 75 Metern Tiefe beginnt harter Fels, der mit Dynamit zerkleinert werden muss. Am Ende soll die Grube 150 Meter tief sein. 2003 wird aber endgültig Schluss sein mit dem Goldrausch in Sadiola – es sei denn, die Geologen finden im Umkreis der Mine »Satellitenadern« des eigentlichen Goldfelds. »Das Problem ist«, meint er, »man muss nicht nur Gold an sich finden, sondern gleich eine Lagerstätte, die sich auszubeuten lohnt.« 120 Dollar koste es, eine Unze Gold zu schürfen. Bei dem derzeitigen Goldpreis von 290 Dollar pro Feinunze könne man nicht jedes beliebige Vorkommen ausbeuten; ein bestimmter Mindestgehalt Gold pro Tonne durchsiebtes Gestein müsse enthalten sein: ein bis zwei Gramm pro Tonne Erz.

Eine mörderische Hitze herrscht in dem Raum, in dem das Gold gegossen wird. Bevor sie den Raum betreten durften, wurden der Kameramann und der Assistent ein halbes Dutzend Mal mit Metalldetektoren gescannt, an jeder Tür einmal. Eine Geduldsfrage, wenn das halbe Equipment aus Metall ist und jedes Mal ausgepackt und einzeln untersucht werden muss. In der kleinen Halle steht der Ofen bereits unter Dampf. Zwei Männer in blauen Overalls mit einer Schweiß-Schutzmaske vor dem Gesicht heben den Tiegel mit dem flüssigen Gold an. Unter leisem Zischen fließt das rotglühende Metall in die oberste Stufe der treppenartigen Form, dann in die zweithöchste, bis endlich fünf Barren gegossen sind. Die Männer lassen das Gold abkühlen und kippen dann die Form auf den Boden, bis der Barren herausspringt. Ein Dritter kommt hinzu und fegt mit einem feinen Pinsel säuberlich sämtliche Krümel auf. Mit einem stählernen Quirl wird die Oberfläche der Barren gehärtet und von nicht metallischen Ausscheidungen gesäubert. Dann ein kleines Ritual:

Auf der Suche nach alten Minenschächten. Hat der Abbau der Mine Sadiola alle Spuren getilgt?

Sechs eiserne Lettern liegen bereit, um den Namen »Sadiola« in die handgroßen Barren zu hämmern. Das Gold besitzt bereits sein geheimnisvolles Leuchten. Eines unserer Teammitglieder darf sogar einen Barren in die Hand nehmen. Lautes Gelächter, als der Arm mit den zwanzig Kilogramm Gewicht nach unten saust.

Bereitwillig zeigt man uns alles in der Mine, sogar ökologisch brisante Details. In einem Rückhaltebecken unweit der Grube blubbert friedlich eine goldgelbe Masse vor sich hin: Zyanid, das in einem chemischen Prozess benutzt wird, um das Gold aus dem zerkleinerten Gestein zu lösen. An den Rändern des Beckens beginnt die normale Vegetation. Eine Zeitbombe? Die extrem giftige Chemikalie hatte bereits in Kirgisien und Rumänien Katastrophen mit mehreren Toten ausgelöst. Das Zyanid war durch Unachtsamkeit oder Unfälle ins Trinkwasser geraten.

Auf die alten Goldminen angesprochen, wird Sigi lebhaft. Ja, er habe hier auch alte Schächte gesehen, als er mit Kollegen die Gegend nach dem besten Platz für die Grube abgesucht habe. »Es gab hier ganz in der Nähe ein Dorf, dessen Bewohner lange Zeit nach Gold gegraben haben. Wir kommen sozusagen nur wieder hierher zurück«, meint Sigi. Und er erzählt uns das Geheimnis der malischen Goldgräber: »Die alten Goldsucher gingen davon aus, dass auf einem Goldfeld immer bestimmte Pflanzen wachsen. Jedes Mal, wenn sie an einer Stelle gruben, wo diese Pflanzen wuchsen, stießen sie auf Gold. Sie mussten nur die Vegetation studieren, um Gold zu finden.« Als Sigi das Team zu den alten Schächten bringt, herrscht Entsetzen. Die neue Grube hat die Spuren des alten Abbaus restlos verschlungen. Die Spuren der Geschichte sind für immer vernichtet. Sigi tröstet uns. Der Abbau habe wahrscheinlich erst unter den Franzosen begonnen. Mit Kanga Mussa hätten die Schächte hier sicher nichts zu tun. Unsere Suche nach dem Gold geht also weiter.

Venedig des Soudans

Djenné liegt wieder auf unserer ursprünglichen Reiseroute, im Binnendelta des Niger. Der wichtigste Fund in der Geschichte des Goldes von Mali ist ein drei Zentimeter großer Ohrring, der hier bei Ausgrabungen gefunden wurde. Durch seine Lage in einer

Botschaft aus einer längst vergangenen Zeit – ein kunstvoll geschmiedeter Ohrring aus dem 9. Jahrhundert ist das älteste Stück Gold Malis.

Siedlungsschicht konnte er auf den Zeitraum 850 bis 900 n. Chr. datiert werden. Bringt er uns endlich auf die Spur des sagenhaften Goldes von Kanga Mussa?

Nach der öden Steppenlandschaft von Sadiola ist Djenné ein Erlebnis. Schon im Mittelalter war die Stadt berühmt, da sie vollständig von einer Mauer umschlossen ist. Ihre Lage auf einer Insel in der Nähe des Bani, ein östlicher Nigerzufluss, gab ihr den Namen »Venedig des Soudans« (der Soudan, Urform des Namens des heutigen ostafrikanischen Staates Sudan, umfasste die ariden Regionen südwestlich der Sahara). Zur Zeit des Hochwassers von Oktober bis Dezember, ist sie tatsächlich vollkommen von Wasser umschlossen.

Eine Fähre setzt unseren Jeep wohlbehalten am anderen Ufer ab, wo ein richtiges Stadttor in den Himmel ragt. Djennés märchenhafter Aufstieg vollzog sich zeit-

Djenné vor 1000 Jahren

Am Niger liegen die Handelsboote. Durch ein Stadttor kommen die Marketender in die Stadt. Der nordafrikanische Einfluß macht sich bereits bemerkbar: Rechteckige Häuser und Händler in den Kleidern der Wüstenreisenden sind inmitten der Rundhütten zu sehen.

(Aus: Susan K. und Roderick J. McIntosh, »Jenne-Jeno, An Ancient African City«)

gleich mit dem Timbuktus. Die Stadt wurde der Handelsknotenpunkt, an dem das Salz aus Timbuktu und das Gold aus dem Süden zusammenkamen. In ihrer Blütezeit wohnten hier 10 000 bis 15 000 Menschen auf engstem Raum. Die Türen und Wände der Häuser Djennés sollen aus purem Gold gewesen sein, besonders die der zahlreichen islamischen Professoren. Wie Timbuktu galt Djenné als Stadt der Gelehrten. Von einem jener Gelehrten, As Sadi, der von 1627 bis 1637 als Imam an der Moschee wirkte, ist eine der wenigen schwarzafrikanischen Historien überliefert. As Sadi berichtet, dass sich das um 760 n. Chr. gegründete Djenné bereits um 1200 dem Islam angeschlossen hatte und der Sultan seinen Palast zerstörte, um an dessen Stelle eine prächtige Moschee zu bauen.

Noch heute vermittelt die große Moschee einen faszinierenden Eindruck von der einstigen Pracht Djennés, obwohl das Gotteshaus um 1900 komplett erneuert wurde. Es ist unmöglich, nicht von der archaischen und doch eleganten Lehmarchitektur beeindruckt zu sein, die die gesamte Soudanzone dominiert. Das Gerüst des Gebäudes wurde aus Ziegeln gemauert, aus luftgetrockneten Briketts, denen man Kuhdung, Sand und Stroh beigemischt hat. Dieses Material – »banco« genannt – diente auch zum Verputzen der Außenfläche. Dem Besucher fallen sofort die aus den Mauern ragenden Holzstäbe auf, die dem Bau ein seltsam stacheliges Äußeres geben. Ihr Sinn enthüllt sich einmal im Jahr, wenn das »Fest der Ausbesserung« beginnt. Der Verputz der Moschee muss nach dem jährlichen Regen erneuert werden. Dann schwingen sich hunderte von Menschen an den Stäben wie an einer Kletterwand nach oben. Zwischen den Balken balancieren sie in bis zu fünfzehn Metern Höhe ihre ideale Arbeitsposition aus. Von unten wird ihnen eimerweise »banco« gereicht, den sie mit Eifer und Freude auf die Wände und Dächer der Moschee klatschen.

Einst war sie der ganze Stolz des Reiches von Mali – die Moschee von Djenné, der größte Lehmziegelbau der Welt.

In den zahllosen Ecken des großen Platzes, den die Moschee dominiert, sitzen kleine Grüppchen von Kindern mit Kiel und Papier auf ihren Schößen. Ein Lehrer lässt sie antreten und den Koran aufsagen. Dann dürfen sie sich wieder hinsetzen; der Imam erzählt. Gebannt hören sie ihm zu, selbst von unserer Kamera lassen sie sich kaum ablenken. Man spürt die Strenge und Ernsthaftigkeit, mit der der Islam das alltägliche Leben hier durchdrungen hat. Sie scheint gar nicht zu dem fröhlichen Bild Schwarzafrikas zu passen.

Auch im Atelier von Ali herrscht eine Atmosphäre ernsthafter und konzentrierter Beschäftigung. Ali ist Goldschmied wie sein Vater, wie dessen Vater, wie fast jeder älteste Sohn in seiner Familie seit vielen Generationen. In seinem kleinen Verschlag arbeitet er zusammen mit einem Helfer. Einst war Djenné berühmt für seine kunst-

fertigen Goldschmiede. Heute ist Ali einer der wenigen, die das Handwerk noch ausüben, denn Gold auf dem freien Markt zu bekommen und wieder mit Gewinn loszuwerden wird immer schwieriger, sagt er. »Es gibt nur fünf oder sechs Leute, die hier überhaupt Gold besitzen«, meint Ali. »Von ihnen bekomme ich ab und zu etwas, 100 oder 200 Gramm im Monat.« Mehr gibt er nicht preis, nur dass es »Männer seines Vertrauens« seien. Seinen Lebensunterhalt verdient er damit, alten Familienschmuck auszubessern oder einzuschmelzen. Seinem Stolz aber kann dies nichts anhaben. Die Malier, mit denen Ali zu tun hat, begegnen ihm trotzdem mit gehörigem Respekt. Er erklärt uns, warum. Allen Menschen, die mit Gold in Berührung kommen, schreiben die Malier das »nyama«, eine magische Kraft zu. Da das Gold den Maliern von den Göttern geschenkt worden sei, hätten diese auch denen besondere Kräfte verliehen, die es bearbeiten.

Für die Kamera demonstriert Ali sein Können. Sein Helfer pumpt einen ledernen Blasebalg auf und facht damit das Holzkohlenfeuer an. Vorsichtig schmilzt der Goldschmied ein kleines

Mit seinen mächtigen Mauern dominiert das große Gotteshaus den Hauptplatz der Stadt. Die Moschee wurde das Zentrum des neuen Djenné, nachdem der Sultan 1280 zum Islam übergetreten war.

»Tordierte«, also gedrehte Ohrringe aus Gold geben den Archäologen Rätsel auf: Wie kommt es, dass diese Form sowohl in Mali als auch in Irland und Wales gefunden wurde?

Nugget und gießt das Gold in die Form eines vierkantigen Stabes. In die Seiten dieses Stabes hämmert er kleine Rillen, sodass der Querschnitt kreuzförmig wird. Mit zwei Zangen dreht er danach die Enden des Stabes so gegeneinander, dass sich die Grate wie Schnüre in einem Seil verdrehen, und biegt am Schluss die Enden zu einer runden Form zusammen. Fertig ist der Ohrring. Er hat exakt dieselbe tordierte Form wie der Ohrring der Fulbe-Frauen.

Die Drehscheibe des Goldes

Etwas außerhalb von Djenné liegt der Fundort eines goldenen Ohrrings, der im Nationalmuseum in Bamako aufbewahrt wird. Der mündlichen Überlieferung zufolge handelt es sich bei dem Platz um das alte Jeno, das um 1400 zu Gunsten des moderneren Djenné aufgegeben worden war. Unsere Enttäuschung könnte zunächst nicht größer sein. Statt einer imposanten Ausgrabungsstätte ist nur ein Feld zu sehen, ohne Erhebung oder Senke, Mauern, Löcher oder Ähnlichem. Doch bei näherem Hinsehen bemerken wir, dass der gesamte Boden etwa auf der Fläche eines Fußballfelds mit Scherben übersät ist – große und kleine Tonscherben, Reste von Keramiken, Krügen, Töpfen. Einige Krüge sind in den Boden eingegraben und haben kreisrunde Linien hinterlassen. Unser Führer lächelt. Diese Scherben, so erklärt er, gehören zu einem riesigen Kaufmannslager. Wir stehen sozusagen mitten in der Vorratshalle. Jeno gehört zu den wichtigsten Entdeckungen Westafrikas. Es symbolisiert die Suche nach einer eigenen Geschichte, nach den Wurzeln des Kontinents und den Abschied von der Vorstellung, in Afrika beginne die Zeitrechnung erst mit der Ankunft der Araber und Europäer. Bevor die Anthropologen Roderick und Susan Keech MacIntosh von der Rice University Texas 1977 nach Jeno kamen, ging man davon aus, dass es entlang des Niger vor dem Eintreffen der Araber im 7./8. Jahrhundert weder komplexe soziale Strukturen wie Städte oder organisierten Fernhandel, noch Handel mit Gold gegeben habe. Jeno warf diese Annahmen gründlich über den Haufen. Die MacIntoshs staunten nicht schlecht, als sie plötzlich auf Artefakte stießen, die aus der Zeit um 200 v. Chr. stammten. Sogar Perlen im griechisch-römischen Stil wurden gefunden – ein Zeichen, dass Jeno Verbindungen bis zum Mittelmeer gepflegt haben muss. Die Siedlung von Jeno war im 5. Jahrhundert schon rund 25 Hektar groß und schützte sich mit einer Stadtmauer. Die Bewohner konnten Eisen schmieden, Bronze, Kupfer und Gold gießen. Über mehrere 100 Kilometer Entfernung wurden die verschiedenen Metalle nach Jeno in die Schmelze gebracht. Als 1180 n. Chr. der Sultan Konboro die islamische Religion der Händler aus dem Norden annahm und den Grundstein zu einem neuen Stadtkern legte, begann für das alte Jeno die Zeit des Nieder-

Wer formte einst die Keramik, die die Archäologen fanden? Waren es dieselben, die das Gold des Königs schürften?

gangs. Während Muslime das neue Djenné bevölkerten, sank der Stern Jenos rasch, da dessen Bewohner sich weigerten, ihren animistischen Kulten abzuschwören. Um 1400 war Jeno eine Geisterstadt, die in den arabischen Quellen ignoriert wurde.

Die Rolle der Handelsstadt übernahm fortan Djenné. Der Portugiese Valentim Fernandes, der Ende des 15. Jahrhunderts im Auftrag seines Königs die westafrikanischen Küstenländer erforschte, hob in seinem Bericht an den König die Bedeutung Djennés hervor: »Hierher kommen die Händler, die in die Goldminen reisen. Diese Kaufleute gehören einer eigenen Rasse an, man nennt sie Ungaro. Man gewährt nur den Angehörigen dieser Rasse Zugang zu den Minen, weil man diese für vertrauenswürdig hält. Wenn diese Ungaro in Dienne [Djenné] ankommen, bringt jeder Händler 100 oder 200 oder mehr schwarze Sklaven mit, die das Salz auf ihrem Kopf von Dienne bis zu den Goldminen transportieren und von dort das Gold zurückbringen.«

So erklärt sich, warum in den arabischen Quellen zwar oft und ausführlich der Reichtum der Gebiete entlang des Niger beschrieben wird, aber nie ein Hinweis auftaucht, woher das Gold denn nun eigentlich kommt. Die arabischen Händler durften nur bis Djenné, der direkte Handel mit den Goldgräbern war ihnen verboten. Die Goldgräber hatten ihre eigenen Gesetze – auch Kanga Mussa hatte sich aus dem Gebiet der Minen herauszuhalten. Al

Ein kunstvoll geschnitzter Doppelkopf symbolisiert die Glaubenswelt der Malier: alles ist beseelt. Selbst der Islam konnte die alten Götter nicht vollständig verdrängen.

Omari beschreibt in seiner Enzyklopädie, wie pragmatisch der Muslim sein konnte, wenn es ums Gold ging: »Die Bewohner des Landes sind wilde Heiden; und wenn der Sultan [Kanga Mussa] wollte, würde er sie unterwerfen. Aber die Erfahrung lehrte die Herrscher dieses Königreiches, dass jedes Mal, wenn einer von ihnen eine der Goldstädte erobert, dort den Islam einge-führt und den Gebetsruf hatte ertönen las-sen, die Golderntte geringer wurde und beinahe vollständig zurückging, während sie in den benachbarten Gebieten wuchs und immer größer wurde.« Deshalb, so Al Omari, hätten sich Kanga Mussa und seine Nachfolger auch mit dem Tribut des Gold-lands zufrieden gegeben. Die Fundorte des Goldes sollten also geheim bleiben. Die Händler durften nur wissen, dass es ir-gendwo aus dem Süden von Djenné kam. Man begreift nun, warum Al Idrisi der Chimäre aufsaß, das Gold käme von der »Goldinsel« in der Mitte des Niger: Dort

lagen Djenné und seine Kontore, wo die arabischen Händler das Gold tauschten und es auf dem Niger nach Timbuktu und Kairo brachten. Al Idrisi hatte Handelsplatz und Fundort verwechselt. In Wirklichkeit kam das Edelmetall auf dem Landweg nach Djenné. Und genau diesen Weg müssen wir nun zurückverfolgen.

Wie diese Fensterfront wei-sen viele Häuser in Djenné den »Soudanstil« auf, der die Architektur in West-afrika vom 12. bis zum 18. Jahrhundert prägte.

Die Legende der gefiederten Schlange

Eines Abends in Djenné erwartet das Team eine Geschichts-stunde ganz eigener Art: Ein »Griot«, ein fahrender Sänger, bietet gegen einen Obolus seine Künste an. Griots sind sozusagen die Geschichtsbücher Westafrikas. Einst verherrlichten sie an den Höfen der Könige die Taten der Herrscher. Die Erzählungen ha-ben sie von ihren Vorfahren übernommen – »oral history«. Ge-nau wie den Goldschmieden schreibt man auch ihnen das »nyama« zu und lädt sie ein, bei Hochzeiten ihre Mischung aus Erzählung, Gesang und Mimik darzubieten. Sie stehen in Kontakt mit der Vergangenheit und allein dieses verleiht ihnen eine magische Aura. Unser Griot – er heißt Ali – ist eine Berühmtheit, dessen Ruf sich weit über Djenné hinaus verbreitet hat. Ach ja, das Thema? Natürlich Gold.

Gebannt lauschen wir dem Sänger und ahnen plötzlich, wie afrikanisch die Wurzeln von Rap und Hip-Hop sind ... Der Griot hat eine fesselnde Geschichte parat, in epischer Breite, die sich hier nur höchst unvollkommen zusammenfassen lässt. Hauptfigur ist der Schlangengott Wagadu-Bida, der in alter Zeit einem westafrikanischen Reich Glück und Wohlstand verschafft hatte, dafür aber jedes Jahr eine Jungfrau als Opfer forderte. Eines Tages jedoch wollte ein Jüngling das ausersehene Opfer – eine besonders schöne Jungfrau – vor der Schlange retten. In einem furchtbaren Kampf schlug er der Schlange den Kopf ab, der in hohem Bogen durch die Luft davonflog. Sechs weitere Köpfe wuchsen der Schlange nach und alle sechs schlug der Jüngling ab. Die sieben Köpfe landeten in sieben verschiedenen Regionen und verwandelten sich in Gold. Der Erste der Schlangenköpfe fiel in ein Land namens Buré.

Buré. Der Name taucht bereits bei einem der ersten europäischen Erforscher Afrikas auf, der dem Mythos Timbuktu auf der Spur war: Mungo Park. Beinahe hätte der Schotte als erster Europäer schon 1805 den Boden Timbuktus betreten und damit den Wettlauf um den sagenhaften Ort gewonnen. Park hatte auf einer ersten Expedition 1795 den Niger gefunden. Auf einer zweiten Expedition wollte er 1805 den Lauf des Flusses so weit wie möglich verfolgen. Bis auf fünfzehn Kilometer kam er an Timbuktu heran, doch wie Moses konnte er das große Ziel seiner Suche nur aus der Ferne beobachten. Park hatte sich in den Kopf gesetzt, wahllos auf alle Eingeborenen zu schießen, die ihm irgendwie gefährlich erschienen. Eine Gruppe Tuareg, die er am Hafen Timbuktus unter Feuer nahm, verfolgte ihn daraufhin so hartnäckig, dass Park es vorzog, schnellstens auf dem Niger das Weite zu suchen. Seine Spur verliert sich im Dunkeln. Später erreichte London die Nachricht, er sei von einigen Eingeborenen etwa 350 Kilometer vor der Mündung des Niger bei einem Überfall ermordet worden.

Ein Höhepunkt seines Berichts von 1795 ist die Beschreibung der Goldwäscher von »boori« im Süden Malis: »Eine Kalebasse wird mit Wasser und Sand oder Tonerde gefüllt und mit einer rotierenden Bewegung erst langsam, dann immer schneller geschwenkt, bis bei jeder Umdrehung eine kleine Portion Sand und Wasser über den Rand schwappt.« Schächte und Stollen konnte Park nicht finden, da er den Eingeborenen nicht zu nahe kommen wollte. Ist Buré das »boori« Mungo Parks? Es gibt ein Gebiet namens Buré 100 Kilometer südlich von Bamako, in dem Gold abgebaut wird. Auf den Karten findet man es heute im Bezirk Kangaba, mit Kourémalé als wichtigstem Ort. Kangaba ist eine der Hauptgegenden der Griots und der Stammsitz der berühmtesten Familie Malis: der Keita. Auch der Albino-Sänger Salif Keita, der mit seinem Afro-Pop die internationalen Hitparaden stürmte, stammt von hier.

Die Wurzeln des Goldes

Unser Team bekommt Verstärkung. Aus Bamako ist Dr. Yahaya Kané zu uns gestoßen. Der junge Agrarwissenschaftler lebt in Deutschland, stammt jedoch aus dem Buré. Er will uns helfen, die Goldminen Kanga Mussas zu finden. Seit Jahren beschäftigt er sich mit der Stellung des Goldes in Mali. Gold, so sagt er, habe für die Malier eine ganz besondere Bedeutung, die weit über das Materielle hinausgehe. »Wir glauben, dass Gold uns von guten Geistern geschenkt wird. Und deshalb ist alles, was mit Gold bezahlt wird, viel mehr wert als das, was mit Papiergeld bezahlt wird. Gold ist für uns heilig.«

Wie Eric im Bandiagara besorgt auch Yahaya zunächst Kolanüsse. Gastgeschenke müssten auf jeden Fall sein; schließlich ginge es um das wichtigste Gut der Menschen. Nicht umsonst habe man das Gold jahrhundertelang vor Fremden versteckt. Dann geht es mit den Jeeps auf einer unbeschreiblich harten Schotterstraße Richtung Süden. Manchmal ist es, als bestünde der Weg nur aus Schlaglöchern, die von etwas festgetretenem Schotter unterbrochen werden. Dafür entschädigt der Blick aus

Mit rhythmischem Stampfen zerkleinern die Frauen des Dorfes in hölzernen Gefäßen Hirsekörner, eines der Hauptnahrungsmittel des Buré.

dem Fenster: Die Gegend wird zunehmend grüner. Nach Wochen in der kahlen, staubigen Steppe tauchen nun Bäume, Ackerflächen und kleine Haine auf. Eine blühende Landschaft, die andeutet, dass wir uns langsam den zentralafrikanischen Waldgebieten nähern. Die ersten Dörfer kommen in Sicht – es ist das Gebiet von Kourémalé. Die Straße ist kaum noch zu erkennen; manchmal müssen die Jeeps durch halb ausgetrocknete Flussläufe fahren oder einen Umweg nehmen, wenn ein Wasserlauf den Weg versperrt. Die Spannung steigt.

In einem Dorf machen wir Pause. Yahaya will hier den Ältesten fragen, wo gegraben wird. Mit betretenem Gesicht kommt er zurück: Man habe ihm gesagt, es sei Freitag, und am Freitag werde nicht in den Goldminen gegraben. Außerdem dürften Fremde die Goldminen nicht betreten. Unglück im Glück. Bei aller Freude, dass hier tatsächlich Goldminen sind, macht sich Enttäuschung breit. Doch keiner gibt Yahaya die Schuld. Wen hätte er hier auch vorher anrufen können? Das nächste Telefon steht in Kangaba, fünfzig Kilometer entfernt. Das Team will es trotzdem probieren. Im Nachbardorf will Yahaya vorfühlen. Er weiß, dass hier jedes Dorf seine eigenen Goldminen hat und dass es die Entscheidung des jeweiligen Dorfältesten sei, ob gegraben werde oder nicht und ob gedreht werden dürfe. Hauptsache, die Geister haben nichts dagegen.

Das nächste Dorf besteht aus zwanzig Hütten und einer kleinen Moschee mit einem himmelblauen Minarett. Tatsächlich werden wir von der Tochter eines Minenbesitzers empfangen. Eine richtige First Lady. Kleidung und Auftreten verraten, dass die Geschäfte offensichtlich gut laufen und sie einiges zu sagen hat. Sie trägt auffälligen Goldschmuck aus purem Gold! Und nun sehen wir auch die anderen Frauen, viele tragen goldene Ohrringe. Die Tochter des Minenbesitzers hört sich Yahayas Anliegen an und verspricht, den Dorfrat zu versammeln. Also warten. Nicht das letzte Mal an diesem Tag. Nach einigen Stunden wird in einer Art Loggia eine Versammlung von einem Dutzend Männer einberufen, von denen die Hälfte mindestens 100 Jahre alt zu sein scheint. Es sind die Dorfältesten sowie der Imam der kleinen Moschee und die Besitzer der Minen. Auf die Frage, ob hier die Minen Kanga Mussas seien, meint einer vielsagend, früher hätten die Minenbesitzer immer den Königen von Mali ihren Tribut abliefern müssen, damit ihr Gebiet geschützt wurde. Yahaya weiß, dass das Dorf sehr reich ist. Die meisten Minenbesitzer arbeiten nicht selbst in der Mine, sondern verpachten sie an Wander-arbeiter, die unter Abgabe eines Teils des Goldes schürfen.

Die Gesichter der Alten sprechen Bände: Sie sind skeptisch, doch mit ruhiger Miene palavern sie erst einmal untereinander und mit Yahaya über unser Anliegen.

Dass er reich ist, zeigt der Minenbesitzer nicht offen. Fremden begegnet er mit Misstrauen – sein Gold könnte Begehrlichkeiten wecken.

Könnten die Geister etwas dagegen haben? Ist es gut, Fremde zu den Minen zu lassen? Da hat Yahaya die rettende Idee: Er bittet die Alten, unser Anliegen so zu behandeln, als käme ein Wanderarbeiter und frage nach der Erlaubnis zu graben.

Stunden später: Die Kinder, die anfangs noch interessiert zuhörten, sind nun ein-geschlafen. Die Alten palavern weiter. Es fällt auf, dass auch der Imam mit dem Zorn der Geister droht. Der Islam konnte die al-ten animistischen Kulte nicht verdrängen, denen die »heidnischen« Goldgräber seit Kanga Mussas Zeiten nachgingen. Alte und neue Religion haben sich vermischt.

Wir zeigen langsam erste Ermüdungser-scheinungen. Yahaya mahnt uns zu Geduld. Er selbst hat sehr große Ehrfurcht vor den Geistern und dem Wort der Alten – man spürt die Autorität, die sie in allen Lebens-fragen in Afrika haben.

Schließlich ist der Rat zu einer salomonischen Entscheidung gekommen: Jeder Wanderarbeiter müsse vor dem Beginn der Arbeit etwas opfern, um die Geister gnädig zu stimmen. Wir müssten also auch etwas opfern. »Dies können eine rote Ziege, 100 Kolanüsse oder auch ein roter Ochse sein«, übersetzt Yahaya. Warum rot? Die Farbe des Goldes, die Farbe der Erde. In unserem Fall setzt der Ältestenrat das Opfer auf einen roten Ochsen fest, der Schwere des Anliegens angemessen. Wir sind bestürzt. Wo in aller Welt soll man hier einen roten Ochsen auftreiben? Manche sehen sich schon selbst ein Rindvieh übers Feld jagen. Doch dann eilt ein junger Bursche aus dem Dorf los, um mit unserem Geld einem durchziehenden Hirten einen Ochsen abzukaufen.

Einige Zeit später ist das gesamte Dorf auf den Beinen. 100 Menschen drängen sich zwischen zwei Bäumen zusammen, wo der Imam und ein Helfer sich Beschwörungsformeln zurufen. Der Ochse ist mit einem Strick an einen Pflock gefesselt. Halb nackte, schlammverkrustete Männer versammeln sich um das Tier: die

Gespannte Erwartung bei den Kindern des Dorfes: Wird die Zeremonie die Geister besänftigen können?

»orpailleurs«, die Goldsucher. Die Anspannung wächst, erregte Rufe sind zu hören. Die Beschwörung endet, die Menschentraube umringt den Ochsen. Nun setzt einer das Messer an den Hals des Ochsen und stößt zu. Blut spritzt empor. Im selben Moment gerät die Masse der Menschen in Bewegung, jeder drängt zum Hals des

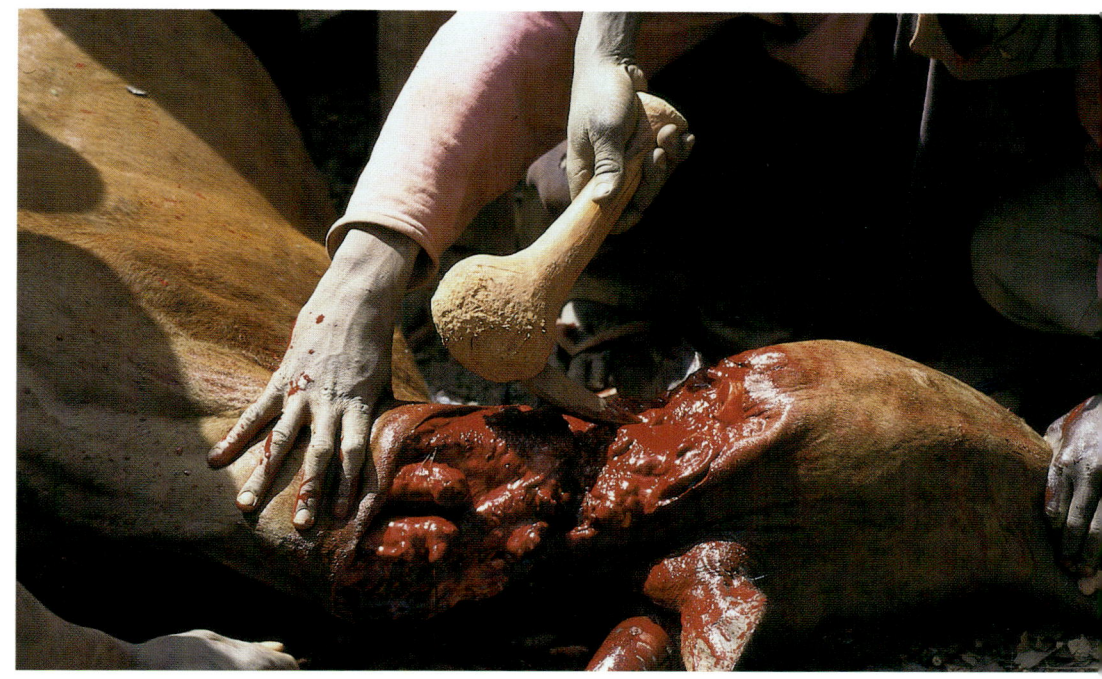

Ochsen, um seine Hände in das Blut zu tauchen. Ein wahnwitziges Getümmel, das unsere Kamera in höchste Gefahr bringt. Doch Steffen, der Kameramann, hält weiter drauf und erhält ein Bild, das uns noch lange im Gedächtnis bleiben wird: Wie Siegfried im Drachenblut badete, so reiben sich die Minenarbeiter mit dem roten Blut ein, um sich für die harte Arbeit zu wappnen. Blut für Gold, rotes Blut, rotes Gold, rot wie die Erde Malis ...

Ganz wild stürzen sich die Goldsucher auf den Hals des Ochsen, der mit einem scharfen Messer aufgeschlitzt wurde. Sie wollen ihre Hände mit dem Blut des Tiere benetzen.

Die Minen des Königs

Der Jeep hält am Rand einer kleinen grünen Talsenke, die sich unschwer als ehemaliger Flusslauf erkennen lässt. Der Fluss hatte einst das Gold zu dieser Seifenlagerstätte zusammengetragen. Die Goldseifen, die durch Verwitterung goldhaltiger Gesteine, die schließlich in das Flussbett absinken, liegen hier in einer Tiefe von sechs bis zehn Metern, manchmal aber auch näher an der Oberfläche. Man erkenne aber sehr leicht, erklärt uns Yahaya, ob man tief genug gegraben habe, da das Gold in einer bis zu einem Meter dicken Kiesschicht liege, dem ehemaligen Flussbett. Zurzeit seien die besten Minen gar nicht in Betrieb. Sie sind noch

»Löcher im Boden, auf deren Grund man das Gold aufsammelt.« Endlich haben wir die Minen des Königs Kanga Mussa gefunden.

überflutet – es ist Februar und die Regenzeit ist gerade erst zu Ende.

Yahaya geht mit einem Sohn des Minenbesitzers voran. Auf dem Weg ein kleiner Basar mit Kalebassen, Hämmern, Stricken. Dann: die Minen. Es sind tatsächlich Löcher. Der ganze Boden der Talsenke ist wie ein Schweizer Käse übersät mit Dutzenden von Löchern, die im Durchschnitt kaum einen Meter breit sind. Sie überziehen den Boden im Abstand von fünf bis zehn Metern. Wie in der Beschreibung Al Omaris: »Die Minen bestehen aus Löchern, die man ungefähr bis zur Tiefe eines Menschen gräbt.« Die Zeit scheint stehen geblieben zu sein. »Dies sind die Goldminen Kanga Mussas«, meint Yahaya ehrfürchtig.

Ein kleiner Pfad führt durch das Gelände. Als unser Team näher kommt, sieht es die jungen Männer – die Minenarbeiter, die auch an der Zeremonie im Dorf teilgenommen haben. Die Wanderarbeiter kommen aus allen Regionen Malis und sogar über die Grenze aus Guinea-Conakry. Die schlechte Wirtschaftslage hat sie aus ihrer Heimat vertrieben. Ihre Frauen und Kinder haben sie mitgebracht und sich in einer kleinen Siedlung in der Nähe so gut es geht eingerichtet. Die Goldgräber haben sich in kleinen Gesellschaften organisiert, um sich Werkzeug und Pacht zu teilen. Hier hoffen sie auf den »big strike«. Dafür arbeiten sie von morgens bis abends, vom Morgengrauen bis zur Abenddämmerung. Einer der »orpailleurs« schwingt seine Hacke und einen Eimer auf den Rücken und steigt in das Loch ab – nur mit einem Seil, ohne Steigeisen, ohne alles. Die Wände des Lochs sind innen fast glatt, wenige eingemeißelte Tritte helfen beim Abstieg. Beine und Arme gegen die Wand gespreizt, bewegt sich der Arbeiter vorsichtig nach unten. Unser Kameramann folgt ihm mit der kleinen

DV-Kamera viereinhalb Meter in die Tiefe. Am Boden sind zwei kleine Gänge ins Erdreich gehauen, die jedoch nur einen Meter hoch und zwei Meter lang sind – die eigentlichen Stollen. In ihnen kriecht der Arbeiter zur Wand vor und bearbeitet sie mit seiner Hacke. Das abgetragene Erdreich schiebt er mit der Hand zur Seite und füllt es in den Eimer, den eine Frau am Seil nach oben zieht.

Als unser Kameramann wieder ans Licht kommt, ist er leichenblass. Die schlimmste Erfahrung, seit er drehe, meint er. Man fühlt sich wie lebendig begraben. Es gibt keine Stützen, keine Balken. Der Tunnel und das Loch können jederzeit zusammenbrechen. Während die Männer in den Löchern schuften, mahlen die Frauen das Gestein. Mit hölzernen Klöppeln dreschen sie darauf ein und zerkleinern es, bis es fein genug für die Wäsche ist. Anschließend opfern sie das Wichtigste, was sie haben: Wasser. In

Wie schon vor 700 Jahren zerkleinern die Frauen mit hölzernen Schlegeln das Gestein – eine Knochenarbeit.

einer Schlammgrube wird das goldhaltige Gestein ausgewaschen. In hölzernen Kalebassen lassen sie das Wasser hin und her über den Schlamm rotieren. Sand und leichtes Gestein fliegen durch die Bewegung über den Rand der Kalebasse, das schwerere Gold bleibt am Boden des Gefäßes. Immer wieder ein prüfender Blick: Blitzt da etwas? Die Methode ist jahrhundertealt. Es ist die einfachste, natürlichste und – abgesehen vom Wasserverbrauch –

Unter härtesten Bedingungen wurde es dem Boden abgerungen: Gold, bis zu fünfzehn Euro pro Tag und Minenloch – für die Wanderarbeiter ein unschätzbarer Reichtum.

umweltschonendste. Von Zyanid oder Quecksilber hat hier noch keiner etwas gehört. Plötzlich ein Leuchten in den Augen: Einige goldene Krümel sind am Boden der Kalebasse zu erkennen. Die Schufterei hat sich gelohnt. So mag es auch den Goldgräbern vor 650 Jahren ergangen sein, die damals das Gold Kanga Mussas abbauten. Und von hier aus wurde das Gold Richtung Timbuktu, Richtung Arabien, tausende von Kilometern durch Steppe und Wüste transportiert. Wir sind endlich am Ziel. Das Gold aus Tausendundeiner Nacht, die Schätze der Kalifen – hier in diesen Löchern wurde das Edelmetall einst geschürft.

Der Fluch des Goldes

Dem Dorf geht es relativ gut. »Das Gold reicht, um zu leben, etwas zu kaufen und eventuell auch die Steuer zu bezahlen«, erklärt einer der Minenbesitzer. Täglich wird der kleine Gewinn nach Abzug der Pacht an einen Goldhändler verkauft, um Geld für die notwendigen Einkäufe zu haben. Der Händler ist neben dem Minenbesitzer meist der reichste Mann im Dorf. Seine Waage ist sein wichtigstes Utensil – und der Goldverkauf Vertrauenssache. Betrügern würden die Geister zusetzen, erklärt Yahaya: »Die Geister sorgen dafür, dass das Gold, das gewonnen wird, gerecht verteilt wird. Die Leute würden sich auch nie trauen, das Gold von jemand anderem zu stehlen. Sie wissen, die Geister

würden sie dafür bestrafen.« Sobald eine ansehnliche Menge Goldstaub und Nuggets zusammengekommen ist, fährt der Goldhändler in die nächste Stadt, meist nach Bamako, um es anderen
Händlern oder Goldschmieden anzubieten. Da es den Händlern
zu Kanga Mussas Zeiten noch nicht erlaubt war, die Goldgebiete
zu betreten, deponierten sie ihre Waren an einer Stelle, die von
den »wilden« Goldgräbern gut zu beob-
achten war, schlugen laut die Trommel und
entfernten sich. Die Goldgräber kamen,
nahmen, was ihnen gefiel, und legten dafür
die Menge an Gold hin, die ihnen angemessen schien. Durch diesen »stummen
Handel«, vom arabisch-griechischen Geographen Jakut Anfang des 13. Jahrhunderts beschrieben, wurde der Kontakt der
unterschiedlichen Kulturen unterbunden.

Kanga Mussas Reich sollte nur noch
wenige Jahre nach seinem Tod 1337 blü-
hen. Eine Generation später hatten seine
verschwenderischen Nachfolger – von denen einer bezeichnenderweise an der
Schlafkrankheit starb – den Reichtum Malis verschwendet. 1464 eroberte der Song-
hai-Fürst Sonni Ali Timbuktu und Djenné
und zerstörte damit das Kernland Malis.
Eine letzte 100-jährige Blüte westafrikani-
scher Kultur brach unter Fürst Sonni und
seinen Nachfolgern an. Das Gold aber hatte
längst die Begehrlichkeiten der Europäer
geweckt. Im Auftrag des spanischen Königs Philipp II. durchquerte ein marokka-
nisches Expeditionskorps die Wüste und
griff das Songhai-Reich an. Am 12. April
1591 fielen die ersten Schüsse der Schlacht
von Tondibi, etwa 300 Kilometer östlich
von Timbuktu. Die Malier hatten keine
Chance gegen die Gewehre der Marokka-

Die schwarzen Goldgräber

Der arabisch-griechische Geograph Jakut beschreibt im 13. Jahrhundert den Goldhandel zwischen den arabischen Kaufleuten und den einheimischen Minenarbeitern:

»Sie [die Kaufleute] marschieren dann durch Wüsten, wo die Winde Samun [d. h. Giftwind] wehen,
und erreichen schließlich den Ort, der den ›Gold-
leuten‹ benachbart ist. Dort schlagen sie die Trom-
meln, die sie bei sich haben und die in der Gegend,
wo diese Völkerschaft der Schwarzen wohnt,
gehört werden. Man sagt, daß diese in unterirdi-
schen Höhlen wohnen und daß sie nackt gehen
wie die Tiere und keine Bekleidung kennen. Wenn
die Kaufleute überzeugt sind, dass jene die Trommel gehört haben, packen sie die Waren aus, die
sie mitgebracht haben; jeder Kaufmann legt das
nieder, was ihm gehört, jede Warenart gesondert.
Darauf entfernen sie sich eine Tagesreise von diesem Ort. Dann kommen die Schwarzen; sie legen
von dem Gold, das sie mitgebracht haben, neben
jeder Warenart eine bestimmte Menge nieder und
gehen wieder weg. Dann kommen die Kaufleute
zurück, und jeder nimmt das Gold, das er neben
seinen Waren vorfindet; die Waren lassen sie liegen und gehen schließlich weg, nachdem sie mit
der Trommel ein Zeichen gegeben haben.«

(Aus: Rudolf Fischer, »Gold, Salz und Sklaven«)

Auch wenn die westafrika-nische Republik Mali zu den zehn ärmsten Ländern der Welt gehört, sind die Menschen in ihrem stolzen Auftreten noch echte Erben Kanga Mussas.

ner. Die meisten wurden getötet und ihres goldenen Schmucks beraubt. Das letzte eigenständige westafrikanische Reich war zerstört, das afrikanische Mittelalter zu Ende. Das Gold fiel an die neuen Kolonialherren, an Spanier, Portugiesen, später an die Franzosen. Doch diese vernachlässigten die afrikanischen Goldquellen zu Gunsten der neuen Schätze jenseits des Atlantik. Stattdessen wurde Afrika zum Sklavenhaus der europäischen Mächte. Ein Abstieg, der ohne das Gold vielleicht anders verlaufen wäre. Hätten die arabischen Erzähler die Legende vom Reichtum Kanga Mussas nicht so farbenfroh geschildert, wäre Europa vielleicht nie auf die Idee gekommen, Westafrika gewaltsam unter seine Kontrolle zu bringen. So brachte das Gold, das seinen Ruhm begründete, Mali nicht immer Glück. Ähnlich endet auch die Geschichte der gefiederten Schlange Wagadu-Bida: Nachdem die Schlange tot war, verwandelte sich über Nacht das Land in eine unfruchtbare Steppe, und die Menschen, die ihr das Opfer verweigert hatten, mussten fortan als Nomaden umherziehen.

Für die Goldgräber im Buré sind diese Erzählungen zweitran-
gig. Für sie geht es darum, vom Gold leben zu können, nicht den
schnellen Luxus zu ergattern. Ein Selbstbewusstsein, das sich auf
den Status eines mächtigen Wirtschaftszweigs gründet. Ein Test,
den Hans-Gert Bachmann im Institut der »Degussa« in Hanau
durchführt, zeigt für das Gold von Kurémalé einen hohen Reinheitsgrad an: 98,5 Prozent. Drei Tonnen Gold schürfen die Goldgräber im Buré jährlich – immerhin mehr als ein Fünftel dessen,
was die Mine von Sadiola mit ihren Baggern, Chemikalien und
hunderten von Arbeitskräften aus dem Gestein holt. Der Minenbesitzer des Dorfes bedauert trotzdem, dass die Minen längst
nicht mehr so ergiebig sind wie früher – man hat sie schon zu
intensiv ausgebeutet.

Am Ende unserer Reise wissen wir, wie
Kanga Mussa zu seinem phänomenalen
Reichtum kommen konnte. Die Abbaume-
thoden, die sich seit dem 14. Jahrhundert
nicht verändert haben, waren damals mindestens so ergiebig wie heute. Wenn die
kleinen Goldgräber noch immer jährlich
drei Tonnen erwirtschaften, wie viel konnte man erst damals aus den Minen heraus-
holen? Welche unglaublichen Mengen an
Gold muss dieses Eldorado einst verborgen haben? Und wie viel mag heute noch
in der Erde versteckt sein?

Verschmitzt meint Yahaya: »Die Zeiten
von Kanga Mussa liegen zwar weit zurück,
aber wir hoffen, dass er noch genügend
Gold für uns zurückgelassen hat.«

Thomas Schuhbauer

*Durch wie viele Hände
mag dieser goldene Ring
am Ohr einer Fulbe-Frau
schon gegangen sein, wie
oft geraubt, wiedererlangt,
vererbt, verloren? Stammt
er vielleicht noch aus Kanga Mussas Goldschatz?*

*Reliefbeschlag einer
Schwertscheide (griechisch-
skythisch, zweite Hälfte des
4. Jahrhunderts v. Chr). Im
Fries sind Kämpfe zwischen
Griechen und Barbaren
dargestellt.*

DAS GOLD DER STEPPEN-REITER

*Massive goldene Gürtel-
schließe mit Tierkampf-
szene aus der Sibirischen
Sammlung Peters des
Großen, 5. – 4. Jahrhun-
dert v. Chr.*

Prachtvolle Kunstwerke aus Gold haben das sagenumwobene Volk der Skythen berühmt gemacht. Doch wo die scheinbar unerschöpflichen Goldquellen der Steppenreiter lagen, ist bis heute eines der großen Rätsel der Archäologie. Wird das Gold der Skythen endlich sein Geheimnis preisgeben?

I M OKTOBER 1715 erscheint am russischen Zarenhof in Sankt Petersburg ein gewisser Nikita Demidow, ein reicher Bergwerksbesitzer aus dem Ural. Er will der Zarin Katharina huldigen, die gerade einen Sohn geboren hat. Demidow bringt Geschenke: Außer Geld vor allem eine Reihe goldener Plaketten mit Tierdarstellungen in einem völlig unbekannten Stil – Kostbarkeiten, wie man sie noch nie gesehen hat. Nicht nur die Höflinge sind beeindruckt von den geheimnisvollen Schätzen, die in Sibirien gefunden wurden; Katharinas Gemahl, Zar Peter der Große, lässt sie in seiner Kunstkammer aufbewahren – der Grundstock der Sammlung, die in der Eremitage heute noch zu bewundern ist.

Bald tauchen in Sibirien, und immer häufiger auch in Grabhügeln der Ukraine, weitere Goldfunde auf, die den gleichen Stil repräsentieren. Inzwischen wissen wir: Sie stammen von den Skythen, einem Volk, über das kaum mehr bekannt ist, als dass es etwa zwischen 700 v. Chr. und den letzten vorchristlichen Jahrhunderten nördlich des Schwarzen Meeres lebte. Mit den Geschenken des Nikita Demidow beginnt die Geschichte der skythischen Archäologie, eine lange Kette von Rätseln, die bis heute nicht abgerissen ist. Wer waren die Skythen, woher kamen sie?

Schmuckplatte mit einer Kampfszene zwischen Wolf und Schlange aus der Sibirischen Sammlung Peters des Großen, 5.–4. Jahrhundert v. Chr.

Manches ist heute genauer erforscht. Doch eine Frage wartet noch immer auf eine Antwort: Woher hatten sie so unermesslich viel Gold? In der Ukraine, so viel ist sicher, gab es in skythischer Zeit so wenig Goldvorkommen wie heute, nämlich keine. Weiter östlich dagegen, in den Weiten Asiens, ist die Chance erheblich größer, fündig zu werden. Lagen dort auch die Quellen für den Reichtum der Skythen, ihre Schürfgebiete und Goldminen? Und führen sie vielleicht heute noch Gold? Unser Team hat die Spur aufgenommen.

Expedition ins Unbekannte

Ernst Pernicka ist begeistert: »So etwas habe ich wirklich noch nie gesehen!« Der Professor steht auf einer riesigen Steinhalde, die sich durch das kirgisische Kasan-Say-Tal zieht, kilometerlang, so weit das Auge reicht. Nach einer groben Schätzung wurden hier vier Millionen Kubikmeter Gestein mit einem Gesamtgewicht von rund zehn Millionen Tonnen aufgehäuft. Der Glaube versetzt Berge, hier kann man es wahrhaftig vor sich sehen: der Glaube daran, dass Gold zu finden ist. Denn diese Steine sind nichts anderes als die Spuren vom Goldabbau früherer Zeiten.

Die Urbewohner dieser Berggegend im heutigen Kirgisien müssen bereits ein hoch entwickeltes geologisches Wissen gehabt haben: Sie erkannten, dass die groben Steinbrocken aus dem Fluss Kasan-Say tatsächlich eine Art Wegweiser zum Gold waren. Denn wenn sich das Fließverhalten des Wassers so ändert, dass die dicken Steine nicht mehr mitgerissen werden – etwa durch abnehmendes Gefälle – dann setzen sich auch andere schwere Bestandteile am Grund des Flusses ab. Und Gold ist, sofern überhaupt vorhanden, in der Regel der schwerste Bestandteil des Flusssediments, ausgewaschen aus erzführenden Adern irgendwo am Oberlauf des Gewässers. Die großen Steine zeigen dem kundigen Schürfer, wo er suchen muss. Wenn man sie abträgt, kommt man an das goldhaltige Flussbett, dessen Sand man in flachen Schalen auswaschen kann. Und das tun die Goldwäscher bis heute.

Das alles sieht Pernicka vor sich, als er im Abendlicht auf den rund gewaschenen Felsbrocken steht. Er ist eigentlich gelernter Geochemiker, hat es sich aber zur Aufgabe gemacht, seine naturwissenschaftliche Qualifikation in den Dienst der Archäologie zu stellen. Denn die modernen Ausgräber verlassen sich nicht mehr allein auf Spürsinn, Skizzenblock und Millimeterpapier. Immer mehr wird bei der Erforschung der Vorgeschichte auch chemisch analysiert, immer häufiger werden teure Laborgeräte und ausgeklügelte Hightech-Methoden eingesetzt. »Archäometrie« nennt

Endlos ziehen sich die Steinhalden durch das Tal des Kasan-Say: Spuren von antikem Goldabbau.

sich diese Kombination von Altertums- und Naturwissenschaft, und so heißt auch Pernickas Lehrstuhl an der Technischen Universität Bergakademie Freiberg. Sein Spezialgebiet ist die Archäometallurgie: die Frage, wo, wann und wie im Altertum Metalle gewonnen wurden. Es ist nicht weniger als die Frage nach dem Schlüssel der Menschheitsentwicklung in vorgeschichtlicher Zeit – denn nicht umsonst sind die Bronze- und die Eisenzeit nach Metallen benannt, deren Gewinnung und Verarbeitung ganze Kulturen geprägt haben. Das Gold allerdings nimmt in Pernickas Forschung einen besonderen Platz ein, denn es ist nahezu das einzige Metall, das in der Natur »gediegen«, das heißt rein vorkommt. Wenn auch leider meist nur in winzigen Mengen.

Kein Wunder also, dass Gold von Anfang an mit im Spiel war, als die Menschheit anfing, Metalle zu gewinnen. In der Jungsteinzeit, vor rund 7000 Jahren, wurde das gelbe Metall erstmals zu Schmuck verarbeitet. Der erste Mensch, der je Gold entdeckte, hat vermutlich ein größeres Nugget gefunden. Er muss von dem einzigartigen Anblick mehr als fasziniert gewesen sein. Doch was konnte man damit anfangen? Für Waffen und Werkzeuge war es

Halsreif mit außergewöhnlichen Tierfriesen, »Sarmatischer Tierstil«, 1. Jahrhundert v. Chr.

nicht zu gebrauchen, das fanden die Menschen schnell heraus. Dafür ist es viel zu weich. Aber es hatte etwas Anderes, das unseren Urahnen noch wichtiger war: Magie und Zauber, göttliche Kraft wurde ihm zugeschrieben. Es oxidiert nicht, ist also so gut wie unvergänglich, ein Symbol der Unsterblichkeit. Auch mit der Sonne wurde es gleichgesetzt, der großen Lebensspenderin, die vielfach als höchste Gottheit verehrt wurde. Wer Goldschmuck trug, auf den ging etwas über von dem warmen Glanz des kostbaren Materials, von seiner göttlichen Würde und seiner herausragenden Stellung. Pernicka, der sich auch mit der Geschichte der Bronze beschäftigt, weist uns auf einen überraschenden Zusammenhang hin: »Meiner Meinung nach war Bronze anfangs vor allem aus ganz ähnlichen Gründen so beliebt, nämlich wegen ihrer Goldähnlichkeit. Wir haben im Iran frühe Möbelbeschläge aus Bronze gefunden, die reine Schmuckfunktion hatten. Waffen und Werkzeuge aus Bronze kamen erst später.«

Obwohl die Forschung bereits viele Geheimnisse um das Edelmetall lösen konnte, ist noch Einiges ungeklärt: Wurde die Goldverarbeitung in Europa erfunden, wie man lange annahm? Oder stammt sie doch aus Asien, wie Ernst Pernicka glaubt? Vor allem von der Erforschung der uralten Verbreitungswege erhofft Pernicka sich Aufschluss über diese spannenden Fragen.

Das Gold der Skythen

Bevor der Professor aus Freiberg zu seiner Expedition nach Zentralasien aufbrach, war er durch den jungen Hamburger Wissenschaftler Christoph Haffner in den Besitz einiger Goldproben aus Museen der ehemaligen Sowjetunion gelangt – winzige Stücke vom Gold der Skythen, Späne von Schmuckstücken und anderem Zierat. Dank dieser Proben kann die chemische Zusammensetzung des Skythengoldes erstmals genauer untersucht werden.

Die Skythen, jenes sagenhafte Reitervolk, das vor über 2500 Jahren aus der eurasischen Steppe kam, dehnten ihren riesigen Kulturraum in der frühen Eisenzeit von Sibirien bis an die Donaumündung aus. Vor allem in der Ukraine, am Schwarzen Meer, finden sich ihre Spuren in weitläufigen Grabstätten. Lange bevor sie dort den Einflüssen der griechischen Kultur ausgesetzt waren,

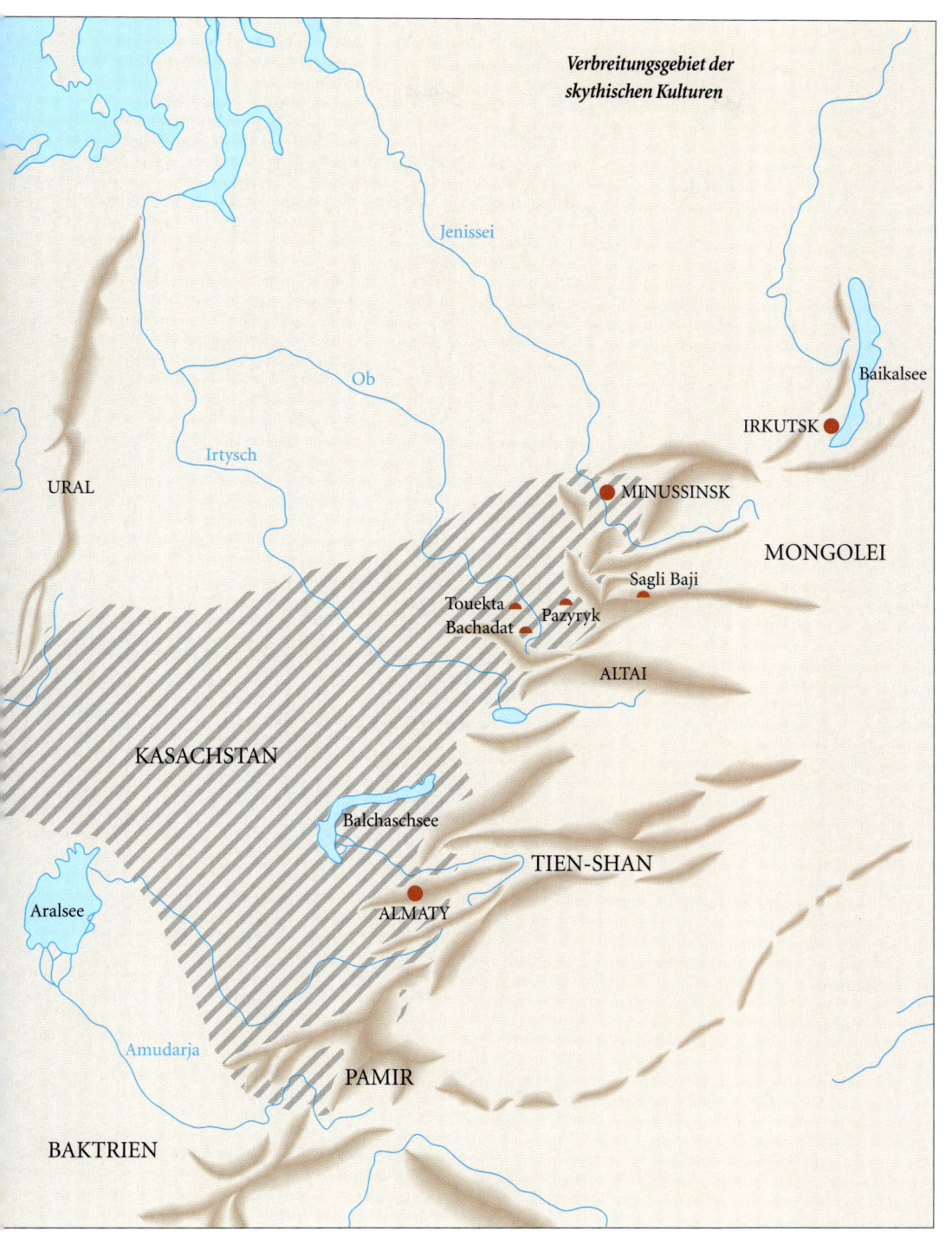

*Verbreitungsgebiet der
skythischen Kulturen*

Jenissei

Ob

Baikalsee

Irtysch

IRKUTSK

URAL

MINUSSINSK

MONGOLEI

Sagli Baji

Touekta
Pazyryk
Bachadat

ALTAI

KASACHSTAN

Balchaschsee

TIEN-SHAN

Aralsee

ALMATY

Amudarja

PAMIR

BAKTRIEN

83

hatten sie ihren eigenen Stil für Goldschmuck entwickelt, den »Skythischen Tierstil«. Auch bei uns ist das Skythengold berühmt, seit es in verschiedenen Ausstellungen quer durch Europa zu bewundern war.

Woher hatten die Skythen so viel Gold, dass selbst bei heutigen Ausgrabungen – trotz aller Grabräuberei – immer noch hunderte von Goldobjekten ans Tageslicht kommen? Ein Teil des Rohstoffs könnte aus dem nördlichen Kasachstan stammen. Auch im Altaigebirge, westlich der Mongolei, haben die Skythen vermutlich einen Teil ihres Golderzes gefunden. Schon der Name deutet darauf hin: Das turksprachige Wort »Altai« bedeutet »Goldgebirge«. Aber das Altaigebirge ist tausende Kilometer vom Schwarzen Meer entfernt. Gab es nicht auch Lagerstätten, fragt sich Pernicka, die dem ukrainischen Siedlungsgebiet der Skythen näher lagen?

Eine der Möglichkeiten wäre, wie ein Blick auf geologische Landkarten zeigt, Kirgisien, in der Mitte der eurasischen Landmasse gelegen – bis heute ein kaum erforschtes Gebiet. Für westliche Wissenschaftler war es bis zum Ende der Sowjetunion weitgehend verbotenes Land und die Möglichkeiten und Mittel der einheimischen Geologen und Archäologen waren begrenzt. Ernst Pernicka hat sich entschieden, wissenschaftliches Neuland zu betreten. Und das ist wie im Krimi: Der Beweis gilt als geführt, wenn eine »Tatortspur« und eine »Täterspur« zusammenpassen. Nun liegt ein erster Satz von Proben des Skythengoldes vor und weitere werden folgen. Dieser Goldschmuck soll auf unserer Expedition mit Goldadern in den kirgisischen Bergen chemisch verglichen werden; mit dem Lagerstättenvergleich will Pernicka helfen, das Problem der Herkunft des Goldes zu klären. Die Methoden, die er dabei anwendet, sind noch ganz jung: Hightech im Dienste der Vorgeschichtsforschung. Aber mit jeder neuen Fragestellung wird auch das Arsenal des Wissenschaftlers weiterentwickelt. Bis vor kurzem war ein »chemischer Fingerabdruck« noch relativ ungenau. Die neueste Generation von Analysegeräten – Plasma-Analyse mit Massenspektrometer –, die erst seit kurzem zur Verfügung steht, hat die Genauigkeit gegenüber älteren Methoden, zum Beispiel der Elektronenstrahlmikrosonde, um das Hundert- bis Tausendfache erhöht. Unvorstellbare Präzision: Ein Spurenelement, von dem in einer Tonne Material nur ein zehntel Gramm enthalten ist, fein verteilt, lässt sich damit dennoch nachweisen.

Genau um diesen Spurenvergleich soll es auf der Expedition gehen. »Die Herkunft eines einzelnen Goldstücks zu ermitteln, das ist wie die sprichwörtliche Suche nach der Nadel im Heuhaufen«, sagt Pernicka, der gebürtige Wiener, den es ins Erzgebirge verschlagen hat. Aber lohnend wird es in jedem Fall. Denn auch wenn sich nicht die Herkunft jedes einzelnen Stückes nachweisen lässt, kann man doch eine Datenbank aufbauen, die Zusammenhänge erkennbar macht. Man muss dazu die Merkmale in Frage kommender Lagerstätten kennen und von möglichst vielen archäologischen Fundstücken einen chemischen Fingerabdruck nehmen. Es ist eine Art Rasterfahndung: Wenn genug Daten da sind, entsteht daraus ein Gesamtbild, das die Herkunft des Goldes aufklärt. Das ist das Ziel des Professors und seiner Kollegen, auf das sie schon lange hinarbeiten. Und nun hat er seinen Probenentnahmekoffer gepackt und sich auf den Weg zu den Goldgegenden Kirgisiens gemacht.

Unterstützt wird Ernst Pernicka dabei von Juri Buchantschenko. Der Mann ist der ideale Begleiter für die Forschungsexpedition nach Kirgisien. Der Mann aus dem Kaukasus ist Geologe,

Beeindruckendes Relief-Emblem mit Panther von einem Schild, »Skythischer Tierstil«, spätes 7. Jahrhundert v. Chr.

lebt seit vielen Jahren in Deutschland und arbeitet an der Martin-Luther-Universität in Halle an der Saale. Mit seinen Sprach- und Fachkenntnissen dolmetscht er alle Gespräche mit den Kirgisen, die in der Regel auch Russisch sprechen. Mehr noch: Acht Jahre hat Buchantschenko selbst in Kirgisien gelebt, damals, als es noch eine Sowjetrepublik war. Er ist mit dem Land und seinen Gepflogenheiten bestens vertraut, er kennt viele Fachleute, wichtige Behörden und geologisch interessante Gebiete wie kaum ein anderer. Buchantschenko war es auch, der Pernicka auf Kasan-Say hingewiesen hat.

Die große Steinhalde, unsere erste heiße Spur zum Goldabbau der Antike, ist einzigartig. Nur wirft sie mehr Fragen auf, als sie beantwortet. Denn sie lässt sich nicht genau datieren. Allein eines ist sicher: Es muss eine kleine Ewigkeit gedauert haben, bis die Gesteinsmassen vom Fluss hier herauf an die Berghänge geschleppt worden sind – ohne Maschinen, Stein für Stein, zum Teil zentnerschwere Brocken, jeder Einzelne mit der Hand. Wenn man beispielsweise annimmt, dass hier rund ums Jahr 100 starke Männer gearbeitet haben, und dass jeder von ihnen pro Tag eine Tonne Gestein bewegen konnte, dann kommt man schon auf eine schweißtreibende »Arbeitszeit« von fast drei Jahrhunderten. In Wirklichkeit dauerte es vermutlich noch weit länger, bis die Halde endlich zusammengetragen war. Immerhin, die Plackerei hat sich gelohnt. Kamen auf jede der zehn Millionen Tonnen Gestein nur etwa 1,5 Gramm Gold – das ist eine sehr zurückhaltende Annahme –, dann sind hier nicht weniger als fünfzehn Tonnen des Edelmetalls im heutigen Wert von rund 150 Millionen Dollar gewonnen worden.

Doch sind wir auch auf der Spur der Skythen? Wann wurde hier mit der Goldgewinnung begonnen? Erst im Mittelalter? Oder schon in der Eisenzeit, Mitte des ersten Jahrtausends v. Chr.? Nur ein zufälliger Fund von Keramik oder Knochen könnte Auskunft geben. Mit Sicherheit beantworten lässt sich dagegen die Frage, wann die Goldgewinnung im Kasan-Say-Tal aufhörte: nie. Die vielen Goldschürfer, die man bis heute überall im Tal sehen kann, bezeugen es.

Goldschürfer mit uraltem Wissen

Von Kasan-Say bis zum Tschandalasch-Fluss sind es rund 100 Kilometer, mit dem Geländewagen eine stundenlange Fahrt über holprige Schotterpisten, die über zwei kleinere Passhöhen führen. Ilja Alexandrowitsch Mesgin, der Geologe aus Kirgisiens Hauptstadt Bischkek, der die Expedition begleitet, kennt am Tschandalasch einen Dorfbürgermeister, der für uns den Kontakt zu einigen Goldwäschern herstellen soll. Dazu ist er nur mit Fingerspitzengefühl zu überreden. Denn offiziell gilt es immer noch als illegal, Gold auf eigene Rechnung zu gewinnen. Diese Geheimnistuerei ist für uns Europäer nicht leicht nachzuvollziehen, denn immerhin sind es staatliche Aufkäufer, die regelmäßig herumziehen, um die »Ernte« der Goldwäscher einzusammeln. Wie kann das sein, wenn derselbe Staat das Schürfen gar nicht erst erlaubt? Immerhin war gerade in der Zeitung zu lesen, dass ein Gesetz zur Förderung des privaten Goldschürfens auf dem Weg sei. Aber es ist eben noch nicht in Kraft, und Ilja Alexandrowitsch hat so seine Zweifel, ob es überhaupt jemals in Kraft treten wird.

Goldsuche für die Wissenschaft: Ernst Pernicka und seine Kollegen suchen im Flusssand nach Nuggets.

Die Straßen Kirgisiens machten mehrfach Reparaturen an unseren Expeditionsfahrzeugen nötig.

In Wahrheit hat das Tabu, mit dem das Thema Gold hier belegt scheint, noch einen ganz anderen Grund. In der Sowjetunion fiel alles, was auch nur im Entferntesten mit Gold zu tun hatte, unter das Staatsgeheimnis. Schon während der Stalinschen Säuberungen der dreißiger Jahre kam es vor, dass der Vorwurf, Gold aus einer archäologischen Grabung unterschlagen zu haben, zum Vaterlandsverrat hochstilisiert wurde – egal, ob etwas Wahres daran war oder nicht. Und diese Politik hat über Generationen eine Mentalität geprägt, die in zehn Jahren nicht ohne weiteres wieder spurlos verschwindet. Der Atlas von Kirgisien zum Beispiel, der heute im Handel ist, verzeichnet auf seinen Karten alle möglichen Bodenschätze. Gold jedoch fehlt darauf noch immer.

In Dschangy-Basar, wo der Tschandalasch in den Tschatkal mündet, führen wir also lange Verhandlungen mit dem Chef des Dorfes. Dreimal sagt er »Njet«. Vermutlich scheut er sich auch, Ausländern einen so direkten Einblick in die Armut seiner Leute zu geben, die für ein paar Dollar buchstäblich im Dreck wühlen, um wenige Krümel des kostbaren Rohstoffs aus ihm herauszuwaschen. Ja, sagt der Dorfchef, Ilja Alexandrowitsch sei immer wie ein Bruder zu ihm gewesen. Aber wir möchten doch bitte auch ihn verstehen, er könne das einfach nicht gestatten ... Vielleicht ist er von der ungewohnten Aufgabe, ohne klare Anweisung »von oben« selbständig eine Entscheidung treffen zu müssen, schlichtweg überfordert.

Trotz allem, Stunden später haben wir Erfolg. Unter Auflagen erklärt sich der Dorfchef bereit, uns zu den Goldwäschern zu bringen. Im wildromantischen Flusstal treffen wir zwei junge Männer, verwegene Burschen, aber sehr offen und freundlich zu uns Fremden. Die Stelle, die sie für ihre Goldsuche ausgewählt haben, ist von Relikten historischen Goldabbaus umgeben. Das Wissen von den Schätzen der Erde ist hier offenbar von Generation zu Generation weitergegeben worden. Aber wir können auch beobachten, dass und wie der technische Fortschritt funktioniert. Wie ihre »Kollegen« im Tal des Kasan-Say heben auch

Ein kirgisischer Goldwäscher mit seiner Ausbeute: 1,5 Gramm Nuggets.

unsere beiden Schürfer an der Uferböschung eine Grube aus und tragen das Material Eimer für Eimer zum Fluss. Die üblichen Blechschalen dagegen, mit denen das Sediment ausgewaschen wird, sucht man bei ihnen vergebens. Sie sind gewissermaßen schon unterwegs zur Mechanisierung: Vom reißenden Gebirgsfluss haben sie ein kleines Rinnsal abgeleitet, das erst über ein Stück altes Blech fließt und dann, wir trauen unseren Augen kaum, über eine Autofußmatte aus schwarzem Gummi mit kleinen quadratischen Vertiefungen. Allerdings soll nicht der Schmutz darin hängen bleiben, ganz im Gegenteil. Wenn ein Eimer Sediment auf das Blech geschüttet wird, spült das langsam fließende Wasser alles Wertlose weg, und mit den schweren Anteilen bleibt auch das Gold in der Matte zurück. Mit dieser Methode haben die jungen Kirgisen an einem Vormittag immerhin 1,5 Gramm Gold zusammengebracht. Knapp fünf Dollar würde ihnen der Aufkäufer dafür zahlen. Eine bedeutende Summe, für deren Gegenwert man in der Landeswährung Som in den meisten Jobs des Landes mehrere Tage lang schuften müsste. Pernicka, der eine Probe für seine Lagerstättenuntersuchung haben möchte, kauft den Goldwäschern etwas von ihrer Ausbeute ab – mit Duldung des Dorfbürgermeisters, der alles scharf beobachtet. Und manch weiteres Körnchen Gold wird von anderen Teammitgliedern als Souvenir erstanden. Die Westler zahlen gute Preise und am Ende haben die beiden Kirgisen ihr gesamtes Gold an den Mann gebracht. Vermutlich das Geschäft ihres Lebens. Auf der Weiterfahrt stellen wir uns vor, wie die beiden am Abend ihr ganzes Dorf mitsamt dem Bürgermeister zum Wodka einladen und ein rauschendes Fest feiern.

Goldprinz oder Goldprinzessin?

Ausgangspunkt unserer Reise nach Zentralasien war Almaty gewesen, die ehemalige Hauptstadt von Kasachstan, die auf vielen Landkarten noch unter ihrem alten Namen Alma-Ata verzeichnet ist. In Almaty, das nicht weit von Kirgisien entfernt ist, wollte Ernst Pernicka zwei Dinge miteinander verbinden: Er wollte Gespräche mit einem kasachischen Kollegen führen, um ein gemeinsames Forschungsprojekt vorzubereiten. »Denn man findet überall auf der Welt Leute, die ähnlich spinnert sind wie man selbst«, sagt er lachend. Und er wollte einem sensationellen Fund nachgehen, der vor über dreißig Jahren nicht weit von Almaty in einem skythischen Grab gemacht wurde.

Das archäologische Museum der Stadt fristet ein Schattendasein im Erdgeschoss eines Beton-Geschäftshauses, wie man sie im ehemaligen Machtbereich der Sowjetunion noch überall findet. Der unauffällige Ort ist dem so genannten Goldmann gewidmet, dem Aufsehen erregendsten archäologischen Fund der Jahre um 1970: In einer Grabstätte wurde ein Skelett ausgegraben, angetan mit einem roten Kaftan, auf den 3000 verzierte Goldplättchen aufgenäht waren. Dazu eine spitze Kopfbedeckung, Dolch und Schwert, eine Reitpeitsche, alles aufwendig mit Gold verziert, sowie weitere Grabbeigaben. Neben einigen Originalstücken, die in Almaty geblieben sind, nachdem das meiste in das Präsidenten-Museum der neuen Hauptstadt Astana gebracht wurde, ist eine originalgetreue Rekonstruktion des »Goldmanns« mit seinem ganzen Schmuck zu bewundern, die schon in vielen Ländern auf Wanderausstellungen gezeigt wurde. Ehrfurcht gebietend steht die lebensgroße Figur in einem Nebenraum. Sofort sind wir von der Magie des Goldes in den Bann gezogen. Aus jedem Detail des Prunkgewandes blicken uns Tiere an: Löwen, Panther, Bergziegen, Hirsche ... Die Applikationen sind typische Werke des »skythischen Tierstils«, der die Archäologen schon lange beschäftigt – nicht nur wegen ihrer Schönheit. Die Schöpfer der goldenen Tiere haben ihre Werke zwar ornamental stilisiert, aber in ihrer magischen Darstellungsweise das Wesen der Tiere perfekt wiedergegeben: der Panther, der sich zum Sprung geduckt hat, oder der Hirsch, der sein Geweih wie eine Krone trägt. Der skythische Tierstil, der sich zwischen 700 und 300 v. Chr. entwickelte, hat sich innerhalb relativ kurzer Zeit von Ostasien bis auf den Balkan ausgebreitet –

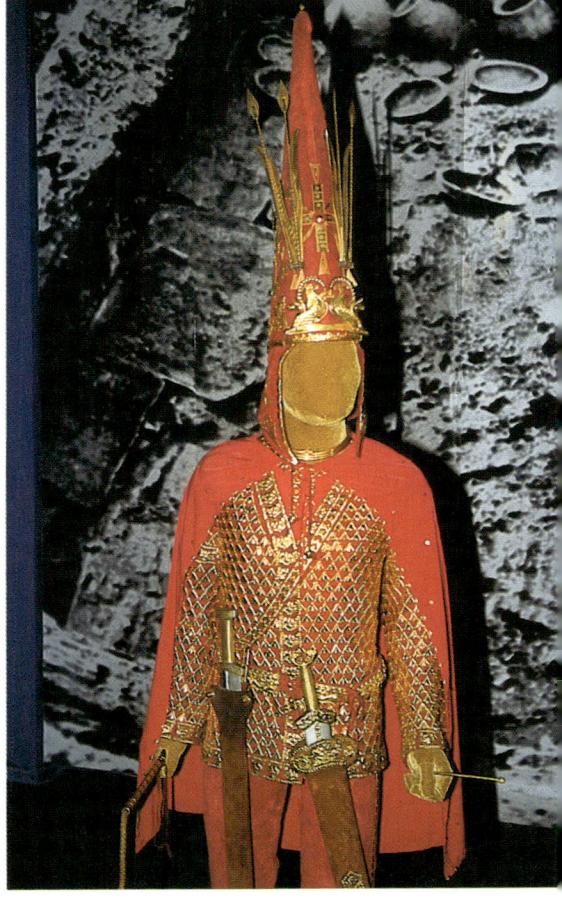

Die lebensgroße Figur des »Goldmanns«, detailgetreu rekonstruiert, im archäologischen Museum von Almaty.

fast 7000 Kilometer weit über den eurasischen Kontinent. In der griechischen Antike galten die Skythen in vielerlei Hinsicht als Barbaren, doch ihre meisterhafte Goldkunst spricht eine andere Sprache. Sie waren große Metallurgen, ihre Begräbniskultur war hoch entwickelt, ebenso ihre Mythologie und Religion, und sie lebten in einer hierarchischen Gesellschaft, mit einem König an der Spitze. Ein straff organisiertes Reich wie das Alexanders des Großen oder der Römer haben sie allerdings nie gegründet, sie waren Nomaden oder Halbnomaden, die in lockeren Verbänden lebten. Erst gegen Ende ihrer Epoche gründeten sie am Schwarzen Meer auch Städte. Die Skythen waren Träger einer Hochkultur, über die im Grunde nur deshalb so wenig bekannt ist, weil sie keine Schrift hervorbrachten. Nicht einmal über die Bezeich-

  ● ALMATY

ановека
ТОКМАК · Ак-Тюз
Чуй · Кемин · ЧОЛПОН-АТА · Тюп · Тюп
БАЛЫКЧИ · Теплоключенка
Орто-Токойское вдхр. · Орто-Токой · КРАКОЛ · Сары-Джаз
Кочкорка · Кызыл-Суу
Джоон-Арык · Каджисай · Энильчек
оз.Сонг-Кель · Боконбаева · ✗ KUMTOR
мал.Нарын · Ак-Шыйрак

SIEN · НАРЫН
Достук · Каракол
Ат-Баши · Ат-Баши
Чатыр-Кель · Ак-Сай

*Kirgisien, gut halb so
groß wie Deutschland,
mit den Stationen
unserer Expedition.*

Issyk-Kul

nung des Volkes ist man sich einig, denn je nachdem, mit welchen Kulturen sie in Berührung kamen, wurden andere Namen gebräuchlich. Im Westen sind sie als Skythen bekannt, ein Wort, das uns durch die Griechen überliefert ist. Das ist das »westliche Gesicht« dieses Volkes. Hier in Zentralasien nennt man sie meistens Saken, ein Name, der auf ein persisches Wort zurückgeht. Mit den Persern waren sie, so nimmt man an, auch verwandt; ihre Sprache gehörte zu den indoeuropäischen. Bei den Chinesen wiederum, wo sie ebenfalls ihre Spuren hinterlassen haben, heißen sie Sai, und es gibt noch eine Reihe weiterer Namen für skythische oder mit ihnen verwandte Völker. Egal, welche Bezeichnung man für dieses faszinierende Volk auch wählt, der Stil ihres Goldschmucks bildet in jedem Fall eine eindrucksvolle Brücke zwischen dem Fernen Osten und dem Abendland.

Ein goldenes Schildzeichen: liegender oder jagender Hirsch mit prächtigem Geweih aus dem Kul'-Oba-Kurgan, 6. – 5. Jahrhundert v. Chr.

Die immense Verbreitung der skythischen Kultur war nur möglich durch eine bahnbrechende Erfindung: das Reitpferd. Zwar wurden Pferde in der Menschheitsgeschichte schon seit der Jungsteinzeit domestiziert, zunächst jedoch nur als Wagenpferde genutzt. Irgendwann muss dann ein Mensch in Asien auf die Idee gekommen sein, sich auf den Rücken seines Rosses zu schwingen. Bis das Reiten sich in alle Kulturen ausgebreitet hatte, dauerte es mehr als 1000 Jahre. Die Chinesen etwa übernahmen diese Neue-

Daten der skythischen Geschichte

◆ um 800 v. Chr.: früheste skythische Spuren im Tuva-Gebiet.

◆ 8. Jahrhundert v. Chr.: Von Osten her eindringende Skythen verdrängen die im nördlichen Schwarzmeergebiet ansässigen Kimmerier.

◆ 7./6. Jahrhundert v. Chr.: Die Skythen ziehen durch Vorderasien. Ihr König Partatua verlangt eine Tochter des Assyrerkönigs Asarhaddon zur Frau.

◆ um 616 v. Chr.: Kyaxares, König der Meder, lädt den Führer der Skythen zu einem Gastmahl ein und ermordet ihn.

◆ um 592 v. Chr.: Der skythische Philosoph Anacharsis lebt in Athen. Er wird später unter die Sieben Weisen Griechenlands aufgenommen.

◆ um 585 v. Chr.: Skythen sind maßgeblich an der Zerstörung des urartäischen Reiches in Transkaukasien beteiligt.

◆ 520/519 v. Chr.: Feldzug des Perserkönigs Dareios gegen die asiatischen Skythen. Skunxa, König der »spitzhelmigen« Saken, wird geschlagen und gefangen genommen.

◆ 513/512 v. Chr.: Feldzug des Dareios gegen die europäischen Skythen. Das Perserheer wird von ihnen in die Flucht geschlagen.

◆ um 500 v. Chr.: Skythen werden in Athen als Polizeitruppe angeworben.

◆ nach 450 v. Chr.: Gründung einer Festung am Unterlauf des Dnjepr in der heutigen Ukraine (»Kamenskoje Gorodischtsche«).

◆ 4. Jahrhundert v. Chr.: »Goldenes Zeitalter« der Skythen am Schwarzen Meer.

◆ 339 v. Chr.: König Ateas fällt in der Nähe der Donau als Neunzigjähriger in einer Schlacht gegen Philipp II. von Makedonien, Vater Alexanders des Großen.

◆ 2. Jahrhundert v. Chr.: »Neapolis Scythica« wird die Hauptstadt der auf die Krim zurückgedrängten Skythen.

◆ 3. Jahrhundert n. Chr.: Neapolis Scythica wird zerstört, vermutlich durch Ostgoten, Erlöschen der spätskythischen Kultur.

(Nach: Renate Rolle u.a., »Gold der Steppe«)

rung erst wenige Jahrhunderte vor der Zeitenwende, in einer Phase, in der die Reiterei auch beim Militär der Griechen noch eine recht untergeordnete Rolle spielte. Die Völker Zentralasiens jedoch waren mit der Erfindung des Reitens nicht nur im Kampf überlegen, sie konnten sich in den endlosen Weiten der Steppe auch schnell bewegen, schneller als jemals zuvor. Die Skythen waren für ihre Reitkünste schon im Altertum bekannt. Nur so ist auch die Größe des Gebiets zu erklären, in dem sie ihre Spuren hinterlassen haben. Die »Revolution des Reitens« hat die Völker der Steppe um 700 v. Chr. vielerorts dazu gebracht, den bereits bekannten Ackerbau wieder aufzugeben und fortan als Viehzüchter, Hirten und Krieger ein überwiegend nomadisch geprägtes Leben zu führen.

Viele Kirgisen ziehen als Hirten durch die Berge, wie es schon die Skythen vor 2500 Jahren taten.

Nicht nur für Männer lag bei den Skythen das Glück der Erde auf dem Rücken der Pferde. Dass es bei ihnen reitende Frauen gab, dass Frauen Waffen trugen, und dass sie sogar in den Kampf zogen, ist archäologisch belegt. Die Sage von den Amazonen, jenen männermordenden, kriegerischen Frauen, könnte ihren Ursprung in den Sitten der Skythen haben. Der altgriechische Geschichtsschreiber Herodot berichtet zum Beispiel, die Skythenjünglinge seien von den Amazonen so angetan gewesen, dass sie diese heirateten. Und bei den Sauromaten, die ebenfalls zur skythisch-sakischen Völkerfamilie gehörten, durfte eine Jungfrau laut Herodot erst dann heiraten, wenn sie im Kampf einen Feind getötet hatte.

Kein Wunder also, wenn ernst zu nehmende Wissenschaftler auf die Idee kamen, dass der berühmte »Goldmann« in Wirklichkeit eine Frau sein könnte. Auch Rosa Bekturejewa, die Direktorin des archäologischen Museums von Almaty, hält das für sehr wahrscheinlich: »Der spitze, goldver-

zierte Hut gleicht jenen, die die kasachischen Frauen noch heute
als Hochzeitsschmuck tragen«, sagt sie. »Auch die Ohrringe, die
man gefunden hat, deuten, verglichen mit anderen Grabfunden,
eher auf eine Frau hin.« Sie führt vor allem das Ledertäschchen
am Gürtel der bestatteten Person als Beleg für ihre These an: »Es
enthielt Kosmetikutensilien.« Doch in der Archäologie, die an
den Universitäten gelehrt wird – in den Nachfolgestaaten der
Sowjetunion eine weitgehend männliche Domäne –, gilt der berühmte Fund immer noch als junger Mann von 18 Jahren, als ein
Prinz der Skythen. Wenn es wirklich ein Prinz war, dann war es
jedenfalls einer, der einen Bronzespiegel und Schminke mit sich
herumtrug.

Von Kasachstan ins Himmelsgebirge

Südlich von Almaty, das auf einer ebenen Fläche rund 1500 Meter
über dem Meeresspiegel liegt, erhebt sich steil die erste Kette des
Tien-Shan, des Himmelsgebirges. Der Name ist chinesisch, denn
der größte Teil dieser Bergwelt gehört zum Reich der Mitte. Der
Höhenzug, der am südlichen Stadtrand von Almaty beginnt, bildet auch die Grenze nach Kirgisien. An den Bergen entlang ver-

läuft die Straße nach Bischkek, eine Strecke von 250 Kilometern, was mindestens eine halbe Tagesreise bedeutet. Denn die kasachische Polizei ist allgegenwärtig. Immer wieder gibt es Kontrollen, Durchsuchungen aller Fahrzeuge, immer wieder muss man aus undurchsichtigen Gründen Geldstrafen bezahlen. Wir haben manchmal eher den Eindruck, Lösegeld zu entrichten. Doch die Landschaft entschädigt uns für alle Verzögerungen: rechts die sanft gewellte Steppe, links die Bergkette – und stundenlang keine Städte oder Dörfer. Dann, kurz vor Bischkek, die Grenze. Dort, wo heute große Abfertigungsanlagen in Bau sind, war damals, als Bischkek noch Frunse hieß, gar nichts – die Grenze zwischen den Teilrepubliken der Sowjetunion existierte nur auf dem Papier. Immerhin, die Soldaten und Beamten sind freundlich, besonders auf kirgisischer Seite, seit die Förderung des Tourismus offizielle Regierungspolitik wurde.

Bischkek ist – anders als Taschkent, Buchara oder Samarkand – eine junge Stadt, die ursprünglich von den russischen Zaren als Militärstützpunkt gegründet worden war. Die Nordroute des alten Handelswegs vom Fernen Osten ins Abendland, die so genannte Seidenstraße, verlief zwar entlang des Tien-Shan, doch sie hat, bis auf einen Straßennamen, in Bischkek keinerlei Spuren hinterlassen. Während heute in der kirgisischen Hauptstadt rund

Ein Höhenzug des Tien-Shan westlich der kirgisischen Hauptstadt Bischkek.

700 000 Menschen leben, zogen die Seidenkarawanen hier einst durch eine endlose unbewohnte Steppe.

Nur im pompösen Betonbau des örtlichen Museums finden wir Hinweise auf die Vergangenheit. Gula Dschunuschalijewa, die junge Kustodin des Museums, führt uns ins Depot. Quietschend öffnet sich die Metalltür zur Schatzkammer, in der einige uralte Stahltresore stehen. Nachdem sie die nötigen Schlüssel aufgetrieben hat, kann sie uns die Goldfunde zeigen, die aus Kirgisien zusammengetragen wurden. Es ist ein sehr überschaubarer Bestand, denn jahrhundertelang wanderte das meiste Gold in die Sammlungen der Zaren oder der sowjetischen Machthaber.

Kleine, aber prachtvolle Goldfigürchen wickelt Gula aus dem Seidenpapier, etwa ein Dutzend Stücke aus der Zeit der Saken. Ernst Pernicka bittet den Direktor, für seine Analysen eine winzige Goldprobe nehmen zu dürfen – vergeblich. Wie sich herausstellt, gehört das Gold des Museums offiziell der Staatsbank. Und die schickt jedes Jahr Leute, um aufs Milligramm genau nachzuwiegen, ob die Stücke noch intakt sind. Immerhin verlassen wir die Katakomben des Museums mit dem erhebenden Gefühl, Raritäten gesehen und dokumentiert zu haben, über die bisher in

Zwischen den wolkenverhangenen Gipfeln des Himmelsgebirges gibt es heute noch zahlreiche Goldvorkommen.

Kleine Kostbarkeiten im Museum von Bischkek: ein Panther im »Skythischen Tierstil«.

keiner Bibliothek des Westens etwas zu erfahren war.

Von Bischkek aus brechen wir ins Gebirge auf. Unser erstes Ziel ist der Issyk-Kul, der zweitgrößte Bergsee der Welt. Er ist elf Mal so groß wie der Bodensee, über 600 Meter tief, über 6000 Quadratkilometer groß und friert auch im Winter niemals zu – Issyk-Kul heißt auf kirgisisch »warmer See«. Das ganze Jahr über ist das Klima mild und angenehm. An seinem Ufer hatten die Größen der Sowjetunion ihre Sommerhäuser, und ein heruntergekommenes Sanatorium, das einstmals für die Gesundheit der gesamten Roten Armee zuständig war – selbst der Astronaut Jurij Gagarin war da –, wartet heute auf zahlende Gäste, meist vergeblich. Vor vierzig Jahren muss es sehr luxuriös gewesen sein, doch uns hatte man auf Englisch vorgewarnt: »Soviet style«. Die schweren Vorhänge sind verstaubt und verfärbt, an den Wänden bröckelt der Putz, die Türen schließen nicht mehr und warmes Wasser gibt es auch nicht.

Der nächste Tag lässt uns das desolate Quartier schnell vergessen. Denn der Issyk-Kul ist der landschaftliche Mittel- und Höhepunkt Kirgisiens. Rundherum von schneebedeckten Bergen umgeben, von endloser blauer Weite, und am Himmel darüber

Der Issyk-Kul, zweitgrößter Bergsee der Welt, war zu Sowjetzeiten die erste Adresse für prominente Sommerfrischler.

ziehen malerisch die Wolkengruppen. Ernst Pernickas Blick ist jedoch mehr auf die geologischen und archäologischen Besonderheiten an den Ufern des Bergsees fokussiert. Am Nordhang, einige Kilometer oberhalb des Sees, so weiß Juri Buchantschenko, liegt eine skythisch-sakische Begräbnisstätte. Wir machen uns auf die Suche. Ein Teil des Teams fährt mit den Geländewagen, die anderen besteigen einen Helikopter.

Familiendrama vor 2500 Jahren

Der Hubschrauber der Baureihe MI-8 stammt aus Beständen der ehemaligen Sowjetarmee. Am Bug ist noch die Zieleinrichtung für die frühere Bordbewaffnung zu sehen, ein metallenes Fadenkreuz. Im Innenraum fänden leicht zehn Mann mit Gepäck Platz, wenn nicht ein großer Treibstofftank darin untergebracht wäre. Wir

heben mit dem Helikopter ab, in einer Wolke von Kerosindunst und bei ohrenbetäubendem Lärm, der nur eine Verständigung per Zeichensprache zulässt. Die Frage unseres Kameramanns Roland Breitschuh bei der Vorbereitung der Reise, ob das Fluggerät denn auch für Luftaufnahmen geeignet sei, erübrigt sich damit – in ganz Kirgisien gibt es nur diesen einen Hubschraubertyp. Die Maschine gehört heute der zivilen Luftfahrtgesellschaft des Landes, die Besatzung ist allerdings noch militärisch ausgebildet. Nicht nur ihre tarnscheckigen Uniformen weisen darauf hin. Der Pilot macht sich einen Spaß daraus, uns zwischen den Bergen waghalsige Flugmanöver vorzuführen. Doch dann, als wir uns dem »Zielgebiet« nähern, profitieren wir vom militärisch geschulten Blick der Crew. Wo wir Zivilisten nur Steinwüste und tief eingeschnittene Canyons sehen, suchen die Exsoldaten systematisch den Boden ab, und bald sind die Steinkreise gefunden, nach denen wir suchen.

Nur aus der Luft ist die ganze Anlage zu überblicken: mehr als zwei Dutzend so genannte Kurgane, flache Grabhügel. Sie sind an den kreisförmigen Steinsetzungen zu erkennen, die meisten etwa

Rund um den Issyk-Kul-See gibt es die Adlerjagd. Ein Kirgise in traditioneller Tracht mit seinem mächtigen Jagdhelfer.

101

Tief eingeschnittene Canyons in der bizarren Uferlandschaft bei Toru-Aygyr.

18 Meter im Durchmesser, oft mit einem weiteren Steinhaufen in der Mitte. Es ist die typische Begräbnisform der Steppe. Die Völker und Kulturen kamen und gingen – Skythen, Hunnen, Türken, Mongolen und andere –, aber die Beisetzung in Kurganen blieb über Jahrhunderte mehr oder weniger gleich. Auch der Goldmann beziehungsweise die Goldfrau von Almaty wurde in einem solchen Kurgan gefunden. Die heutigen Friedhöfe der Kirgisen, die mit den Skythen kulturell und ethnisch nicht verwandt sind, sehen anders aus: kleine »Städte« von Grabmalen mitten in der Landschaft, manche Gräber in der Form kleiner Moscheen, andere haben nur eine Mauer mit Inschrift oder ein Türmchen. Sie bilden Ensembles von eigenartigem Reiz und sind überall im Land zu sehen. Diese Form der Bestattung, eine muslimische Tradition, hat die atheistische Kultur der Sowjetunion gegen alle Anfeindungen überdauert und ist bis in die nachkommunistische Zeit lebendig geblieben.

Die Nekropole, die wir hier bei Toru-Aygyr gefunden haben, stammt hingegen eindeutig aus der Zeit der Skythen. Das allein ist schon eine kleine Sensation. Denn bisher weiß man nur wenig über die Skythen in diesem Teil Zentralasiens; Ausgrabungen sind teuer und Kirgisien ist ein armes Land. Die Gräber wurden in phantastischer Lage angelegt. Man kann die Menschen vor

2500 Jahren verstehen, warum sie gerade hier ihre Toten zur letzten Ruhe geleiteten. Ein magischer Ort: Die Kurgane liegen auf einem lang gezogenen, sanft abfallenden, breiten Geländerücken, der im Osten und Westen von tief eingeschnittenen Schluchten begrenzt wird. Im Norden glänzt der ewige Schnee von den Gipfeln des Himmelsgebirges, im Süden, tief unter uns, schimmert im fernen Dunst der große See, der Issyk-Kul. Und dahinter, nur zu ahnen, die nächste Kette schneebedeckter Berge. Nur das leise Rauschen des Windes ist zu hören. Man fühlt sich ein wenig außerhalb von Raum und Zeit. Eine Stätte für die Ewigkeit, zu der die nomadisierenden Skythen regelmäßig zurückkehrten, um ihrer Ahnen zu gedenken.

Auch hier wird es jene grausamen Begräbnisrituale gegeben haben, von denen in der Literatur berichtet wird. Wenn ein König gestorben war, wurde der einbalsamierte Leichnam vierzig Tage lang von Stamm zu Stamm gekarrt und jeder Trauernde musste sich ein Stück vom Ohr abschneiden und sich einen Pfeil durch die linke Hand stechen. Es gab große Gelage, bei denen auch die

Die Skythen hatten eine aufwendige Begräbniskultur. Auf diesem alten Stich ist eine Hügelgruppe um den Perepjaticha-Kurgan im Schwarzmeergebiet abgebildet.

berauschende Wirkung von Cannabis-Dampf eine Rolle spielte. Eine der Frauen oder Konkubinen des Königs, seine wichtigsten Diener und Wächter, auch seine Pferde wurden getötet, um mit ihm beigesetzt zu werden. Dem Verstorbenen sollte es auch im Tod an nichts fehlen – und natürlich wurde ihm auch alles Gold, das seine herausgehobene Stellung zu Lebzeiten unterstrichen hatte, auf den Weg ins Jenseits mitgegeben.

Eines der Gräber ist offenbar vor wenigen Jahren geöffnet und ausgeraubt worden. Wir sehen den Grabschacht, der mit dicken Steinen wieder grob verschlossen wurde. Nichts ist hier mehr zu finden. Die anderen Kurgane sind offenbar unberührt – wenn sie nicht schon vor Jahrhunderten Grabräubern zum Opfer fielen. Das könnte nur eine systematische wissenschaftliche Grabung klären, ein archäologisches Großprojekt, das einstweilen Zukunftsmusik bleiben muss, wenngleich Ernst Pernicka im Geiste schon zusammenrechnet, wie viele Jahre die Ausgräber in dieser »Terra incognita« eine sinnvolle Beschäftigung finden könnten. Er hält es für sehr wahrscheinlich, dass dabei auch neue Goldfunde ans Tageslicht kommen können: »Vielleicht sogar genau hier unter uns.«

Die Landschaft ist heute noch immer so leer und unbewohnt, wie zur Zeit der Skythen. So weit das Auge reicht, keine Spur von Menschen, kein Hinweis auf irgendeine Zivilisation. Und doch stehen plötzlich wie aus dem Boden gewachsen drei junge Kirgisen mit ihren Pferden vor uns. Sie gehören zu einer Hirtenfamilie, die in einem der Täler irgendwo hinter den Bergen ihr Vieh weidet. Mit scharfen Augen und feinem Gehör haben sie bemerkt, dass Fremde in der Nähe sind. Offen und neugierig, wenn auch nicht ohne höfliche Distanz – ganz so, wie wir es oft bei den freundlichen Kirgisen erlebt haben

Buchantschenko und Pernicka inspizieren den Grabschacht eines Kurgans, der vor wenigen Jahren ausgeraubt wurde.

104

Begräbnisrituale der Skythen

Verbreitete sich die Nachricht vom Tode eines Königs, so wurde in Gerrhos, einer großen Gräberlandschaft irgendwo am Dnjeprlauf, das Grab als eine große viereckige Grube ausgehoben. Unterdessen wurde der Leichnam, wohl am Sterbeort, einbalsamiert. Die von den Eingeweiden gereinigte Bauchhöhle füllte man mit scharf riechenden Substanzen – darunter Samenkörner von Sellerie oder Dill, Anis, gestoßener Safran und Weihrauch –, die den Verwesungsgeruch verdecken sollten. Der Leichnam des Königs wurde sodann – vielleicht zusätzlich mit einer bemalten Wachsschicht ringsum luftdicht verschlossen – auf einen Wagen gehoben und in einer feierlichen Umfahrt vierzig Tage lang im ganzen Land von Stamm zu Stamm geleitet.

Bei seiner Ankunft fanden allenthalben große Gelage statt, für die sich jeder Teilnehmer ein Stück vom Ohr abschneiden, seine Haare scheren, Arm, Stirn und Nase blutig ritzen und sich einen Pfeil durch die linke Hand stechen musste. Endlich nach diesem Umzug wieder im fernen Gerrhos angelangt, wurde der Tote in seiner Grabgrube auf eine Streu aus Stroh gebettet und über ihm eine Art Baldachin aus seitlich in den Boden gesteckten Lanzen, Stangen und einer Abdeckung aus Brettern und Schilfbelag errichtet.

Eine der Frauen des Königs, sein Mundschenk, Koch, Leibwächter, Pferdeknecht, seine Reitpferde und »Erstlinge alles anderen Viehs« wurden getötet und im freien Raum der Grube beigesetzt. Wertvoller irdischer Besitz wie Goldschmuck, goldbesetzte Prunkgewänder und goldenes Tafelgeschirr (denn Silber- und Bronzegeschirr lehnten die Skythen nach Herodot für ein königliches Begräbnis ab) vervollständigten die Ausrüstung des Toten, zu der auch der in seine Teile zerlegte Wagen der Leichenumfahrt gehörte. Die kostbaren Beigaben sollten, zusammen mit bunt gemusterten Teppichen und Wandbehängen, dazu dienen, dem Verstorbenen eine möglichst behagliche Grabwohnstätte einzurichten, damit er im Tode nichts von dem entbehren musste, was ihm zu Lebzeiten Freude verschafft hatte. »Darauf türmen sie einen großen Grabhügel und suchen ihn so gewaltig wie möglich zu machen.« Von anschließenden üppigen Leichenschmäusen, bei denen Unmengen von Pferden, Ebern und Hirschen verspeist wurden, und von ausgedehnten Weingelagen, von denen dem Toten sein Teil gespendet wurde, zeugen Tierknochen und Scherben griechischer Weinamphoren, die im Umkreis der Grabhügel, oft in einem ausgeklügelten System der Niederlegung, gefunden wurden.

Nach Ablauf eines Jahres wurde die Prozedur der Trauerfeier in noch weit schrecklicherem Ausmaß wiederholt. Fünfzig Männer aus der vom König bei Lebzeiten persönlich zusammengestellten Dienerschaft wurden zusammen mit den fünfzig schönsten Pferden umgebracht (erdrosselt und erschlagen), ihre Leiber ausgeweidet, mit Stroh gefüllt und wieder zugenäht. Mit Hilfe einfach montierter Stellagen aus Stangen und halben Wagenrädern wurden die aufgezäumten Pferde frei schwebend aufgestellt und die gepfählten Diener in Reithaltung darauf befestigt. Kreisförmig um den Hügel angeordnet, fungierten diese grausigen Reiter als aus der Ferne sicher sehr wirkungsvolle Grabwächter so lange, bis ihnen Witterung und wilde Tiere ein Ende machten.

(Aus: Berthild Gossel-Reck u.a.: »Gold der Skythen. Schätze aus der Staatlichen Eremitage St. Petersburg«)

*Als unsere Expeditions-
fahrzeuge kurz anhalten,
stehen plötzlich kirgisische
Reiter vor uns.*

– nehmen sie Kontakt mit uns auf. Zum Glück sprechen sie Russisch, was hier draußen nicht selbstverständlich ist. Wir geben uns die Hände, plaudern ein wenig miteinander, und am Ende wollen sie uns zum Fischen überreden. Nirgends seien die Fische so gut wie in dem Flüsschen unten in der Schlucht, sagen sie. Dass die Fremden dafür nicht so einfach einen Tag opfern können, mögen sie kaum glauben.

Juri Buchantschenko, der währenddessen mit dem Maßband über das Gräberfeld läuft, macht uns auf eine eigenartige Kombination von Steinkreisen aufmerksam: »Hier ist ein etwas kleinerer Kreis, und hier wurde ein sehr großer um ihn herum gebaut. Und dort, ein paar Meter weiter, liegt noch ein ganz kleiner.« Tatsächlich kann man es deutlich sehen, wenn das Auge sich daran gewöhnt hat, die Muster in den Steinsetzungen zu erkennen. Für Juri ist klar: »Das sieht doch aus wie ein Familiendrama. Vater, Mutter und Kind sind vielleicht kurze Zeit nacheinander gestorben und die Anlage der Gräber erinnert bis heute daran.«

Die Erben der Skythen – Goldbergbau in großem Stil

Auf der anderen Seite des Sees, hoch oben in den Bergen, liegt Kumtor, die größte Goldmine des Landes, ein kanadisch-kirgisisches Gemeinschaftsunternehmen. Wir wollen die Mine besuchen, nicht nur weil wir auf die moderne Industrieanlage neugierig sind, die mitten in der Bergwüste liegt, sondern auch, weil kürzlich in der unmittelbaren Nachbarschaft des Tagebaus eine prähistorische Kultstätte entdeckt wurde, die ebenfalls aus der frühen Eisenzeit stammt, also aus der Zeit der Skythen. Es ist kaum zu übersehen: Jedes Mal, wenn wir auf Gold stoßen, ist das Reitervolk nicht weit.

Es ist mit einigen Schwierigkeiten verbunden, Zugang zum Gelände der Mine zu bekommen. Zunächst braucht man natürlich die erforderlichen Genehmigungen. Und dann muss man sich darauf einstellen, dass die Luft dort oben sehr dünn ist – es geht immerhin hinauf bis auf 4200 Meter. Lange hat uns vor der Reise die Frage beschäftigt, wie man die Höhenkrankheit bekämpft. Ratschläge wurden eingeholt, Medikamente besorgt, Erfahrungsberichte studiert. Wir hatten sogar überlegt, mit dem Hubschrauber hinaufzufliegen, um die Zeit in sauerstoffarmer Luft möglichst kurz zu halten und im Notfall beweglich zu sein. Doch der Plan wurde verworfen, als wir hörten, dass auf der Strecke nach Kumtor in den letzten Jahren mehrere Flugzeuge abgestürzt sind. Es führte kein Weg daran vorbei: Wenn man nicht die Zeit hat, den eigenen Körper Schritt für Schritt an die Höhe zu gewöhnen – was Tage oder Wochen dauern würde –, dann bleibt ein Risiko. Jeder von uns rechnet also im Stillen mit rasenden Kopfschmerzen, Übelkeit, aufgedunsenen Zungen und ähnlichen Symptomen der Höhenkrankheit, die den sofortigen Abstieg ins Tal unumgänglich machen können. Aber niemand will auf den Besuch der hoch gelegenen Mine verzichten.

Während am Issyk-Kul durchgehend mildes Klima herrscht, ändert sich das Wetter in den Höhenlagen des Tien-Shan von einer Minute auf die andere.

Nachdem wir im Stadtbüro der Minengesellschaft unsere Personalien hinterlegt haben, bekommen wir noch einige Verhaltensmaßregeln mit auf den Weg: Am Tag vorher keinen Alkohol trinken! Auch auf dem Minengelände sind Wein, Bier und Schnaps strengstens verboten. Genug Wasser mitnehmen! In der Höhe steigt der Flüssigkeitsbedarf. Und bei jeglichen Beschwerden sollen wir uns sofort beim Arzt der Mine melden.

Dann, morgens um sechs, werden wir in unserem Quartier am Seeufer von einem Betriebsfahrzeug abgeholt: eine Art Sattelschlepper für Menschen, Marke Kamas, uralt, aber geländegängig. Mühsam schraubt sich das Gefährt die unbefestigten Serpentinen hinauf, durch eine grandiose fast menschenleere Berglandschaft. Nachdem wir die Baumgrenze passiert haben, gibt es eine Pause, einen Sicherheitscheck und Gelegenheit, die Frühstückspakete zu verzehren, die uns die »Kumtor Operating Company« fürsorglicherweise mitbringen ließ. Bis wir endlich das Minengelände erreicht haben, ist der Vormittag schon halb um. Oleg, ein baumlanger Russe, und Rita, eine charmante doch

Für die Goldmine von Kumtor wurden ein Gletscher und ein ganzer Berg abgetragen.

resolute Kanadierin, sind für unsere Betreuung zuständig. Als Erstes komplimentieren sie uns in die Container der Sanitätsstation, die sich als kleines, aber voll ausgestattetes Krankenhaus erweist. Unfälle können hier chirurgisch versorgt werden und, zu unserer großen Beruhigung, auch eine Sauerstoff-Druckkammer steht zur Verfügung. Doch außer einer beschleunigten Atemfrequenz merken wir noch nichts. So ist für uns nur die übliche Anfangsuntersuchung zu absolvieren: Blutdruck, Puls, Sauerstoffgehalt des Blutes.

Endlich geht es hinaus aufs Gelände. Die Temperatur schwankt um null Grad – unten am See herrscht Frühsommer –, ab und zu fällt etwas Schneeregen. Von unserem Aussichtspunkt bietet sich ein gespenstisches und zugleich faszinierendes Bild. Erst hat man hier einen Gletscher abgetragen, dann einen ganzen Berg, um das darunterliegende Golderz im Tagebau gewinnen zu können. Es ist ein gigantischer Eingriff in die unberührte Berglandschaft. Überall das schwarze Schiefergestein, terrassenförmig angeschnitten; über provisorische Straßen fahren Kipplader, die von hier oben aussehen wie Spielzeug. Die Dimension des Tagebaues erinnert an die großen Braunkohlegruben in Sachsen, nur dass wir uns in 4000 Metern Höhe aufhalten und dass hier pures Gold gewonnen wird. Aus der Nähe betrachtet übertreffen die überdimensionalen Lkws und Bagger den vertrauten Anblick jeder Baumaschine bei weitem. Tonnenweise donnert das Gestein in die Muldenkipper und jede Tonne

Goldmine Kumtor

◆ 1920er Jahre: Erste, noch unsystematische Explorationen im Gebiet von Kumtor.

◆ 1978: Eine kirgisische geophysikalische Expedition entdeckt die Goldlagerstätte in 4000 Metern Höhe am nordwestlichen Abhang des Ak-Schyjrak-Höhenzuges im Tien-Shan-Gebirge, 60 Kilometer von der chinesischen Grenze entfernt.

◆ 1979 – 1988: Detaillierte Explorationen in Kumtor. Der Umfang der Lagerstätte wird auf 300 Tonnen geschätzt. Sie gehört damit zu den zehn größten der Welt.

◆ 1992: Vertrag zwischen der Kirgisischen Republik und der kanadischen Cameco Corporation über die Bildung eines Joint Ventures zur Ausbeutung der Goldlagerstätte.

◆ 1996: Inbetriebnahme der Goldmine im Tagebauverfahren.

◆ 1997: Jahresproduktion 15,6 Tonnen Gold. In der Nachbarschaft der Mine werden von Angehörigen der Universität Bischkek archäologische Forschungen durchgeführt, die Funde vom Paläolithikum bis zum ersten vorchristlichen Jahrtausend erfassen, darunter der Joo-Jurek-Felsen.

◆ 1998: Ein Lkw mit einer Ladung Natriumzyanid stürzt von der Schotterstraße ab und verursacht erhebliche Umweltschäden. Die Minengesellschaft verstärkt ihre Bemühungen um die Betriebssicherheit und den Umweltschutz.

◆ 2000: Jahresproduktion von 20,8 Tonnen Gold.

◆ 2001: Der Goldgehalt pro Tonne liegt bei 5,09 Gramm. Die Produktionskosten pro Unze Gold betragen 127 $.

(Aus: Informationsbroschüre der »Kumtor Operating Company«)

Der Schwarzschiefer von Kumtor enthält pro Tonne bis zu fünf Gramm Gold, aber die Goldpartikel sind nur einen Zehntelmillimeter groß.

enthält etwa fünf Gramm Gold. Im Halbminutenrhythmus fahren die Trucks zur Erzmühle, jeder mit 17 Tonnen Schwarzschiefer beladen. Wir rechnen nach, dass in der Ladung jedes Wagens rund 85 Gramm des kostbaren Metalls enthalten sind. Mit bloßem Auge ist es nicht zu erkennen – nur Pyrit und verschiedene andere Kristallisationen, die ein Hinweis auf Gold sein können, glitzern an den Bruchflächen der überall herumliegenden schwarzen Steine.

Das Erz wird in mehreren Arbeitsgängen gebrochen und gemahlen, bis es fast pulverisiert ist. In einem trickreichen Verfahren, dessen Details Betriebsgeheimnis sind, werden die mikroskopisch kleinen Goldpartikel wasserabweisend gemacht. Dann wird die Masse aufgeschäumt und das Gold steigt mit den Luftbläschen nach oben. Nach dieser ersten Anreicherung folgt die Zyanidlaugung, ein Verfahren, das Umweltschützern in der Vergangenheit oft Anlass zu heftigen Protesten gab. Denn Zyanide sind hoch giftig, und vor Jahren ist ein Lkw, der die Chemikalie zur Mine brachte, von der Straße gestürzt – mit gravierenden Folgen für die Umwelt. In der Anreicherungsanlage von Kumtor selbst wird immerhin alles getan, um das Risiko zu minimieren. In anderen Teilen der Welt geschieht die Laugung oft in großen, offenen Chemie-Seen, da für den Prozess Sauerstoff nötig ist. In Kumtor jedoch gibt es nur geschlossene Kreisläufe, moderne Mess- und Regeltechnik und eine akribische Überwachung der

Abwässer – Hightech am Ende der Welt. Die Menschen, die hier arbeiten, haben im Wechsel einen Monat Dienst und einen Monat frei. 1500 Arbeitsplätze hat das Joint Venture seit 1997 geschaffen. Über neunzig Prozent der Arbeiter sind Kirgisen, die anderen kommen aus Kanada, Korea, Japan oder Russland. Etwas kurzatmig fragen wir einen Arbeiter, wie lange es dauert, bis man sich an die dünne Luft gewöhnt hat. »Das schafft man nie«, lautet seine bündige Antwort. Jedes Mal, wenn ein neuer Arbeitsmonat beginnt, ist es auf dieser Höhe wieder gleich schwer, seine Kräfte zu mobilisieren. Doch es gibt nicht viele andere industrielle Arbeitgeber dieser Größenordnung in Kirgisien, die Bezahlung ist glänzend, die Unterbringung komfortabel und die Betriebskantine im ganzen Land für ihre kulinarische Qualität bekannt. Zu Recht, wie wir feststellen können, als uns die kirgisischen Köchinnen noch ein paar Köstlichkeiten aufdrängen. Und all dieser

Der Guss des Rohgolds in der Mine von Kumtor – ein fast magischer Augenblick.

Aufwand dient nur der Produktion von zwei Blöcken Rohgold pro Tag, zusammen rund einen Zentner schwer, mit einem Feingehalt von sechzig bis achtzig Prozent. Der Augenblick, wenn die Rohgoldschmelze zu Quadern gegossen wird, ist der Höhepunkt jedes Arbeitstages. Wenn der Goldpreis auf dem Weltmarkt nach jahrelanger Talfahrt wieder Fuß fasst, könnten Kumtor und andere Goldminen in Kirgisien endlich die Grundlage eines dringend benötigten wirtschaftlichen Aufschwungs werden.

Ein rätselhafter Felsbrocken

Inzwischen ist der Schneeregen stärker geworden. Wolkenfetzen jagen um die Gipfel, die Dämmerung naht und Oleg mahnt uns zur Rückfahrt ins Tal. Aber was ist mit dem prähistorischen Heiligtum? Wir wollen es unbedingt noch sehen. Doch es liegt etwa eine halbe Fahrstunde entfernt. Schließlich erklärt sich ein kirgisischer Fahrer bereit, uns hinzubringen, obwohl er eigentlich schon Feierabend hat. Dass ein paar verrückte Westeuropäer sich für diesen Teil der Vergangenheit seines Landes interessieren, scheint ihn zu beeindrucken. Also besteigen wir wieder den Kamas-Bus und rumpeln los. Kaum haben wir das Fabriktor passiert, biegt der Fahrer von der Straße ab. Jeder von uns würde auf dieser nebligen, tundraähnlichen Hochebene im Nu die Orientierung verlieren, aber das Fahrzeug hält zwischen Schlamm, Geröll, Wassergräben und Regentümpeln zielstrebig seinen Kurs. Dass die Passagiere dabei durchgeschüttelt werden wie auf einer Achterbahn und mehr als einmal mit ihren Köpfen gegen das Kabinendach schleudern, spielt keine Rolle.

Im letzten Tageslicht erreichen wir schließlich unser Ziel, den Joo-Jurek-Felsen. Ein riesiger Findling, groß wie ein russisches Bauernhaus, wie von Geisterhand auf die kahle Fläche geworfen. Das Besondere an ihm sind die »Petroglyphen«, Felszeichnungen, die oben und an den Seiten eingraviert sind. Von einem kirgisischen Archäologen wissen wir, dass sich hier Menschen zu rituellen Kulthandlungen getroffen haben. Aus der Form der Ritzungen lässt sich eine Datierung auf die Zeit der Skythen ableiten, auch wenn der Laie auf den ersten Blick nur Strichmännchen erkennt. Tiere sind dargestellt, vor allem so genannte Marco-Polo-Ziegen, auch eine Reiterfigur. War hier eine Stätte für den Jagdzauber? Oder gibt es gar einen Zusammenhang mit dem Goldvorkommen hier oben? »Nein«, sagt unser Geologe Juri Buchantschenko entschieden, »das Gold liegt tief unter der Oberfläche, und außerdem sind die Partikel so klein,

Unterwegs im altertümlichen Fahrzeug der Kumtor-Mine. Die grandiose Aussicht entschädigt uns für manchen blauen Fleck.

dass man sie mit bloßem Auge gar nicht erkennen kann. Das ist ausgeschlossen.« Aber erstaunlich bleibt doch, dass sich die Menschen vor 2500 Jahren überhaupt hier heraufgewagt haben. Was hat sie bewogen, in so lebensfeindliche Zonen vorzudringen, wenn nicht Gold? Schon für uns, ausgestattet mit modernen Mikrofaser-Anoraks und einem geheizten Motorfahrzeug, ist es eine ziemliche Strapaze, diesen Ort aufzusuchen. »Wir unterschätzen immer wieder«, sagt Ernst Pernicka, »was die Menschen damals bewältigt haben.«

Unvermittelt taucht ein geheimnisvoller Kultplatz aus dem Nebel auf – der Joo-Jurek-Felsen mit prähistorischen Ritzungen.

Zurück in der Mine lässt sich der Professor noch eine Erzprobe für seine Datensammlung geben – selbst aufsammeln ist streng verboten –, und wir bekommen in der Kantine eine letzte Stärkung, bevor wir wieder in unseren Bus steigen. Drei Stunden dauert die Fahrt ins Tal, bei Dunkelheit, Regen und Schneetreiben. Manche von uns sind froh, dass man durch die Fenster des Wagens nichts mehr sehen kann, aber schon von der Erinnerung an die Abgründe, die sich überall rechts und links der Straße auftun, wird uns mulmig. Welcher Gefahr wir tatsächlich entgangen sind, wird uns erst bewusst, als wir gegen Mitternacht bei unserem Quartier am Seeufer aussteigen: Durch den Höllenritt hat sich ein Reifen so erhitzt, dass er leise vor sich hin brennt. Aber es gibt auch eine gute Nachricht. Außer leichtem Kopfschmerz sind wir alle von der Höhenkrankheit verschont geblieben.

Die Hexenküche der Metallurgen

Das Endprodukt der Kumtor-Mine muss noch weiter aufbereitet werden, bevor es in Barrenform auf den Weltmarkt gelangen kann. Die Fabrik, in der das geschieht, steht in dem Städtchen Kara-Balta, nicht weit von Bischkek entfernt. War es schon in Kumtor schwierig, den Zutritt zum »Allerheiligsten« genehmigt zu bekommen, so erweist es sich hier als fast unmöglich. Zwar sind

Mit naturwissenschaftlichen Mitteln sind die Ritzungen des Steins nicht datierbar, aber ihre Form deutet auf die Zeit der Skythen hin.

wir im Besitz eines Genehmigungsschreibens mit eindrucksvollen Stempeln, sogar mit der Unterschrift des Chefs der kirgisischen Staatsfirma, die die Affinationsfabrik in Kara-Balta betreibt. Doch sehr schnell stellt sich heraus, dass dies nicht viel bedeutet. Der Reihe nach müssen viele wichtige Männer in langem Palaver vom Sinn und Zweck unseres Besuchs überzeugt werden: der Pressesprecher und ein Vorstandsmitglied der Firmenzentrale, der Betriebsleiter vor Ort, verschiedene Abteilungsleiter der Fabrik und, nicht zu vergessen, der Sicherheitschef.

Fast zwei Tage verbringen wir mit Gesprächen, mit Fahrten von einer Stelle zur andern und mit Warten. Am schwersten ist der Sicherheitsmann zu überzeugen. Über seinem Schreibtisch hängt ein überlebensgroßes Porträt in Öl von einer bedeutenden Persönlichkeit der russischen Geschichte. Es ist Felix Dserschinski, der Gründer der »Tscheka«, der ersten sowjetischen Geheimpolizei. So ungebrochen sind hier die Traditionen, und auch der Mann, der hinter dem Schreibtisch sitzt, strahlt einen so eisigen Ernst aus, als ob er die Fabrik täglich vor Staatsfeinden zu beschützen hätte. An dem Tag, den wir für den Besuch eingeplant hatten, dürfen wir auf keinen Fall hinein, heißt es. Später sickert durch, dass dies einer der Tage im Jahr ist, an denen eine große Goldverladung stattfindet, was natürlich niemand wissen darf. Wir am allerwenigsten. Da herrscht oberste Sicherheitsstufe.

Beim Transport von einigen Tonnen Gold – die übrigens zum großen Teil über Deutschland auf den Weltmarkt gebracht werden – hört für jeden Verantwortungsträger der Spaß auf. »Slushba nje drushba«, »Dienst ist nicht Freundschaft«, sagt ein altes russisches Sprichwort.

Unser Termin wird verschoben, das Filmteam verkleinert und wir müssen eine Reihe von Auflagen erfüllen. Zum Beispiel dürfen wir in unserem Film keine Gesichter zeigen. Die Identität aller Mitarbeiter soll strikt geschützt bleiben, denn sonst könnten sie erpressbar werden, wie man uns erklärt, und Gangsterbanden den Zugang zu den hier gelagerten Schätzen ermöglichen. Am Ende lassen sich schließlich alle Hürden überwinden und unsere Geduld wird belohnt. Zunächst führt man uns in das Labor, in dem der Goldgehalt des angelieferten Materials geprüft wird. In großen Schmelzöfen stehen Tiegel mit rot glühender Gold- oder Erzschmelze und dazwischen bewegen sich mit schlafwandlerischer Sicherheit die wenigen Mitarbeiter in ihren astronautenartigen Schutzanzügen. Ernst Pernicka erläutert uns, ohne die Erklärungen des Dolmetschers abzuwarten, die chemischen Vorgänge bei der »Feuerprobe« und anderen hier angewandten jahrtausendealten Verfahren, deren Geschichte bis in die Anfangstage der Metallurgie, in die Jungsteinzeit, zurückreicht.

Vor dem Guss der Goldbarren wird das angelieferte Rohgold zunächst aufwendig gereinigt. In den Werkhallen der Affination fühlt man sich unwillkürlich an Hephaistos erinnert, den griechischen Gott der Schmiede und Handwerker, der hässlich und hinkend war, aber magische Schönheit hervorbringen konnte. Die Arbeitsstätten sind eine Mischung aus urtümlicher Hexenküche und postsowjetischer Werktätigenwelt. Aber der unermessliche Wert des Metalls, um das sich alles dreht, verleiht dem Fabrikationsprozess seine höheren Weihen. Alles ist wichtig, ist geheim, geschieht mit größter Sorgfalt und unter höchsten Sicherheitsvorkehrungen. Das Gold, das zuletzt durch Elektrolyse auf 99,99 Prozent gereinigt ist, wird in einem Induktionsofen geschmolzen. Dabei werden so starke elektromagnetische Felder erzeugt, dass unsere Fernsehkamera vorübergehend ausfällt. Zwei Männer greifen mit einem langen Gestell den Schmelztiegel, und gelblich leuchtend, fast so dünnflüssig wie Wasser, ergießt sich das Metall in die Gussform. Wenig später werden die abgekühlten Barren von zuverlässigen, altgedienten Arbeitern gewogen, registriert und mit den Prägestempeln markiert, die ihre Herkunft und Echtheit bezeugen.

In alten, ehemals sowjetischen Industrieanlagen wie Kara-Balta halten Russen noch viele Schlüsselpositionen besetzt. Noch sind Kirgisisch und Russisch gleichberechtigte Amtssprachen. Doch die Renationalisierung ist auch hier in vollem Gange. In einer Region, die seit jeher von einem Völkergemisch bewohnt wurde, und in einer Zeit, in der National-staaten eine immer geringere Rolle spielen, mag das überraschen. Von den knapp fünf Millionen Einwohnern des Landes sind rund sechzig Prozent ethnische Kirgisen. Sie verspüren nach Jahrzehnten der Sowjetherrschaft, die sie weithin als eine Form des Kolonialismus empfunden haben, noch einen starken Nachholbedarf im Ausleben ihrer nationalen Identität. Alle Staatsbürger des Landes fürchten, dass man sie zwingen wird, die schwierige kirgisische Sprache zu lernen, und die natio-

Frisch gegossene Gold-barren in der Affinations-fabrik, noch ohne Präge-stempel.

nalen Minderheiten sehen ihre Zukunftschancen schwinden. Von gut einer Million Russen im Land ist schon mehr als jeder Dritte abgewandert, ebenso über 100 000 Menschen deutscher Abstammung, die in den vierziger Jahren hierher deportiert worden waren. Ob ein Betrieb wie Kara-Balta, der neben Gold auch Silber, Kobalt, Uran und andere Metalle produziert, den Exodus unbeschadet überstehen wird, ist eine offene Frage.

Die Spur des Goldes

Es war uns tatsächlich gelungen, einen Einblick in die geheimste Produktionsstätte des Landes zu bekommen. Im Hochsicher-heitstrakt der Affinationsfabrik konnten wir miterleben, wie im modernen Kirgisien der Weg von der Lagerstätte zum fertigen Gold aussieht. Nun setzen wir unsere Suche nach den Spuren der historischen Goldgewinnung fort. Auf dem Weg ins Landesinnere sehen wir immer wieder die traditionellen kirgisischen Jurten in der Landschaft stehen. Das ist weder Folklore noch Nostalgie, denn die alten Lebensformen dieses Volkes gewinnen wieder an Attraktivität. Ursprünglich waren die Kirgisen Nomaden, ebenso wie die Skythen und Saken. Viele Familien ziehen jetzt wieder von Mai bis Oktober mit ihren Herden hinaus auf die Bergweiden, trinken Kymys, die landesübliche vergorene Stutenmilch, und leben in ihren runden Filzzelten.

Unsere Zelte sind schon aufgebaut, als wir am verabredeten Lagerplatz unserer Expedition im Suu-Samyr-Tal ankommen. Ein Teil des Teams ist vorausgefahren, unser russischer Koch Sergej hat Hammelfleisch gekocht und vor dem Essen können wir noch ein erfrischendes Bad im eiskalten Gebirgsbach nehmen. Am Morgen beim Frühstück sagt Ilja Alexandrowitsch Mesgin, unser Geologe aus Bischkek: »Unter uns, genau hier, wo wir sitzen, lagern noch etwa 380 Kilogramm Gold. Allein auf dem Platz, wo unsere Zelte stehen.« Andächtig schlucken wir unseren Tee hinunter und blicken verwundert umher. Dann sehen wir auf einmal rund um unser Zeltlager Spuren der Goldgewinnung von der Eisenzeit bis in die jüngste Vergangenheit wie auf dem Präsentierteller vor uns.

Eine kirgisische Familie vor ihrer Jurte. Von den zwölf Kindern des Ehepaars leben noch sechs hier oben in den Bergen.

Ein großer Hügel erweist sich als Abraumhalde der frühesten Goldgräber, die hier zu Werke gingen. Wir steigen hinauf und entdecken gegenüber, gleich hinter dem kühlen Bach, eine Gruppe von Kurganen. Sie sind unerforscht, auf keiner Landkarte verzeichnet, so wie viele tausend andere in diesem Land. Gut möglich, dass auch sie ausgeraubt sind. Allem Anschein nach stammen sie aus skythisch-sakischer Zeit. Am gegenüberliegenden Hang ist mit dem Fernglas eine feine Linie zu erkennen – Überreste einer Wasserrinne, die die Goldsucher angelegt haben, um das Erdreich bequemer auswaschen zu können. Und dann, unterhalb des Hügels, stoßen wir auf eine große verrostete Anlage. Vor wenigen Jahren sollte hier eine kleinere Goldmine entstehen; die »Rostlaube« sollte, wie Ilja Alexandrowitsch erläutert, dem Goldwaschen in mechanisierter Form dienen. Nur ist sie damals nicht in Betrieb genommen worden, weil an anderer Stelle eine ergiebigere Goldader entdeckt wurde.

Unten in der Grube, die die Ingenieure der Neuzeit hinterlassen haben, nehmen wir einige Materialproben für Ernst Pernickas Forschungen. Plötzlich stoßen wir im Sand auf etwas Helles, Hartes. Es sind Knochen – keine Menschenknochen, sondern Teile eines Pferdeskeletts. Offenbar hat der Regen sie im Lauf der Zeit von weiter oben heruntergespült. Der Professor steigt zum Rand des Abbruchs hinauf, und genau dort, wo die Bagger den Boden angeschnitten haben, erkennen wir jetzt eine trichterförmige, dunkle Verfärbung. Es ist das typische Bild einer alten zugeschütteten Grube, das jeder Archäologe kennt. Und tatsächlich, am Fuß dieser Grube stecken weitere Pferdeknochen in der Erde, die Pernicka mit seinem Taschenmesser vorsichtig freilegt. Ohne weitere aufwendige Untersuchungen ist nicht mit letzter Sicherheit zu bestimmen, was er hier gefunden hat. Doch so viel kann er

Ernst Pernicka entdeckt eine alte Grube, an deren Grund Pferdeknochen im Erdreich stecken.

Diese Anlage zur Goldgewinnung rostet inmitten frühgeschichtlicher Relikte still vor sich hin.

dennoch sagen: »Dieser Befund lässt mich daran denken, dass die Skythen zusammen mit verstorbenen Menschen auch Pferde begraben haben ...«

Überall im Land machen wir dieselbe Beobachtung: In der Nähe von nachgewiesenen Goldvorkommen gibt es Spuren der Skythen. Sie müssen einen sehr geübten Blick dafür gehabt haben, wie man Goldvorkommen erkennt. Und immer wieder stellen wir auch fest, dass das alte Wissen von den Lagerstätten des Edelmetalls bis heute nicht verloren gegangen ist. Auch im Tscho-Nur-Tal sehen wir in direkter Nachbarschaft der Abraumhalden und Schächte antiker Goldsucher einen modernen Prospektionsstollen. Um die Männer kennen zu lernen, die in großem Stil für industrielle Nutzung die Suche nach Goldlagerstätten betreiben, wagen wir den Aufstieg zum Kara-Buura-Pass. Dort sind Prospekteure tätig, doch die Straße war noch vor kurzem gesperrt: Lawinengefahr. Der Winter war lang und hart, die Straße war teilweise abgerutscht oder verschüttet. Planierraupen haben das, was jetzt als Hauptverkehrsstraße wieder freigegeben worden ist, erst vor wenigen Tagen wieder grob zusammengeschoben.

Die Fahrt ist ein Erlebnis. Die Sonne steht schon tief, als sich unsere Geländewagen, Staubwolken hinter sich her ziehend und mit beinahe überkochendem Kühlwasser, die Hänge hinaufquälen. Majestätisch düster blicken die Viertausender-Gipfel auf

Eines unserer Zeltlager in den Bergen Kirgisiens. Selbst der nahe Gebirgsbach führ Gold.

uns herab. Kurz hinter der Passhöhe finden wir den Prospektionstrupp: Ingenieure und Arbeiter, denen man ansieht, dass die monatelange harte Arbeit in der einsamen, schroffen Bergwelt, in Kälte, Sturm und dünner Luft sie geprägt hat. Pernicka, Buchantschenko und Mesgin vertiefen sich sofort in eine geologische Fachsimpelei mit ihnen. Als ich vom Oberbergbauingenieur wissen will, was er von unserer Annahme hält, dass skythisches Gold aus dem heutigen Kirgisien stammen könnte, sagt er kurz und bündig: »Das ist doch klar, dass die Skythen hier Gold gewonnen haben, um Schmuck und andere Dinge daraus herzustellen.« Was aus der Sicht westeuropäischer Wissenschaftler wie eine kühne These klingt, überrascht hier offenbar niemanden.

Bei hereinbrechender Dunkelheit fahren wir auf der Südseite des Passes aus 3800 Metern Höhe hinunter ins Tal. Die Straße ist auf dieser Seite kein bisschen besser. Hinter einer unübersichtlichen Kurve geraten wir in die Reste einer Lawine, die vor wenigen Wochen abgegangen sein muss. Das Flusstal rechts der Straße, fünfzig Meter tief eingeschnitten, ist von den tauenden Schneemassen komplett ausgefüllt. Zwar ist für den spärlichen Verkehr eine Durchfahrt freigeschoben worden, doch auch so kämpfen sich unsere Wagen noch durch meterhohen Schneematsch. Da begegnet uns zum ersten Mal an diesem Abend ein weiteres Fahrzeug: ein altersschwacher Moskwitsch mit schief stehenden Rädern. Immer wieder nimmt er Anlauf, um das weiße Hindernis von unten her zu durchqueren. Ein aussichtsloses Unterfangen. Eine Stunde lang bemühen wir uns, den drei Insassen zu helfen; am Schluss versuchen wir, ihr Auto mit vereinten Kräften Stück für Stück bergauf zu tragen. Aber es sind über 100 Meter durch den Schnee und die Lawine ist stärker als unser guter Wille. Wir können den Männern nur anbieten, bei nächster Gelegenheit Helfer zu alarmieren. Doch sie lehnen ab. Unser kirgisischer Fahrer erklärt uns später, warum: Offenbar waren unsere »Freunde« Kleinkriminelle, die, mit Wodka im Blut und gestohlenen Maschinenteilen im Wagen, zu ihrem Versteck unterwegs waren, von dem niemand wissen soll.

Weiter in den wilden Süden

»Wissen Sie eigentlich«, fragt mich Ernst Pernicka am nächsten Morgen unvermittelt, als ich mit Pinsel, Seife und Spiegel am Bachufer stehe, »wissen Sie eigentlich, dass Sie sich mitten in einem alten Goldbergwerk rasieren?« Ich bin verdutzt. Unser Zeltlager steht in einem kleinen Seitental des Tschatkal namens Kuru-Tegerek, tief in die Berge eingekerbt von einem rauschenden Bergbach gleichen Namens. Am Nordhang sind eine Reihe von

Grandiose Bergwelt Kirgisiens – der serpentinenreiche Aufstieg zum Kara-Buura-Pass.

Höhlen zu erkennen, die meisten davon auf natürlichem Weg durch Erosion entstanden. Einige der Höhlen sind offenbar von Menschenhand vertieft worden. Der Professor erkennt mit geübtem Blick in der Form und Größe der Höhlen ein prähistorisches Bergwerk. Auch Schlackenreste sind hier und da zu erkennen, ein

121

weiterer, eindeutiger Hinweis auf Metallgewinnung. Als wir hin-aufklettern, sehen wir in den Höhlen Rußspuren. Hier wurde Feuer gemacht. Aber wann und von wem? Ilja Mesgin und Juri Buchantschenko, die Geologen, glauben nicht an Pernickas Diagnose, dass es Goldgräber waren. Gold, so sagen sie, ist nur an dem gegenüberliegenden Hang zu finden. Doch es gibt weitere Indizien. Dort, wo der Kuru-Tegerek in das weite Tal des Tschatkal mündet, liegen die Überreste einer alten Festung: eine recht-eckige Erhebung, Relikte einer Wallanlage, alles längst von Gras überwachsen. Diente die Festung der Bewachung der Gold-vorkommen, die von hier aus gut einzusehen sind? Das würde zu-

Immer wieder zwingen uns schlechte Straßen und Brücken zu ungeplanten Stopps.

sammenpassen. Allerdings stoßen wir wieder auf das Problem, dass das genaue Alter der Festung unbekannt ist. Nur wenig archäologische Forschung hat es hier bisher gegeben. Von den 3500 Kurganen allein im Tschatkal-Bezirk sind erst zwanzig erforscht worden. Ein Teil von ihnen stammt aus der Mitte des 1. Jahrtausends v. Chr., also aus der frühen Eisenzeit, genau aus der Periode, in der auch die Skythen lebten. Das Ende der Festung – und wohl auch des Goldabbaus – lag in vorislamischer Zeit. Auf welche Zeit ist ihr Anfang zu datieren? Die alten Goldgewinn-nungsstätten Kirgisiens geben ihr Geheimnis nicht so leicht preis.

Im Nebental namens Tschakmak-Suu – zu deutsch: Feuer-stein-Wasser – liegen die Reste eines Kupferbergwerks. Ruinen der Bergmanns-Siedlungen und große Schlackenhalden sind auch für den Laien gut auszumachen. Nun weiß man, dass Gold- und Kupfererz häufig gemeinsam auftreten. Sehr wahrscheinlich wurden also in dem alten Bergwerk beide Metalle gewonnen, technisch auch vor über 2000 Jahren kein Problem. Sowjetische Fachleute haben hier noch in den achtziger Jahren Goldvorkommen exploriert.

Zentnerschwere Mahlsteine aus Granit, mit denen das Erz zerkleinert wurde, liegen noch überall herum. Ilja Alexandrowitsch hat hier vor Jahren Kinderspielzeug gefunden, das aus Schweineknochen hergestellt war. Schweine schlachten – undenkbar, seit die Anhänger des Propheten Mohammed um 800 n. Chr. in Mittelasien Einzug gehalten haben. Also muss auch dieses Bergwerk aus vorislamischer Zeit stammen. Und noch einen interessanten Fund konnte Mesgin vor wenigen Jahren machen: ein typisches spitzes Keramikgefäß, wie es hier und bis weit in den Iran hinein zur Aufbewahrung von Quecksilber gedient hat. Auch das flüssige Metall wurde in der Goldgewinnung verwendet. Denn es hat die Fähigkeit, Gold aus dem Sedimentgemisch herauszulösen, zu amalgamieren wie bei dem Silberamalgam, das man aus der Zahnarztpraxis kennt. Durch Erhitzen lässt sich das Quecksilber leicht wieder abtrennen – zurück bleibt feines Gold.

Pernicka steht auf einer Schlackenhalde, Beleg für historische Metallgewinnung.

Auf der Weiterreise vom Nordwesten ins südliche Kirgisien, unser Ziel ist Osch, die zweitgrößte Stadt des Landes, müssen wir einen riesigen Umweg machen, um nicht Usbekistan zu durchqueren. Das würde uns wegen der Grenzformalitäten einen ganzen Tag kosten. Usbekistan gilt als wenig liberal und immer wieder wird von Spannungen mit den benachbarten Kirgisen berichtet. Wir können auch nicht sicher sein, unser wertvolles Filmequipment durch den Zoll zu bekommen. Die heutige Staatsgrenze wird von der alten Straße immer wieder gekreuzt. Also hat man als Umgehung kleine Feldwege angelegt, für alle, die kirgisisches Territorium nicht verlassen wollen. Denn an der Hauptstraße, so absurd es aussieht, stehen immer wieder Grenzkontrollstellen (das russische Wort dafür heißt »Schlagbaum«), manchmal weniger als 100 Meter von einander entfernt. Allerdings gibt es auf den Feldwegen keine Wegweiser. So bleibt es nicht aus, dass unsere Fahrer plötzlich von zwei Uniformierten gestoppt und in einen erregten Wortwechsel verwickelt werden. Ich versuche noch, ihnen zu bedeuten, dass sie auf keinen Fall nach Usbekistan einreisen sollen, auch nicht für ein kurzes Stück, denn ich mache mir Sorgen um die teure Kamera. Als wir endlich weiterfahren dürfen, stellt sich heraus, dass wir in Wirklichkeit gerade aus Usbekistan ausreisen. Von der Einreise zuvor hatte niemand etwas bemerkt ...

Für die strenge Bewachung der Grenze gibt es gute Gründe. Immer wieder hat die islamistische Untergrundbewegung verschlungene Pfade im Grenzgebiet genutzt, um unbemerkt zwischen Usbekistan, Tadschikistan und Kirgisien hin und her zu wechseln. Der wilde Süden der ehemaligen Sowjetunion galt schon vor Jahrzehnten als ihr »weicher Bauch«, ideologisch wie auch militärisch schwer zu sichern. Afghanistan ist ebenfalls nicht weit, und von dort kommen nicht nur Freischärler, sondern auch Drogenkuriere. Mehrfach erleben wir in Grenznähe penible Kontrollen. Freilich kann man den Verdacht haben, dass die demonstrative Präsenz der Beamten eher Alibicharakter hat. Europäische Polizeibehörden wissen, dass dadurch der Handel mit afghanischem Heroin oder Rohopium nicht unterbunden wird, jedenfalls nicht, wenn er in großem Stil geschieht. Auch der Transport von Haschisch spielt eine wichtige Rolle. Cannabis, der Rohstoff der Droge, gedeiht hier vielerorts wie Unkraut.

Einzigartige, aus einem Stück gearbeitete Prunkhaube mit Blüten- und Rankenverzierung aus der zweiten Hälfte des 4. Jahrhunderts v. Chr.

Am Anfang war das Gold

Auf dem langen Weg nach Osch gehen wir Punkt für Punkt unser Wissen über die Skythen durch. Sie waren als Krieger gefürchtet, nicht nur wegen ihrer überlegenen Reitkünste. Sie wussten auch trefflich mit Waffen umzugehen, vor allem mit Pfeil und Bogen. Gräber der Skythen, die in den letzten Jahrzehnten entdeckt wurden, sind wahre Waffenkammern – von keinem Volk der Vergangenheit sind so viele Waffenfunde bekannt wie von ihnen. Auch Frauen und selbst einfache Menschen wurden mit Pfeilen und Lanzen beigesetzt. Auf dem Schlachtfeld galten die Skythen als äußerst blutrünstig: Sie tranken vom Blut ihrer erschlagenen Feinde, skalpierten sie und machten Gebrauchsgegenstände aus Menschenhaut. Reiche Skythen, so berichtet Herodot mit leichtem Schaudern, ließen sich aus den Schädeln ihrer getöteten Feinde Trinkschalen machen, die sie innen prachtvoll mit Gold auskleiden ließen.

Gold spielt, wie in den Grabbeigaben, auch in der Sagenwelt der skythischen Völker eine große Rolle. Zum Beispiel in ihrem Ursprungsmythos: Der Urvater, selbst von göttlicher Abstammung, hatte drei Söhne. Eines Tages fielen vier goldene Geräte vom Himmel: ein Pflug, ein Joch, ein Beil und eine Schale. Als die beiden älteren Söhne das Gold nehmen wollten, fing es an zu brennen. Erst als der Jüngste herantrat, erlosch es, er nahm das Gold an sich und wurde König. Von ihm sollen alle Skythenkönige abstammen und die vier heiligen Goldgegenstände hatten fortan eine große Bedeutung, nicht nur für religiöse Rituale. Kurz gesagt: Wer das Gold besaß, hatte die Macht.

Wenn man griechische Berichte und skythische Sagen auf ihren wahren Kern abklopft, finden sich auch Hinweise auf die Quellen und die Verbreitungswege des Goldes. Von einem entlegenen Gebiet ist da die Rede, in dem ein Fluss über das Gold hinwegströmt: offenkundig ein Hinweis auf frühe Goldgewinnung durch Auswaschen von Flusssedimenten. Als Bewacher des Goldes nennt der Mythos Greifen, das sind Fabeltiere, halb Adler, halb Panther, mit scharfen Schnäbeln und spitzen Krallen – vielleicht ein Indiz für Gegenden, in denen entsprechende wilde Tiere anzutreffen waren, wie es etwa im Tien-Shan noch heute der

Die Ursprungssage der Skythen

Wie die Skythen erzählen, ist ihr Volk das jüngste von allen und auf folgende Weise entstanden: Der erste Mensch in diesem noch öden Lande hieß Targitaos. Die Eltern dieses Targitaos, erzählen sie, waren Zeus und eine Tochter des Stromes Borysthenes. [...] Targitaos hatte drei Söhne; Lipoxaïs, Arpoxaïs und als jüngsten Kolaxaïs. Zur Zeit ihrer Herrschaft fielen goldene Geräte vom Himmel in das Land der Skythen: ein Pflug, ein Joch, ein Beil und einen Schale. Der Älteste sah dies zuerst und trat heran, um die Geräte aufzuheben. Das Gold aber brannte, als er näher kam. Als er weglief, kam der Zweite; auch da wurde das Gold feurig. [...] Als aber der Dritte, der Jüngste, herzutrat, erlosch es. Er brachte es in sein Haus. Da überließen die älteren Brüder die gesamte Herrschaft dem Jüngsten nach gemeinsamem Beschlusse. Von Lipoxaïs soll der Skythenstamm der Auchaten abstammen, von dem mittleren Bruder Arpoxaïs die Stämme der Katiarer und Traspier, von dem jüngsten die Könige, die Paralaten. Alle Stämme zusammen hießen Skoloten und sind nach einem König benannt. Die Griechen nannten sie Skythen. So erzählten die Skythen die Entstehung ihres Volkes.

(Aus: Herodot, »Historien«, Buch 4, 5-7)

Fall ist. Und Herodot erwähnt im Zusammenhang mit jener goldreichen Gegend auch eine Karawanenstraße, die von Innerasien bis in die griechische Welt führte. Es muss dort also so viel Gold gegeben haben, dass ein erheblicher Teil in den Handel gelangen konnte. Das alles würde auf Kirgisien zutreffen, denn auch uralte Handelswege gibt es hier. Sie sind der Grund dafür, dass Osch, die jahrtausendealte Karawanenstadt, das letzte Ziel unserer Reise ist.

Auf dem Weg dorthin, oder besser auf dem Umweg, rasten wir nach stundenlanger Fahrt über staubige Pisten durch herrliche Berglandschaft in dem Städtchen Dschalal-Abad. Unsere Fahrer, die auf eigene Rechnung arbeiten, versuchen das billigste Benzin aufzutreiben, das meist flaschenweise am Straßenrand verkauft wird. Natürlich wird hinterher kräftig geflucht, wenn der Motor durch gepanschten Sprit ins Stottern gerät.

Währenddessen schlendere ich mit einigen Teamkollegen über die Hauptstraße, an der ein großer Blumenverkaufsstand aufgebaut ist. Es ist heiß und die beiden Blumenfrauen strahlen uns mit breitem Lächeln an. Dabei blitzen ihre Goldzähne in der Sonne – viele Menschen hier lassen sich ihre Zähne vergolden, weil sie das schön finden, manche sogar das ganze Gebiss. Die Frauen winken uns heran, und unser charmanter Kameramann Roland wird von uns auserkoren, auf die einladende Geste einzugehen. Die Verkäuferinnen setzen ihn auf eine Bank hinter dem Verkaufstresen, bewirten ihn mit Tee, und man kommt ins Plaudern, denn die Damen können etwas Englisch. »Aha, nach Osch willst du«, sagt Sonja, die eine der beiden. »Aber warum?

Hier ist es doch auch sehr schön!« Sie deutet nach oben, auf das Obergeschoss des Hauses hinter ihr. »Da oben habe ich ein schönes Zimmer, wollen wir nicht hinaufgehen?« Alles Mögliche hatten wir in einem vom Islam geprägten Land wie Kirgisien erwartet, nur das nicht: offensiv flirtende Frauen. Roland bedankt sich artig für den Tee sowie alle weiteren Angebote und verabschiedet sich – was die beiden Schönheiten nicht davon abhält, ihm Kusshände nachzuwerfen.

An einem der letzten Abende, als wir am Lagerfeuer sitzen, zieht Ernst Pernicka eine erste Bilanz der Expedition. Die Fülle von Hinweisen auf alte Goldgewinnung hat ihn überrascht. Auch die Ausbeute an Materialproben für den Aufbau einer Datenbank von Goldlagerstätten ist größer, als er gehofft hatte. Dass es hier Goldvorkommen gibt, war bekannt. Dass die Skythen ihre Spuren auch im heutigen Kirgisien hinterlassen haben, das war zu erwarten. Aber wie häufig beides am selben Ort zu finden ist, und wie gut es zusammenpasst, damit konnte keiner rechnen. Das Nomadenvolk aus der Steppe muss über ein enormes Wissen über die verborgenen Quellen des Goldes verfügt haben. Dass es hier skythische Fundstätten und auch Goldvorkommen in solcher Dichte und Reichhaltigkeit gibt, das hat außer wenigen einheimischen Experten niemand gewusst. Und damit sind wir – fast – am Ziel unserer Expedition. Wir haben antike Abbaustätten ge-

Idyllische Rast am Lagerfeuer nach einem langen Tag – es ist Zeit für eine Bilanz unserer Expedition.

funden, aus denen schon die Skythen ihr Gold gewonnen haben müssen, also den Ursprung von wunderbarem Schmuck und Geschmeide, von dem schon die Griechen schwärmten.

Die Beweislast kehrt sich gewissermaßen um: Ob hier schon zur Zeit der Skythen Gold abgebaut wurde, darüber muss man, meint Pernicka, eigentlich gar nicht lange streiten. »Wir müssen uns nicht mehr fragen, wo ist das Gold für einzelne Fundstücke hergekommen, sondern die Frage ist jetzt eher: Wo ist das viele Gold hingegangen?«, sagt der Professor. Zweifellos spielte es bei den Skythen eine so große Rolle, dass sie viel davon selbst verarbeitet haben. Aber auch der Fernhandel war, wie Herodot berichtet, schon damals ein wichtiger Abnehmer des Edelmetalls. In Osch begeben wir uns auf die Suche nach den Spuren alter Karawanenwege.

Dieser wunderbar gearbeitete Prunkkamm im griechisch-skythischen Stil stammt aus der ersten Hälfte des 4. Jahrhunderts v. Chr.

Die Seidenstraße – eine Straße des Goldes?

Man nimmt an, dass die Seidenstraße im 3. Jahrhundert v. Chr. entstand. Sie ist eigentlich keine Straße, sondern ein ganzes Netz von Handelswegen, das sich einst von der chinesischen Kaiserstadt Xi'an im Osten bis hin zum Mittelmeer im Westen spannte, ein Fernhandel von interkontinentaler Ausdehnung. Die mittlere der drei Hauptrouten verlief von Kashgar an der heutigen Westgrenze Chinas über mehrere von alters her bekannte Pässe nach Nordwesten und traf bei Osch auf das Fergana-Tal, eine riesige, fruchtbare Oase inmitten karger Gebirge. Auch die heutige Verbindungsstraße folgt dieser Route.

In jüngster Zeit häufen sich allerdings die Stimmen der Forscher, die annehmen, dass die Seidenstraße noch weit älter sein könnte. Auch Ernst Pernicka hält das für plausibel, denn Fernhandel mit Gold, aber auch mit Zinn, das für die Bronzeherstellung gebraucht wurde, gab es schon mehrere 1000 Jahre vor Christi Geburt.

Bis heute ist Osch geprägt von Händlern vieler Nationalitäten. Zu Füßen des Suleiman-Berges, einer Wallfahrtsstätte der Muslime Zentralasiens, erstreckt sich ein riesiger Basar, einer der größten der Region. Seine Marktstände reihen sich kilometerlang aneinander. Eine überwältigende Symphonie von Farben, Geräuschen und Gerüchen, ein hektisches, aber sehr friedfertiges Gedrängel von Menschen. Allein schon an den Gesichtern kann man sich kaum satt sehen. Es kommt uns vor, als ob alle Ethnien Asiens vertreten wären; hier und da sieht man auch Europäer, meistens Russen. Jeder in diesem multikulturellen Getümmel scheint seine eigene Sprache, seine eigene Kultur und seine eigene Würde zu haben.

Frisch geschlachtetes Lamm- und Hammelfleisch, Berge von Gemüse und Gewürzen, Brot, Süßigkeiten und Getränke, aber auch Papier, Musikkassetten, Eisenwaren, Küchengerät und

Eine »Omphalos«-Schale mit Reliefdekor, griechisch-skythisch, aus der zweiten Hälfte des 4. Jahrhunderts v. Chr.

Abendstimmung im Ferga-na-Tal – eine riesige fruchtbare Oase inmitten der Bergwüsten Zentral-asiens.

natürlich Seide und andere Stoffe in allen möglichen Dekoren – man muss lange nachdenken und wird trotzdem schwerlich etwas finden, das hier nicht zum Verkauf angeboten wird. Und in einer abgelegenen Ecke: Goldschmuck. Es sind ausschließlich Frauen, die eng nebeneinander auf langen Bänken sitzen und auf ihrem Schoß Ringe und Ketten anbieten. Die Farbe der meisten Preziosen ist auffällig rötlich. Vermutlich wird zum Gold Kupfer hinzulegiert, um diesen Farbton zu erreichen; ein Verfahren, das Ernst Pernicka auch für skythisches Gold nachgewiesen hat. Um die Verkaufsstände der Frauen herum stehen die Buden der Goldschmiede, die überwiegend Reparaturen und Änderungen, gelegentlich auch eine Neuanfertigung machen. Einer von ihnen, er ist Usbeke, zählt uns die vielen Länder auf, aus denen das Edelmetall kommt, das er verarbeitet: von Italien bis Russland, von der Türkei bis Kirgisien reicht die Liste. Noch immer ist Osch ein Kreuzungspunkt von Handelswegen und ein Ort, an dem sich Kulturen begegnen. Die Waren, die hier vor über 2000 Jahren gehandelt wurden, Seide ebenso wie Gold, sind immer noch zu haben.

Wir wollen auf dem Basar Filmaufnahmen machen – aber wo ist unsere Genehmigung? Wenn wir einfach die Kamera aufstellen, droht die freundliche Neugier in Feindseligkeit und Aggression umzuschlagen, warnt uns ein Ortskundiger. Auch die Papiere mit bedeutenden Stempeln, die wir vorweisen können, sind nicht ausreichend. Nach langem Palaver mit einer Reihe von Aufsehern, Beamten und Mittelsmännern steht irgendwann die Idee im Raum, einem wichtigen Mann, der hier für die Ordnung zuständig ist, ein Geldgeschenk zu machen.

Der Markt von Osch ist ein Schmelztiegel verschiedenster Kulturen.

Er lehnt natürlich entrüstet ab, als wir ihm dies anbieten. Das Gespräch plätschert zunächst in belangloser Konversation dahin. Doch dann, sozusagen aus sicherer Entfernung und über mehrere Zwischenträger, erreicht uns seine wahre Forderung. Den genannten Dollarbetrag finden wir nun wieder empörend hoch. Nach einigem Hin und Her kommt schließlich eine Einigung zu Stande – auf ein Fünftel des zuerst geforderten »Geschenks«. Dafür genießen wir zwar Schutz vor Bedrohungen, die es wohl gar nicht gibt, aber trotzdem versuchen die Beamten jedes Mal, wenn die Kamera läuft, uns gleich wieder wegzutreiben, so, als

Auf dem Basar von Osch: Ernst Pernicka beobachtet einen usbekischen Goldschmied bei der Arbeit.

131

täten wir etwas Verbotenes. Dass wir für unser Geld auch eine gewisse Gegenleistung, etwas Hilfe oder gar Service erwarten könnten, kommt ihnen überhaupt nicht in den Sinn. Trotz allem sind bei Einbruch der Dunkelheit beide Seiten zufrieden: Wir haben endlich unsere Aufnahmen, und die anderen haben gutes Geld eingenommen.

Nach unseren Erlebnissen auf dem Basar von Osch können wir uns gut vorstellen, was es bedeutete, vor Jahrhunderten oder Jahrtausenden als Goldhändler unterwegs zu sein. Vieles hat sich

Auf dem Basar werden alle Köstlichkeiten Zentralasiens in kilometerlangen Reihen von Marktständen feilgeboten.

seitdem natürlich geändert: Der Handel mit seltenen Metallen hat schon lange nicht mehr dieselbe Schlüsselposition inne wie einst in der Bronze- und Eisenzeit. Auch die Bräuche und der Lebensstandard waren damals natürlich Lichtjahre entfernt von unserer heutigen Welt.

Aber vieles ist auch gleich geblieben. Schon zur Zeit der Skythen trafen die Reisenden auf fremde Mentalitäten, Kulturen und Religionen, mussten immer wieder neue Wege der Verständigung finden. Sie durften sich, wenn sie erfolgreich Handel treiben wollten, keine Feinde machen und sich nicht übers Ohr hauen lassen, ganz buchstäblich ebenso wie im übertragenen Sinn. In einer Welt voller Gefahren für Leib und Leben hing alles davon ab, dass sie Menschen fanden, die zu verlässlichen Freunden wurden. Man musste hellwach sein, geschickt, ein wenig schlitzohrig, und man war immer wieder darauf angewiesen, sich in die Fremden einzufühlen. Menschliche Urerfahrungen, die nichts an Bedeutung verloren haben.

Die Suche nach den Goldminen der Skythen, nach dem Ursprung ihrer Schätze, nach dem Fingerabdruck des Goldes hat uns in die Steppen- und Bergwelt Zentralasiens geführt, nach Kasachstan und Kirgisien. Wir haben Länder gesehen, die nach dem Ende des Sowjetimperiums auf der Suche nach einer Zukunft sind, und Menschen getroffen, deren Offenheit und Toleranz gegenüber Fremden uns in Erinnerung bleiben werden. Die Skythen haben vor 2500 Jahren mit ihrer Hochkultur zwischen Asien und Europa, zwischen Ost und West eine Brücke geschlagen. Und in den Jahrtausenden seither ist es fremden Kulturen in dieser Region immer wieder gelungen, schiedlich-friedlich miteinander zu leben.

Ingo Helm

Sonnenuntergang am Issyk-Kul, der »Perle des Tien-Shan«.

Der Traum eines jeden Goldschürfers: Eine Pfanne voller Nuggets!

DAS GOLD
DER GRÜNEN
HÖLLE

*Die beiden wilhelmini-
schen Goldsucher auf
ihrem Weg ins Ungewisse,
entlang des Markham
Flusses.*

*Auf den Spuren eines längst vergessenen Gold-
rauschs unter deutschen Kolonisten erkunden
wir den Dschungel und das Bergland Papua-
Neuguineas. In der Wildnis stoßen wir nicht nur
auf die Ruinen einer riesigen Goldgräberstadt,
sondern auch auf ein deutsches Abenteurerpaar
auf der Suche nach Flussgold.*

DER 25. JULI 1909 ist ein heißer Tag. Die Luft steht,
der Schweiß verklebt die khakifarbenen Tropen-
uniformen, das Summen der Moskitos begleitet die
letzten Vorbereitungen der schwitzenden Männer, deren Namen
nicht in die Geschichte eingehen werden. Von Rudolf Oldörp und
Wilhelm Dammköhler wissen wir nur durch einen einzigen
Brief, der im Archiv der Metallgesellschaft zu Frankfurt am Main
erhalten ist. Er berichtet vom Schicksal zweier Männer, die vom
Goldfieber gepackt die unerforschte Wildnis Deutsch-Neugui-
neas durchstreifen wollten, um ihr Glück zu machen: »Am 25. Juli
waren wir von der Küste aufgebrochen. Zu Anfang ging auch alles
glatt. Wir kamen mit 4 Pferden und 3 Schwarzen schnell vorwärts, überquerten den Markham Fluß und kamen auch anfangs
drüben glatt weiter. Doch dann wurde die Gegend menschenleer,
große Rattandichtungen und dichter Wald nötigten uns zu zeit-
raubenden Wegearbeiten, die unseren Proviant beängstigend
schwinden ließen.«

Oldörp und Dammköhler sind Mitglieder einer kleinen Kolonie deutscher Abenteurer, die sich in der pazifischen Inselwelt
Neuguineas eine Zukunft aufbauen wollen. Weit weg von der wil-
helminischen Strenge des Kaiserreichs suchen sie ihren ganz per-

Wilhelm Dammköhler mit seinem wichtigsten Utensil: Die Goldwaschpfanne zum Probennehmen.

sönlichen »Platz an der Sonne«, den der deutsche Kaiser Wilhelm II. seinen Untertanen mit den Kolonien in Übersee versprochen hatte. Die beiden Abenteurer lockt das Gold, das angeblich in den unzugänglichen Höhen der tropischen Wildnis Neuguineas zu finden sein soll.

Bisher hatte noch kaum ein Weißer den Weg ins Landesinnere gewagt. Die Strapazen sind beinahe unerträglich. Das Gelände ist steil und von vielen Flussläufen durchzogen. Wege gibt es nicht. Die Karawane benötigt Tage für wenige Kilometer. Die einheimischen Träger werden zu einer Last, da den Goldsuchern der Proviant langsam knapp wird. Oldörp notiert preußisch emotionslos: »Als wir nach drei Wochen wieder in offenes Gelände kamen, mußten wir unsere Schwarzen wieder nach Hause schicken, da unsere Lebensmittel fast aufgezehrt waren. Wir hatten nur noch einen Reisevorrat, der für uns beide drei Wochen reichen konnte.« Die Männer setzen alles auf eine Karte. Allein wollen sie weiter bergan steigen, in der Hoffnung, in irgendeinem Flusslauf endlich das schimmernde Edelmetall zu finden. Die einheimischen Träger sind froh, dass sie entlassen werden, denn die Stämme in den Bergen sind gefürchtete Krieger, mit denen die Küstenbewohner nichts zu tun haben wollen. Außerdem wohnen in den Bergen die Geister und die darf man nicht ungestraft in ihrer Ruhe stören.

Der Preis des Goldes

»Am 5. September kamen wir an Eingeborenenpfade und sahen den ersten Kanaken, der vor uns entfloh, als hätte er Gespenster gesehen, denn wir waren die ersten Weißen, die diese Gegend betraten.« Der »First Contact« verläuft für die Deutschen Oldörp und Dammköhler also zunächst glimpflich. Doch sie werden das

138

Gefühl nicht los, im unendlichen Grün des Dschungels von den Wilden beobachtet zu werden. Als sie den Buolo-Fluss erreichen, haben sie sich an dieses unbestimmte Gefühl fast schon gewöhnt, und all ihre Aufmerksamkeit gilt nur noch einer Frage: Führt der aus den Bergen kommende Fluss Gold?

Und tatsächlich, die Strapazen der letzten sechs Wochen scheinen sich gelohnt zu haben. An vier verschiedenen Stellen stoßen sie auf glänzendes Gestein. »Das größte Stück war wie ein halber Stecknadelkopf groß. Jetzt wollten wir in die Berge, um an die nach allen Anzeichen nicht mehr fernen Dörfer heranzukommen, Freundschaft schließen, unseren Proviant ergänzen und dann weiter Flußaufwärts gehen, um an lohnende Arbeitsplätze zu kommen.« Wem das Land an diesen »lohnenden Arbeitsplätzen« gehört, fragen sich die Deutschen nicht. Es ist immerhin kaiserliches Kolonialgebiet, das sie für das Vaterland und für sich selbst nutzbar machen wollen. Vom Goldfieber gepackt vergessen sie die Gefahren und Qualen des Weges, sie lassen sogar ihre Packpferde zurück, um möglichst schnell zum vermuteten Dora-

So groß wie ein halber Stecknadelkopf – der erste Goldfund spornt die Abenteurer an. Sie sind auf dem richtigen Weg.

Die Eingeborenen greifen an! Oldörp und Damm-köhler haben sich zu weit vorgewagt.

do unterhalb der immer noch fernen Berggipfel zu gelangen. An der Quelle des Buolo vermuten die beiden Schatzsucher die gro-ße, Reichtum bringende Goldader.

Das Schicksal treibt allerdings ein anderes, ein böses Spiel mit den Glücksrittern. Oldörp notiert: »Als wir nun kurz vor 5 Uhr beide im Zelt saßen, wurden wir plötzlich mit furchtbarem Ge-heul von etwa 30 Leuten überfallen. Wir griffen zu unseren Waf-fen und eilten aus dem Zelt, in das durch die hintere Wand Pfeile und Speere sausten. Nun folgte ein furchtbarer, ein verzweifelter Kampf, wir schossen, was aus den Waffen heraus wollte und einer nach dem anderen der Schwarzen sank dahin, aber die Kerle lie-fen ums Zelt herum in das Flußbett. Dammköhler hatte schon 4 schwere Pfeilwunden, er konnte nicht mehr schießen, aber mit mir ging es noch, obgleich ich auch schon aus mehreren Wunden blutete. Ich schoß so schnell ich konnte, und endlich ging der kümmerliche Rest von 6 Mann den Fluß entlang, aber die Kampfeswut war so groß bei mir, ich schoß von den Kerls noch 2 mit dem Karabiner tot, dann war auch meine Kraft zu Ende.«

Der Überfall der Eingeborenen beendet jäh die Träume der deutschen Goldsucher, die im Dschungel des Kaiser-Wilhelm-

Landes, so nennen sie stolz den deutschen Teil von Neuguinea, ihr Glück machen wollten. Dammköhler findet den Tod. »Er blutete aus 11 Wunden, davon waren 3 tödlich. Ich bettete ihn behutsam, zog ihm noch zwei Pfeile aus den Wunden, verband ihn, so gut es gehen wollte und hatte ihm gerade noch Wasser gereicht, da war auch meine Kraft zu Ende.«

Aus dem Brief, den Rudolf Oldörp an die Nichte seines verstorbenen Sozius Wilhelm Dammköhler schreibt, wissen wir vom tragischen Ende dieser Expedition ins Goldland Neuguineas. In den Geschichtsbüchern des Inselstaats taucht die Episode nicht einmal als Fußnote auf. Zu viele namenlose Abenteurer bezahlten ihre »Neu-Gier« in der gnadenlosen Welt des Urwalds mit dem Leben. Oldörp hatte Glück. Er erwacht aus seiner Bewusstlosigkeit, kann sich mit letzter Kraft notdürftig ein Floß bauen und lässt sich damit flussabwärts zur Küste treiben. Die Eingeborenen haben anscheinend kein Interesse mehr an ihm.

In besagtem Brief an Fräulein Dammköhler beschreibt Oldörp seine dramatische Odyssee so: »Mechanisch das Floß steuernd und wirre Gespräche mit Ihrem Onkel haltend, den ich neben mir sitzend wähnte, nachts auf Sandbänken liegend, Feuer unterhaltend und frierend nach Krokodilen auslugend, hoffe ich auf ein gutes Ende.« Irgendwann erreicht Rudolf Oldörp, vom Fieber geschüttelt, wieder Logamu, den Ausgangspunkt seiner abenteuerlichen Reise. Als er sich im Lazarett erholt hat und wieder bei Kräften ist, besteigt er ein Schiff nach Wilhelmshaven und kehrt der todbringenden Goldinsel im Pazifik endgültig den Rücken.

100 Jahre später ist Papua-Neuguinea, das Land der »Menschenfresser«, noch immer ein heißes Pflaster für weiße Eindringlinge.

141

Tod in der grünen Hölle

z. Zt. boys Arkamor
d. 2. Okt. 1909

Sehr geehrtes Fräulein Dammköhler!

Es ist mir eine unendlich traurige Pflicht, Sie und die Kinder meines lieben u. verehrten Socius Dammköhler vom seinem am 12. Sept. abends um 7½ Uhr erfolgten Ableben zu benachrichtigen.

Wir erforschten einen großen Nebenfluß des Markham der aus dem südwestlichen Gebirge kommend 8 km von der Küste in Markham mündet. Die Untersuchung ergab, daß er Gold führte. Als wir nur kurz vor 5 Uhr beide im Zelt saßen, wurden plötzlich mit furchtbarem Geheul und etwa 30 Leuten angegriffen. Nun folgte ein furchtbarer, verzweifelter Kampf, wir schossen vor aus den Waffen heraus wollte. Ihr Onkel hatte schon 4 schwere Pfeilwunden. Der dunkle Karsonoy hatte sich vor ihm aufgerollt, nachdem ihm der goldene Lohn in greifbarer Nähe gerückt war.

Nun sei versichert, daß ich mich mit Ihnen fühle in der Trauer um den teuren Entschlafenen.

Rudolf Oldörp

z. Zt. Kap Arkona
2. Okt. 1909

Sehr geehrtes Fräulein Dammköhler!

Es ist mir eine unendlich traurige Pflicht, Sie und die Kinder meines lieben u. verehrten Socius Dammköhler von seinem am 12. Sept. abends 7 1/2 Uhr erfolgten Ableben zu benachrichtigen.

Wir erforschten einen großen Nebenfluß des Markham der aus dem südwestlichen Gebirge kommend 8 km von der Küste in Markham mündet. Die Untersuchung ergab, daß er Gold führte. Als wir nun kurz vor 5 Uhr beide im Zelt saßen, wurde plötzlich mit furchtbarem Geheul und etwa 30 Leuten angegriffen. Nun folgte ein furchtbarer, verzweifelter Kampf, wir schossen was aus den Waffen heraus wollte. Ihr Onkel hatte schon 4 schwere Fleischwunden. Der dunkle Vorhang hatte sich vor ihm aufgerollt, nachdem ihm der goldene Lohn in greifbare Nähe gerückt war. Seien Sie versichert, daß ich mich mit Ihnen fühle in der Trauer um den teuren Entschlafenen.

Rudolf Oldörp

In einem Brief an die Nichte seines gefallenen Freundes berichtet Oldörp vom tragischen Ausgang des kolonialen Goldabenteuers.

(Brief Oldörps aus dem Archiv der ehemaligen Metallgesellschaft Frankfurt/M.)

Deutschlands »Platz an der Sonne«

Die Erfahrungen von Oldörp und Dammköhler sind bezeichnend für das kolonialzeitliche Engagement der Deutschen in der Inselwelt des heutigen Papua-Neuguinea. Erst 1884 etablieren sie sich als die dritte Macht neben Briten und Holländern an der Nordküste der Hauptinsel und auf dem umliegenden Archipel, das den Namen des Eisernen Kanzlers Bismarck erhielt. Eigentlich hätte es die Neu-Kolonialisten stutzig machen müssen, dass ihnen das Land von den alteingesessenen Kolonialmächten ohne weiteres überlassen wurde. Ein englischer Historiker schildert die Gründe dafür sehr anschaulich: »Die Deutschen dachten, dass sie eine verdammt gute Investition getätigt hatten, indem sie ihre Flagge eilig über der Insel hissten und Kriegsschiffe, Soldaten, Beamte und jede Menge Material dorthin schickten. Doch sie wurden sehr bald eines Besseren belehrt. In den ersten fünfzehn Jahren profitierten nämlich nur die Moskitos von der Anwesenheit der ›Deutschen Neuguinea Gesellschaft‹.«

Der erste Kontakt

Immer wieder konnte, allgemein gesprochen, die Wahrnehmung gemacht werden, daß das Zeigen der deutschen Flagge, das Erscheinen unserer Kriegsschiffe an der Küste, auf die Eingeborenen großen Eindruck machte, und – als Kuriosum sei es erwähnt – hatten die Schiffe recht viele dicke Schornsteine, dann war gleich leichteres Arbeiten mit den schwarzen Krausköpfen festzustellen. Ein so großes Schiff machte Aufsehen und verfehlte seine Wirkung nicht.

(Aus: Hans Meyer, »Das Deutsche Kolonialreich«)

Viele Stämme Papua-Neuguineas sind erst in den letzten Jahrzehnten der Steinzeit entwachsen. Doch bei den Verhandlungen über die Goldschürfrechte erweisen sich die Clanchefs als ausgefuchste Partner.

Der portugiesische Seefahrer D'Abreu war wahrscheinlich der erste Europäer, der die Küste Neuguineas um 1512 zu Gesicht bekam, doch dafür gibt es keine gesicherten Quellen. Deshalb verzeichnen die Geschichtsbücher einen gewissen Jorge de Meneses hinter der Jahreszahl 1526 als den Entdecker der Insel. Danach geschah erstaunlicherweise viele Jahre gar nichts. Die gierigen Tentakel des europäischen Kolonialismus streckten sich nach lohnenderen Ländereien aus. Nur die Holländer errichteten eine kleine Station, hauptsächlich um ihre Ostindien-Geschäfte strategisch abzusichern. 1793 kamen die Briten dazu, die sich mit den Holländern über eine Aufteilung der Interessenssphären einigten. In den nächsten fünfzig Jahren passierte wieder nichts. Kein Weißer betrat das riesige Binnenland der Hauptinsel. Die hohen, steilen Berge, der undurchdringliche Dschungel und die Gerüchte über Menschenfresser genügten, um die Entdeckerlust der Kolonisatoren in sehr engen Grenzen zu halten. Außerdem hatten sie mit dem Kampf gegen die Malaria an der Küste genügend zu tun. Und so blieben einige Hochlandstämme bis in die späten Tage des 20. Jahrhunderts vom Anblick weißer Haut verschont.

Ein »wilder Krieger«. Die Speere und Messer seiner Vorfahren sind heute noch tödliche Waffen. Blutige Konflikte gehören im Bergland zur Tagesordnung.

Die deutschen Spätkolonisatoren waren eigentlich die Ersten, die sich für die Menschen der Inseln interessierten. Ethnographische Bücher zeugen vom Ernst ihrer Bemühungen, die fremden Wilden und ihre schillernde bunte Kultur zu verstehen. Im Jahr 1908 reist aus Hamburg eine völkerkundliche Expedition samt Filmausrüstung auf die Inseln des Bismarck-Archipels, um Tänze der Einheimischen mit der Kamera festzuhalten. Wie vielfältig die Welt der Papuas ist, wissen erst heutige Ethnologen, die dort bisher über 700 verschiedene Sprachen gezählt haben! Das ist ein Drittel aller auf der ganzen Welt gesprochenen Idiome.

Die deutschen Kolonialgebiete in Neu-Guinea

ZUM VERGLEICH (MASSSTAB 1:7000000).

Expedition ins Land der »Menschenfresser«

Wilhelm Dammköhler mit eingeborenen Trägern vor seinem Aufbruch ins Landesinnere von »Deutsch-Neuguinea«.

»Menschenfresser« in prachtvoller Stammestracht präsentieren stolz ihre »Beute«.

148

Die deutschen Kolonialherren waren ursprünglich ausgezogen, um aus ihrer Neuerwerbung Profit zu schlagen. Mit Kokosnussplantagen und der Anpflanzung von Ölpalmen sollte dies gelingen. Doch die Gewinne waren dürftig und so schaute man sich nach anderen Einnahmequellen um. Irgendwann kam man auf die Idee, Gold zu suchen. Die unglückliche Expedition von Oldörp und Dammköhler hatte ja bewiesen, dass es im Landesinneren das begehrte Edelmetall gab. Mit deutscher Gründlichkeit wurden weitere Expeditionen, ja sogar Minenvorhaben geplant. Aber wieder hatten die Untertanen Kaiser Wilhelms Pech. Der Ausbruch des Ersten Weltkriegs machte einen dicken Strich durch das »Unternehmen Eldorado«. Nach ein paar kurzen Scharmützeln ergaben sich die militärisch unterlegenen deutschen Kolonialtruppen dem angreifenden australischen Expeditionsheer. Mitte 1915 waren alle deutschen Posten unter gegnerischer Kontrolle. Der »Platz an der Sonne« war weg und mit ihm die Träume vom Gold.

Auf den Spuren der kaiserlichen Goldsucher durchstreift Michael Dianda den Dschungel Papuas. Wo die Kolonialisten Gold fanden, muss es noch mehr geben.

Oldörps Erben

Das khakifarbene Hemd klebt am Körper des ausgemergelten Mannes. Seit Wochen schon ist er in den Bergen unterwegs, bewaffnet mit Spaten und Goldwaschpfanne. Ein Helikopter hat ihn mitten im Urwald abgesetzt, und seitdem erkundet er Flusslauf um Flusslauf auf der Suche nach den »Tränen der Götter«, wie die Inka den begehrten gelb glänzenden Stoff nannten. An einer Flussbiegung hinter einem großen Felsen macht er Halt, räumt schnell etwas Gestein zur Seite, sticht mit dem Spaten in den Boden und füllt seine Pfanne mit Sand und Kies. Blitzschnell dreht er die kreisrunde, leicht trichterförmige Pfanne der Marke Eigenbau, um an die schweren Goldkörner zu kommen. Das

Seit 23 Jahren lebt der ehemalige Modeschöpfer Dianda für und vom Goldabenteuer in der Wildnis.

Ganze dauert nicht länger als eine Minute. »Perfektionierte Routine« nennt Michael Dianda das. Anhand der entnommenen Proben sieht er, ob sich die Stelle im Fluss für den späteren Abbau eignet.

Michael Dianda hat einen abenteuerlichen Beruf: Er ist Goldsucher und daher ist Zeit für ihn auch im Dschungel von Papua-Neuguinea bares Geld. »Diese Arbeit ist deshalb so problematisch, weil sie nicht zu kalkulieren ist. Letztes Jahr haben wir über acht Monate ausschließlich exploriert. Es ist zwar ganz gutes Gold dabei hochgekommen, aber wir sind einfach mit den Menschen nicht klargekommen, die an den lohnenden Stellen leben und denen das Land gehört. Wir haben Wochen und Monate damit verbracht, von einer Erkundungstour zur nächsten aufzubrechen, entweder mit dem Helikopter oder mit dem Flugzeug, mit dem Kanu oder zu Fuß, je nachdem in welche Gebiete wir gelangen wollten. Es ist einfach nicht abzusehen, wann ich anfangen kann zu arbeiten, weil ich nie weiß, wann ich das ideale Gebiet finde. Das kann drei Wochen dauern oder drei Monate, das kann aber auch eineinhalb Jahre dauern, wie zum Beispiel jetzt.« Michael Dianda sagt das ohne Groll, denn er liebt

Probenehmen. Tausendfache Routine bei der Jagd nach dem »Eldorado« im Fluss. Doch sobald es goldgelb schimmert, bricht das Fieber aus.

die Arbeit und das Leben in wilder, möglichst unberührter Natur. Vor 23 Jahren hat er dem zivilisierten Leben in Deutschland den Rücken gekehrt, um erst in Südamerika und seit ein paar Jahren in Papua sein Glück und etwas Gold zu finden. Begleitet wird er bei seinen Expeditionen ins Ungewisse von seiner Lebensgefährtin Ariane Golpira. Kennen gelernt haben sich die beiden in ihrem früheren Leben.

Der Laufsteg war die Welt von Ariane, die als Model Designerkleider in den Metropolen Europas präsentierte. Michael entwarf Mode und so sind sie sich irgendwann über den Weg gelaufen. Beide sehnten sich nach einem anderen Leben weit weg von Glitzer und Glamour. Während einer kurzen Verschnaufpause auf den mächtigen Wurzeln eines Urwaldriesen sitzend, erinnert sich Michael: »Ich hatte von klein auf eine tiefe Liebe zur Natur in mir, nur ist man in unserer Gesellschaft ja zu realistisch, um sich vorstellen zu können, als Pilzesammler oder Holzfäller im Wald zu leben.« Deshalb machte er erst eine dreijährige Gärtnerlehre und studierte dann Landschaftsarchitektur. Doch schnell musste er erkennen, dass die Tätigkeit eines Landschaftsarchitekten außer dem Namen eigentlich recht wenig mit Pflanzen zu tun hat, weil drei Viertel der Arbeit im Büro stattfindet. Durch Zufall rutschte der damals 21-Jährige bei einem Ferienjob in die Modebranche. »Da habe ich bald erkannt, wie schnell und einfach mit deutschen Frauen Geld zu verdienen ist«, sagt Dianda schmunzelnd. Er begann, selbst Mode zu entwerfen, die er in Italien produzieren ließ und in Deutschland verkaufte. Mit 22 fuhr er Porsche und war im Jetset von Saint-Tropez und Madonna di Campiglio zu Hause. Mit nur fünf Monaten Arbeit verdiente der clevere Michael seinen Jahresetat, sieben Monate waren frei für »Dolce Vita«. Befriedigend fand er dieses Leben dennoch nicht. Dann half das

Die Goldwaschpfanne ist eine Spezialanfertigung; sie hat die Form südamerikanischer Holzpfannen und ist aus leichtem aber sehr robustem Stahlblech mit einer spitz zulaufenden Vertiefung.

Ariane Golpira, das Ex-Model tauschte den Laufsteg mit dem Urwaldpfad. Hier hat sie gelernt keine Angst mehr zu haben.

Schicksal: »Mit 29 Jahren habe ich eine Story über einen Fluss in Südamerika gelesen, an dem tausende von Menschen Gold wuschen. Mein Abenteurerblut geriet sofort in Wallung, und zwischen Lesen der Geschichte und In-den-Urwald-Gehen vergingen keine sechs Wochen. Ich flog da runter, kaufte bei den Indianern ein Kanu und fuhr diesen Fluss selbst ab. Nach drei Tagen wusste ich, das ist meine Welt.«

»Ja, und ich habe einfach zu lange in die blauen Augen eines goldsuchenden Abenteurers geblickt und erwachte dann in Natur pur,« beschreibt Ariane Golpira ihren Weg in den Dschungel. Auf einer Modenschau ist ihr Michael vorgestellt worden, sie haben sich verabredet, verliebt. Michael war damals schon »Teilzeit-Goldsucher«. Sechs bis acht Monate im Jahr hielt er sich in Südamerika auf, den Rest des Jahres produzierte er immer noch Mode in Italien. Ariane folgte ihm in den Urwald. Was empfand das Model dabei, den Laufsteg mit dem Dschungelpfad zu tauschen, den gewohnten Lebensstil von einem Tag auf den anderen so radikal zu ändern? »Das war beeindruckend, erschreckend, faszinierend, das war eigentlich ein Hammerschlag für einen zivilisierten Menschen.« In Südamerika musste Ariane auch lernen, mit einem Revolver umzu-

In der Dschungelküche. Die Frauen des Clans überraschen die Goldschürfer täglich mit neuen Gerichten – »aus dem Urwald frisch auf den Tisch«.

gehen. Die ersten zwei Kugeln im Magazin waren dabei stets für Schlangen vorgesehen – kleine Schrotpatronen mit 130 kleinen Kügelchen. Den Vorteil dieser Spezialkugeln erkannte die Urwaldnovizin schnell, denn es wäre sehr schwierig, mit einer einzelnen Kugel auf eine sich schlängelnde Schlange zu schießen. Der Revolver gab Ariane Sicherheit und die Schlangenpatronen haben ihr mehr als einmal das Leben gerettet.

In der grünen Hölle

Im Urwald Südamerikas gibt es nicht nur Schlangen, dort ist auch das Reich des Jaguars. Er lebt oben in den Bergkämmen, wird sehr groß und hat in den Gebieten, in denen er noch nicht gejagt worden ist, keine Angst vor Menschen. Der Mensch ist für den Jaguar genauso ein jagdbares Objekt wie ein Tapir oder ein Wildschwein. Schöne Aussichten. Außer von Wildkatzen und Schlangen erzählt Ariane Golpira auch gerne von Ameisen, deren Biss blind macht. Oder von winzig kleinen Fischen, die in sämtliche menschliche Körperöffnungen eindringen. Diese Fische haben Widerhaken an den Kiemen, und sind sie erst einmal in den Körper gelangt, sind sie nicht mehr zu entfernen. Ariane hat selbst miterlebt, wie eine Frau im Hospital ein Kind zur Welt brachte, das von innen her aufgefressen worden war. Die Schwangere hatte den gefährlichen Gast in ihrem Körper nicht bemerkt.

Überleben im Wald. Der Abenteurer ernährt sich von Beeren und Blättern. Eine falsch getroffene Wahl kann tödlich sein.

Wenn man solche Horrorgeschichten hört, ist es verständlich, dass Ariane Golpira Angst vor dem Urwald hatte. Doch Michael zeigte ihr, dass es gegen all diese Gefahren auch Vorsichtsmaßnahmen gibt. »Ich habe bei Michael meinen Urwaldführerschein gemacht«, sagt Ariane lächelnd, »und heute bringt mich eine Schlange oder eine Spinne nicht mehr aus der Ruhe.«

In einer der wenigen Städte von Papua-Neuguinea, das die Einheimischen kurz »PNG« nennen, organisiert Ariane Proviant und stellt die Ausrüstung zusammen. Via Satellitentelefon hat sie von Michael gehört, dass er oben in den Bergen einen viel versprechenden Flusslauf gefunden hat. Ortsnamen und genaue Lagebezeichnungen, darum haben uns die Goldsucher gebeten, sollen nicht veröffentlicht werden. Eine Vorsichtsmaßnahme, Nachahmer könnten das Revier wie bei einem Goldrausch überschwemmen, befürchtet Michael, und Ariane ergänzt, dass ja allein schon das Wort »Gold« bei so manchem kriminelle Energien freisetze. Goldsuche ist ein knallhartes Glücksspiel, bei dem so verschiedene Spieler mitspielen wie Großkonzerne, Bürgerkriegsrebellen und Einzelkämpfer wie Michael. Der hat weder das Geld noch die Ausbildung, um eine geologisch fundierte Erkundung mit Satellitenbildern, Probebohrungen und chemischen Analysen durchzuführen. Wie findet er trotzdem die Goldadern? »Wenn ich mich einem ›heißen‹ Fluss nähere, dann spüre ich eine innere Unruhe, dann merke ich, hier ist irgendwas. Ich sehe mir das Geröll im Fluss an und nehme Proben. Ich verlasse mich auf mein Gefühl und habe damit sehr oft ins Schwarze getroffen«, erklärt Michael ganz offen.

Während Ariane zentnerweise Reis, Mehl, Zucker einkauft, die Ausrüstung für das Camp komplettiert und die Schürfgeräte transportfertig macht, sucht Michael Kontakt zu den Einheimischen, die rund um »seine« Fundstelle leben. Denn nur wenn die Landeigner zustimmen, darf er anfangen zu arbeiten, und nur wenn der Stamm Arbeitskräfte zur Verfügung stellt, kann er mit dem Schürfbetrieb beginnen.

»First Contact«

Für Michael ist das erste Zusammentreffen mit den Menschen im Urwald immer wieder ein sehr spannender und nicht ungefährlicher Moment, denn je weniger Kontakt diese Menschen mit der Zivilisation haben, desto mehr ist ihre Reaktion vergleichbar mit der eines wilden Tieres. Im Urwald müssen sie für ihren eigenen Schutz sorgen, es gibt kein Militär und keine Polizei. Kommt ein Fremder in ihr Gebiet, dann gehen die Eingeborenen erst einmal in Alarmstellung. »Sie haben einen ganz gesunden Instinkt und merken schnell, ob ein Feind oder ein Freund kommt«, erzählt Dianda, der im dichten Grün Rauch entdeckt hat. Ein Hinweis auf

eine menschliche Siedlung. »Die Leute haben mich sicher längst bemerkt, aber es ist besser, sich ihnen offen zu nähern und damit zu zeigen, dass man in friedlicher Absicht kommt«, ergänzt er.

Die Kinder sehen ihn mit großen Augen an, als er vorsichtig durch das kleine Dorf aus Strohhütten geht. Ein kleiner älterer Mann begrüßt ihn. Er trägt Jeans und T-Shirt und unterscheidet sich dadurch von den nackten Kindern und jüngeren Erwachsenen, die eine Art Rock aus Blättern tragen und sich mit verschiedenen Ketten schmücken. Der Mann im T-Shirt ist der Clanchef Elias. Er spricht Pidgin, ein einfaches Sprachengemisch aus Englisch, Deutsch und Holländisch, das Missionare im 19. Jahrhundert erfanden, um eine Verständigung zwischen und mit den vielen unterschiedlichen Stämmen zu ermöglichen.

Nach den ersten höflichen Grußworten, die von den Einheimischen zurückhaltend erwidert werden, erzählt Michael von seinem Vorhaben, Gold aus ihrem Fluss zu graben, es mit ihnen zu teilen und einige Leute aus dem Dorf als Arbeiter, Jäger und Köche in seinem Camp anzustellen. Von Gold haben sie alle

Die Frauen des Stamms bereiten das Essen zu – es gibt Yams, Taroblätter und geraspelte Kokosnuss.

Kleiner Pidgin-Sprachführer

Begrüßungen & Floskeln

Guten Morgen/Good morning	Moning
Wie geht es Dir?/How are you?	Yu stap gut?
Mir geht es gut./I'm fine	Mi stap gut

Fragen & Sätze

Wie heißt du?/	Wanem nem
What is your name?	bilong yu?
Zeig mir/Show me	Soim me
Ist es weit?/Is it far?	Em i longwe?
Nahe bei/Close to	klostu
Es ist ein sehr langer Weg/	
A very long way	longwe tumas
Das gehört mir/That is mine	Em bilong mi
Geh weg!/Go away!	Yu go!

Nützliche Worte

Ja/Yes; Nein/No	Yes; Nogat
Bitte/Please	Plis
Danke/Thank you	Tenkyu
Ein bisschen/a little	liklik
Badezimmer/bathroom	rum waswas
Schlafzimmer/bedroom	rum slip
Krankenhaus/hospital	haus sick
Polizeistation/police station	haus polis
Zeitung/newspaper	niuspepa

Essen

Essen/food	kaikai
Restaurant/restaurant	haus kaikai
Tee/tea	ti
Kaffee/coffee	kopi
Zucker/sugar	suga
Wasser/water	wara

(Aus: Adrian Lipscomb u.a., »Papua New Guinea«)

schon gehört, denn sieben Tagesmärsche vom Dorf entfernt ist eine große Goldmine, die einen ganzen Berg ausgehöhlt hat. Das wollen die Waldmenschen nicht. Ihre Gesichter hellen sich etwas auf, als sie hören, dass der Fluss, in dem Michael arbeiten möchte, nach der Goldsuche genauso aussehen wird wie vorher. Nun, da das Eis gebrochen scheint, erkundigt sich der Deutsche nach den Besitzverhältnissen am Fluss; das ist wichtig, um von vornherein Streit zu vermeiden. Er sucht eine Schürfstelle, die nicht nur genügend Gold verspricht, sondern an der die Leute auch gut miteinander auskommen und nicht im nächsten Tal böse Feinde sitzen haben. »Wir gehen in den Wald, weil wir den Frieden und die Harmonie lieben. Wenn aber zwischen den Eingeborenen Fehden und Disharmonien bestehen, können auch wir unseren Frieden nicht leben. Dann verzichten wir lieber auf die Arbeit und das Gold«, sagt Michael am Ende seiner kleinen Ansprache.

Häuptling Elias nickt bedächtig und bittet den Gast zu bleiben. In einer einfachen Hütte aus großen Blättern könne er übernachten. Frauen bringen frische Kokosnüsse, eine sehr köstliche Erfrischung in der schwülen Hitze des Urwalds. Als es Abend wird, kommen immer mehr Männer ins Dorf, die Nachricht von dem fremden Weißen hat sich wohl herumgesprochen. Am Lagerfeuer beratschlagen sie und beäugen Michael immer wieder ganz genau, der sich oft nur mit Gesten verständigen kann und sich nach einer Weile auch zurückzieht. Die ganze Nacht durch hört er Stimmen und Geräusche. Was haben die Einheimischen vor? Michael ist gespannt, denn nur zu gerne würde er hier am Fluss schürfen, die Stelle scheint ihm ideal. Und auch sein Eindruck von den Dorfbewohnern ist gut. Bisher hat er keinerlei Anzeichen von Aggression entdecken können.

Als der Morgen graut und Michael schlaftrunken aus seiner Hütte blickt, traut er seinen Augen nicht. 200 Männer sitzen in wilder Kriegsbemalung und mit Speeren, Pfeil und Bogen bewaffnet rund um seine Schlafstelle. Keiner spricht ein Wort. Wollen sie den weißen Eindringling damit erschrecken, vertreiben oder ihn gar töten? Mit Feinden wird im Hochland oft kurzer Prozess gemacht. Alle diese Gedanken schießen dem Goldsucher durch den Kopf, als er den grimmigen Kriegern gegenübersteht. Er muss auch an einen Satz denken, den er Ariane immer wieder ein-

gehämmert hat, als sie ihr erstes Jahr im Urwald verbrachte: Angst führt zu Fehlverhalten! Also keine Panik, die Alternativen Flucht oder Kampf sind sowieso aussichtslos.

Langsam erhebt sich ein Mann aus der Mitte der Eingeborenen. Erst im Näherkommen erkennt Michael in ihm Clanchef Elias – er ist in voller Kriegstracht. Was wollen die Männer von ihm? Elias streckt ihm unvermittelt einen Speer entgegen, der mit kostbaren bunten Federn geschmückt ist. Ein Gastgeschenk, Symbol für den Vertrag, den sie nun schließen werden. Der Clanchef erklärt dem sichtlich erleichterten Abenteurer, dass ein Fest veranstaltet wird, um ihre Abmachung zu besiegeln. Doch zuvor müssen die Götter der Berge gefragt werden, ob sie die Schürftätigkeit erlauben. Ein zeremonielles Feuer wird entfacht, in dem verschiedene Opfergaben verbrannt werden. Wenn der Rauch gerade aufsteigt, zeigen die Berggötter damit, dass sie dem

Beim Feueropfer werden die unterschiedlichsten Gaben zu einem Paket verschnürt und in die Flammen gelegt. Steigt der Rauch senkrecht auf, haben die Götter das Opfer angenommen.

Aus den Stammeskriegern werden Arbeiter für Diandas Goldprojekt. Die Zivilisation hält Einzug im Urwald.

Vorhaben gewogen sind; zieht er aber seitlich ab, wird nichts aus dem Geschäft. Gespannt verfolgt der ganze Stamm das alte Ritual. Auch der deutsche Goldsucher hat nur Augen für das Feuer. Endlich! Die weißen Rauchschwaden steigen gerade in den Himmel, die Götter sind einverstanden, und das Dorf feiert mit dem neuen weißen Freund ein Fest, das bis in die Morgenstunden dauert.

Goldrausch am Eddie Creek

Nachdem die Deutschen, bedingt durch die Auswirkungen des Ersten Weltkriegs, ihre Goldpläne in Papua-Neuguinea zu den Akten legen mussten, war es den Australiern vorbehalten, die reichen Bodenschätze des Landes zu erkunden. Gar nicht so weit entfernt von der Stelle, an der Oldörp und Dammköhler erstmals fündig geworden waren, an einem Nebenfluss des Bulolo, erlebt das Hochland von »PNG« seinen ersten richtigen Goldrausch. Im Eddie Creek stoßen Schatzsucher 1929 auf daumendicke Nuggets. Die Nachricht lockt Hunderte, Tausende in die unzugängliche, gut 3000 Meter über dem fernen Meer liegende Region, die außer dem Gold und – bedingt durch die Höhe – einem milden Klima nichts zu bieten hat. Aus schnell zusammengenagelten Bretterbuden entstehen kleine Siedlungen am Eddie Creek und etwas weiter unten, im flacheren Gebiet, der Ort Wau. Wau wird schnell zum wichtigsten Knotenpunkt des Goldrauschs, denn mit Eselskarawanen ist gar nicht genügend Material für die Goldsucher in das Dorado zu schaffen. Wau verfügt über die einzige einigermaßen ebene Landepiste weit und breit – das Flugzeug wird zum Lastesel der modernen Schatzjäger.

Am Eddie Creek beginnt der erste industrialisierte Goldabbau in der Geschichte des Landes. Ununterbrochen sind dreimotorige Junkersmaschinen im Einsatz, um von der Hafenstadt Lae Hydraulikanlagen und Schwimmbagger, Proviant und Baumaterial, Menschen und Maschinen in das Bergland zu fliegen. Eine gewaltige logistische Leistung, deren Dimension erst richtig deutlich wird, wenn man weiß, dass hier in den Jahren von 1929 bis 1931 mehr Tonnen Fracht in die Lüfte gehoben wurden, als im gesamten Rest der Welt zusammen! Das primitive Flugfeld von Wau, zu allem Überfluss auch noch ungünstig an einem Berghang gelegen, ist Anfang der dreißiger Jahre der meistfrequentierte Flugplatz auf dem Globus. Was der Goldrausch benötigt, wird eingeflogen. Die größten Geräte, die in den Dschungel geflogen werden, sind die 2500 Tonnen schweren Schwimmbagger, so genannte »Dredges«; sie müssen, in ihre Einzelteile zerlegt, in mehreren Etappen von den großen Junkers an ihren Einsatzort gebracht werden.

Der gigantische Maschineneinsatz lohnt sich, denn das Goldvorkommen von Eddie Creek ist enorm hoch. Und das Interessanteste: Das Edelmetall liegt direkt an der Oberfläche, nicht etwa unter Unmengen von Geröll verborgen. Die Schaufelbagger haben ein ebenso einfaches wie geniales Arbeitsprinzip: Sie schwimmen auf einem künstlich angelegten Teich, graben sich durch das Erdreich langsam vorwärts und verlegen somit ihren Schwimmteich immer gleich mit. Auch das Wasser zum Auswaschen des Goldes liefert der Teich; es wird nach dem Waschen dem Kreislauf wieder zugeführt. Ein einziger Bagger fördert auf diese Weise enorme Goldmengen zu Tage. Muss er auch, denn der Lufttrans-

Gold, pures Gold. Der Magie seines strahlenden Glanzes kann sich kaum jemand entziehen.

port der Ungetüme verschlingt Unsummen an Geld. An unzugänglichen Stellen, an denen die großen Maschinen nicht eingesetzt werden können, wäscht man das Gestein mit einem starken Wasserstrahl aus. Das goldhaltige Abwasser wird gesammelt und anschließend gefiltert. Danach werden die goldenen Rückstände weiterverarbeitet.

Heute sind die Goldteiche längst versickert und die gigantischen »Dredges« stehen als rostende Mahnmale für die Goldgier des Menschen in der wuchernden Wildnis. Im Zweiten Weltkrieg ging die Produktion in Eddie Creek rapide zurück und hat sich seitdem auch nicht mehr erholt. Die großen Maschinen wurden gestoppt, der Abbau wurde nur noch im kleinen Rahmen weitergeführt. Die Leute aus der Umgebung, die Einheimischen, die von den Goldsuchern mit ihren Maschinen buchstäblich überrollt worden waren, hatten mittlerweile auch mitbekommen, welchen Wert die gelben Steinchen haben. Sie arbeiten noch heute erfolgreich in der Gegend rund um Eddie Creek und sichern damit ihr Auskommen. Oft lohnt es sich für sie sogar auch, die zurückgelassenen Abfallhaufen der großen Schwimmbagger noch einmal zu durchwühlen. Denn jede Goldproduktion, ganz egal in welcher Größenordnung sie betrieben wird, verliert einen gewissen Prozentsatz an Gold. Besonders, wenn man es – wie in Eddie Creek –, mit feinem Gold zu tun hatte und mit viel Wasser gearbeitet wurde. Da floss viel Gold bei der Produktion einfach wieder weg. Etliche der alten Schnitte können deshalb heute nochmals recht rentabel durchgearbeitet werden. Die alten Halden sind mit ihren zwanzig bis dreißig Prozent Goldgehalt reicher als so manche »jungfräuliche« Goldvorkommen, die man heute in Papua-Neuguinea ansicht.

Nuggets, so wie der Fluss sie geformt hat. Der Lohn vieler Wochen harter und gefährlicher Arbeit.

Schwitzen unter Wasser

Aus der Luft kann Ariane die rostenden Ungeheuer vom Eddie Creek und die Wunden, die deren Schaufeln der Natur geschlagen haben, gut erkennen. Die riesigen Halden sind zwar ökologisch kein Problem, doch viel gravierender ist die Abholzung der Berghänge, die mit der intensiven Besiedlung der Region begann. Spuren der Erosion sind überall zu sehen, Erdrutsche beinahe an der Tagesordnung. Dafür hat die deutsche Goldsucherin an diesem Tag allerdings keinen Blick. Mit einem russischen MI-12-Hubschrauber, den sie gechartert hat, bringt sie über fünfzehn Tonnen Proviant, Sprit und Maschinen in das von Michael vorbereitete Camp. Ein teures Unternehmen, aber ohne Hubschrauber wäre die Arbeit hier in den abgelegenen

Die Goldsucher arbeiten abseits jeglicher Zivilisation. Oft ist der Einbaum das einzige Verkehrsmittel in dem undurchdringlichen Dickicht der Wälder Papuas.

Bergregionen überhaupt nicht möglich. Michael hat mit Leuten aus dem Dorf eine Landefläche, einen so genannten Helipad, auf einem Bergrücken freigeschlagen – vermutlich die einzige Stelle in einem Umkreis von fünfzig Kilometern, an der ein Hubschrauber überhaupt landen kann.

Nach einer kurzen Umarmung, Ariane und Michael haben sich immerhin einige Wochen nicht gesehen, beginnen sie sofort mit dem Entladen. Die MI-12 muss heute noch zurückfliegen, einen weiteren Tag Charter können sich die beiden Abenteurer nicht leisten. Zwanzig Einheimische stehen bereit, um die Ladung zum Camp zu tragen. Über den glitschigen Urwaldboden, über umgestürzte Bäume und durch einen Bachlauf schleppen sie alles, was der Bauch des Helikopters hergibt, zu den aus Ästen und Blättern gebauten Hütten, die für die nächsten Monate das Zuhause von Ariane und Michael sein werden. Den Transport der Maschinenteile ins Lager überwachen die Goldjäger besonders kritisch – mit den speziell angefertigten Schwimmdredges will Michael dem Fluss sein Gold entreißen. Geht jetzt etwas schief, wäre das eine Katastrophe, denn Ersatzteile sind hier in der Wildnis unmöglich zu beschaffen.

Ein Staubsauger auf dem Wasser. Damit fördert der Schürfer goldhaltiges Gestein vom Grund des Flusses auf den Riffelsieb seiner »Dredge«.

Der Hubschrauberpilot startet die Turbine, die Rotorblätter knallen und wenige Minuten später schwebt der Helikopter über die Baumkronen zurück in die Zivilisation. Die beiden Goldsucher sind jetzt ganz allein mit der unberührten Natur, mit den Eingeborenen und mit ihrem Traum vom Gold.

Am nächsten Morgen sind die ersten beiden Schwimmdredges schon an einer Flussbiegung zusammenmontiert. Der Motor wird angeworfen, Michael steigt in den Taucheranzug und zieht den dicken Schlauch, der an der Vorderseite der Maschine befestigt ist, mit in die Tiefe. Die Dredge funktioniert wie ein Staubsauger, nur eben unter Wasser. Mit dem Schlauch pumpt der Goldsucher des 21. Jahrhunderts Flussgestein, Kies und Schlamm zur Oberfläche auf das Floß, wo der Motor arbeitet. Das schwere Gold wird über ein Rutschensystem zurückgehalten. Das wertlose Material wandert sofort wieder in den Fluss. Ein einfaches, aber sehr effektives System. »Und ökologisch unbedenklich ist es auch«, sagt Michael stolz, »denn wir hinterlassen den Fluss so, wie wir ihn vorgefunden haben, wenn wir mit unserer Arbeit fertig sind. Die Strömung hätte die Steine über kurz oder lang sowieso weiter nach unten transportiert.« Der spannendste Moment am Tag ist das Auswaschen des Goldkonzentrats, das auf der Rutsche liegen geblieben ist. Das geschieht wie zu Oldörp und Dammköhlers Zeiten mit der Pfanne – eine Tätigkeit, die Michael gerne allein ausübt, um keine Begehrlichkeiten zu wecken.

Auch in seichten Gewässer trägt Dianda einen Taucheranzug. Er schützt ihm bei der stundenlangen Arbeit vor Unterkühlung.

Doch vor das glitzernde Vergnügen haben die Flussgötter den Schweiß gesetzt. Michael wird bei seinen Tauchgängen von Ariane und angelernten einheimischen Tauchern zwar abgelöst, Knochenarbeit bleibt es trotzdem. Man muss nämlich wissen, dass die größten Goldnuggets von den größten Steinen zugedeckt werden. Gewaltige Gesteinsbrocken, die im Fluss bewegt werden müssen, manche wiegen bis zu zehn Tonnen.

Michael arbeitet mit seinen Tauchern an vier bis fünf Maschinen gleichzeitig. Regelmäßig geht er zu jeder Arbeitsstelle mit hinunter, um den Maschineneinsatz zu lenken. Ein immenses Pensum für den mittlerweile 51-Jährigen. Für ihn ist es eine Herausforderung: »Man bleibt natürlich anders fit und anders jung, wenn man so ein Leben führt. Man muss alles im Verhältnis

Flusssand gespickt mit glänzenden Nuggets. Das Riffelsieb hat sie aufgehalten.

sehen. Ich habe heute meine Jungs, die vieles übernehmen, aber speziell wenn wir jetzt in ein neues Gebiet kommen, wo keiner tauchen kann, wo keiner mit der Maschine umzugehen weiß, da muss ich die ersten Wochen ran, und zwar von morgens bis abends. Nach sechs Stunden unter Wasser mit Steine wälzen und Auswaschen und allem ist man abends schon recht fertig.«

Ist das normale Goldsucherleben schon hart genug, so warten in den Bergen Papua-Neuguineas fast täglich neue Überraschungen auf die Glücksritter aus Deutschland. Und nicht nur erfreuliche. Vor zwei Jahren traf es sie besonders hart: Nach Beendigung der Arbeit werden am Abend die Schwimmflöße mit den teuren Maschinen am Ufer festgemacht, damit sie von der Strömung oder unerwartetem Hochwasser nicht mitgerissen werden. Als im Lager längst die Nachtruhe eingekehrt war, schreckte ein heftiges Gewitter Michael aus dem Schlaf. Sofort erkannte er die Gefahr und eilte zum Fluss. Dort war das Wasser sprunghaft gestiegen, weiter oben in den Bergen musste das Unwetter schon viel früher gewütet haben. Von den Flößen fehlte jede Spur. Der reißende Strom hatte sie mitgerissen. Sofort begab sich Michael mit ein paar Helfern auf die Suche. Nach zwei Tagen Marsch am Fluss entlang hatten sie Gewissheit: Alle Maschinen waren an Felsen zerschellt. Die Expedition war zu Ende, 150 000 DM waren von den Fluten verschlungen worden. »Doch das nächste Jahr war dafür umso besser, und wir konnten den Verlust kompensieren«, erzählt der Schatzsucher. Viel schlimmer und ärgerlicher seien die Versuche mancher Helfer, Gold zu stehlen. »Bei der routinemäßigen Überprüfung der Tauchausrüstung merkte ich einmal, dass ein Atmungsautomat nicht genügend Luft gab. Als ich das Teil zerlegte, entdeckte ich mehrere Nuggets in

Mit der Pfanne wird das Konzentrat aus der Dredge ausgewaschen. Übrig bleibt pures Flussgold.

dem Mundstück. Ein Taucher hatte sich unter Wasser Goldstücke in den Mund gesteckt und immer wieder mal eins im Atmungsautomat verloren. So habe ich gemerkt, dass er mich und damit auch seinen Stamm bestohlen hat.«

Von Menschenfressern und parlamentarischer Demokratie

Michael stößt bei einem Erkundungsgang im Dschungel auf das Wrack eines abgestürzten Flugzeugs. Bei näherem Betrachten erkennt er ein Abzeichen der japanischen Luftwaffe. Stummes Zeugnis des Zweiten Weltkriegs, als die Papuas an der Seite der Alliierten gegen die japanischen Invasoren kämpften. Verlustreiche Schlachten wurden geschlagen, um die Söhne Nippons wieder von den Inseln zu vertreiben. Aus einigen Gebieten zogen sie jedoch erst nach der Kapitulation 1945 ab. Der Krieg hinterließ in Papua nicht nur Trümmer, sondern leitete auch einen wichtigen sozialen und politischen Prozess des Umdenkens ein. Der Kolonia-

lismus wurde in Frage gestellt, der Ruf nach Unabhängigkeit im Land wurde lauter. Dennoch dauerte es bis 1962, bis erste dahingehende Schritte eingeleitet wurden. Eine UN-Mission hatte Papua-Neuguinea besucht und festgestellt, dass die Einheimischen nicht in der Lage seien, die Unabhängigkeit von sich aus zu erringen. Deshalb müsse Australien handeln. Seit den Tagen des Ersten Weltkriegs hatte Canberra die Verwaltung über die Inseln ausgeübt. Die Australier kamen den Wünschen der Vereinten Nationen nach und in einem ungewöhnlich zügigen Verfahren wurde das Land schrittweise in die Unabhängigkeit entlassen. Am 16. September 1975 war es dann so weit.

Papua-Neuguinea ist ein rätselhaftes Land mit über 700 verschiedenen Sprachen, unzähligen Clans und ebenso vielen Riten und Geistern.

Seitdem ist »PNG« eine parlamentarische Demokratie nach britischem Vorbild und Mitglied des Commonwealth. Die Queen in London ernennt den Generalgouverneur auf Vorschlag des Parlaments in Port Moresby. Der Premierminister, der die eigentliche Regierungsgewalt ausübt, wird von den Abgeordneten ge-

Dieser junge Papua ist stolz auf seine Narbentätowierung. An die Schmerzen denkt er heute nicht mehr.

wählt. Obwohl das System funktioniert, gibt es im Land noch ein inoffizielles und weitaus stärkeres politisches Geflecht, das mit dem Wort »Clansystem« nur unzureichend beschrieben ist. In einem Land mit über 700 verschiedenen Sprachen, unzähligen Clans und Unterclans, hunderten von unzugänglichen Bergtälern und Flussniederungen ist den Menschen der Stammeshäuptling weit wichtiger als irgendein Anzugträger in Port Moresby. Der »Wantok«, das heißt übersetzt: »der, der meine Sprache spricht«, ist der einzig verlässliche Ansprechpartner für einen Papua. Diese über Jahrhunderte gewachsenen Strukturen sind einfach stärker als das junge Pflänzchen Demokratie mit seinen fernen staatlichen Einrichtungen. So gibt es viele Landesteile, in denen man nie einen Polizisten zu Gesicht bekommen wird – zum Wohle der Gesundheit der Ordnungshüter. Streitigkeiten werden den Stammesältesten vorgetragen und von diesen auch entschieden. Konflikte zwischen benachbarten Clans werden nicht selten mit Messern, Äxten und Speeren ausgetragen. In einigen Gegenden sollen sogar noch uralte Kannibalismus-Rituale ausgeübt werden, getreu dem früher weit verbreiteten Glauben, dass die Geister eines getöteten Feindes einem nur dann nichts mehr anhaben können, wenn man dessen Körper samt Innereien verspeist.

Mord und Totschlag sind bis heute beherrschende Themen auf den Inseln. Port Moresby hat die höchste Kriminalitätsrate der Welt. Die Gewaltbereitschaft der Einheimischen ist für ausländische Besucher oft erschreckend. Ist Alkohol im Spiel, kennen viele »Krieger« kein Halten mehr. In einigen Provinzen gibt es deshalb weder Bier noch Schnaps zu kaufen. Ein lukratives Geschäft für Schmuggler, die in abgelegenen Bergtälern für eine Dose Bier bis zu zehn US-Dollar verlangen können. Ist Alkohol zu haben, trinken die Männer meist so lange, bis das gesamte Familienvermögen durch ihre Kehlen geronnen ist. Frust und Aggression sind oft genug das Resultat solcher Zechgelage. Ariane und Michael wissen um die Gefahr, deshalb gibt es in ihrem Camp keinen einzigen Tropfen Alkohol. Für eine Flasche Whisky sind auf Papua-Neuguinea schon Menschen umgebracht worden.

In »PNG« nach Gold zu suchen ist neben der reinen Schürfarbeit auch eine diplomatische Herausforderung. Obwohl die Regierung in Port Moresby den deutschen Goldwäschern eine

Der Ausflug in das nächstgelegene Bergdorf wird zu einer Entdeckungsreise. Die Kultur der Insel ist von einer überwältigenden Vielfalt.

Kannibalismus

»Als die Weißen getötet waren, schleppten wir sie auf den Tanzplatz und hängten sie an einen Baum und zwar mit dem Kopf nach unten, damit das Blut ablaufen konnte. Die Frauen legten Äste in die Kochgruben und entzündeten die Feuer. Alle waren überzeugt, dass der Sieg der ungeheuren Macht unserer Fetische zu verdanken war. In dieser Stimmung begannen wir den Kriegstanz. Dabei hüpfen wir um die Leiber der Toten und rufen ihnen Schimpfworte zu. Je lauter wir rufen, desto ängstlicher werden ihre Geister. Einige von uns haben Holzkeulen, mit denen sie auf die aufgehängten Körper einschlagen, damit das Fleisch weich wird. Am frühen Morgen wurden die drei in je eine Grube gelegt. Zuvor hatte man ihnen den Bauch aufgeschnitten, die Eingeweide entfernt und die Bauchhöhle mit Süßkartoffeln gefüllt. Kopf, Arme und Beine wurden vom Körper getrennt und nebst der Leber, den Nieren und dem Herzen neben den Rumpf gelegt. Ich habe viermal Menschenfleisch gegessen. Heute weiß ich, dass es falsch ist, das Fleisch anderer Menschen zu essen, damals dachte ich, die Geister der Ahnen wollen es so.

(Aus: Georg Kenntner/Walter A. Kremnitz, »Neuguinea. Expedition in die Steinzeit«)

offizielle Genehmigung ausgehändigt hat, können Ariane und Michael nicht einfach draufloswühlen. Die Provinzregierung möchte auch noch ein Wörtchen mitreden – und wenn diese Hürde überwunden ist, stehen immer noch die Verhandlungen mit den Landbesitzern an. Bevor nicht alle Beteiligten einen Vertrag unterschrieben haben, in dem Rechte und Pflichten genau definiert sind, läuft bei Michael keine Maschine. Für das Schürfrecht erhalten die Landbesitzer fünfzig Prozent des gewonnenen Goldes. Zudem werden aus dem Stamm Arbeiter beschäftigt, die von den Deutschen mit einem festen Lohn bezahlt werden. Da die Besitzverhältnisse in den Bergen für Außenstehende nicht einfach zu durchschauen sind, wartet Michael nach Abschluss aller Verträge vorsichtshalber immer eine Zeit ab, bevor er mit der Arbeit beginnt. Es könnte sich ja noch ein anderer Stamm melden ...

Ein Kind des Dschungels

Nach acht Stunden Arbeit am Fluss ist Michael mit den Tauchern ins Camp zurückgekehrt. Es duftet nach frischem Brot. Aus einem alten Ölfass, Steinen und Lehm aus dem Fluss hat Ariane einen Backofen gebaut, der den Einheimischen den exotischen Genuss einer Semmel verschafft. Zuerst sind sie der Backware gegenüber skeptisch, doch als Ariane den Männern die noch warmen Semmeln mit Cornedbeef und Zwiebeln belegt, verlieren sie ihre Scheu. Überhaupt gelingt es der attraktiven Deutschen sehr schnell, das Eis zu brechen und Zugang zu den Einheimischen zu finden. Ihr Erfolgsrezept: »Zuerst beobachte ich nur. Obwohl ich sehr gerne rede, ist es wichtig, erst einmal zu schauen, zu hören, zuzuhören, was die Leute sagen, um zu begreifen, wie die Abläufe im Clan funktionieren. Es gibt da immer ein bestimmtes System. Und in dieses System musst du dich einfügen. Ich kann nicht einfach sagen: ›Hey Leute, ich komme aus Deutschland und weiß alles.‹ Im Grunde weiß ich überhaupt nichts über das Leben hier. Ich bin eigentlich wie ein Kind, das versucht erwachsen zu werden.«

Beim Essen bemerkt Ariane, dass sich einer der Taucher am Bein verletzt hat. Als sie ihn darauf anspricht, wehrt er ab, das wäre nichts, nur ein Kratzer. Wie so ein »Kratzer« nach einer Infektion aussieht, hat die Campchefin schon oft gesehen. Deshalb gibt es für den stolzen Taucher auch kein Entkommen. Ehe er sich versieht, ist Ariane in die Rolle der Krankenschwester geschlüpft, desinfiziert und verbindet die Wunde. »Es ist uns ein wichtiges Anliegen, den Leuten wenigstens die Grundregeln der Hygiene beizubringen«, sagt sie bestimmt, »denn hier in den Bergen gibt es weder ein Krankenhaus noch einen Arzt.« Kranken- schwester, Köchin, Kummerkasten – und wenn Not am Mann ist, steigt sie auch in den Neoprenanzug und arbeitet an der Dredge. Das verschafft ihr gehörigen Respekt bei den Männern. Bisher blieb sie auch von Annäherungsversuchen der Ur- waldkrieger verschont, ganz im Gegensatz zu ihren Lehrjahren in Südamerika: »In den ersten Jahren habe ich dort immer ei- ne 32er getragen. Man wusste ja nie. Über- all lauerten da Gefahren. Am schlimmsten war für mich der Machismo der Latinos. Papua dagegen ist gerade erst der Steinzeit entschlüpft. Deshalb zeigen die Menschen hier noch echte Gefühle, verstellen sich nicht. In Peru dagegen klopft dir vielleicht jemand nett auf die Schulter und sagt: ›Amigo‹, aber im Endeffekt weißt du nicht, ob du nicht gleich irgendein Messer zwi- schen den Rippen stecken hast.«

Dass an Gold auch jede Menge Blut klebt weiß Michael Dianda nur zu genau. Er hat in seiner über zwanzigjährigen Schürfer- karriere schon so manch brenzlige Situation auf der Jagd nach dem gelben Metall überstehen müssen.

Was macht die magische Faszination des schimmernden Metalls aus? Woher kommt das Fieber, der Rausch?

Trotzdem ist auch in Papua Vorsicht die oberste Maxime. Das gilt besonders im Umgang mit dem Gold. Jeden Tag wäscht Michael das Konzentrat aus, trocknet den Goldstaub über dem Lagerfeuer und bläst die letzten Flusskiesel aus der Pfanne. Dann wird es spannend. Wie viel Gramm hat die Schufterei des Tages gebracht? Der Goldprofi ist zufrieden, die Stelle ist besser als erwartet. Mit etwas Glück sind die Helikopterkosten in einer Woche aus dem Fluss gesaugt. Doch Michael weiß nur zu genau, dass man bei diesem Geschäft den Tag nicht vor dem Abend loben soll. So viel kann dazwischenkommen im Lande Eldorado. Nachdem das Gold gewogen ist, wird es in kleine Tütchen verpackt und versteckt. Nur Ariane und er kennen den Platz. »Das ist unsere Lebensversicherung«, sagt Michael nur halb im Spaß.

Dann zeigt er uns sein Lieblingsstück, ein 106 Gramm schweres Nugget und erzählt uns die Geschichte des tropfenförmigen Goldklumpens: »Das ist das Überbleibsel von 31 Kilo Gold, die ich auf einer einzigen Expedition gemacht habe.«

Michael Dianda war auf der Suche nach dem legendären Gold des Zunkimayo. Bisher ist jeder, der die goldträchtige Stelle des gleichnamigen Flusses entdeckt hat und sie danach nochmals aufsuchte, um sie auszubeuten, im Wald umgekommen – so will es zumindest die Legende. Alle mussten für ihre Goldgier bezahlen. Auch der deutsche Abenteurer musste am Zunkimayo seinen Preis entrichten: »Ich hatte den Fluss um 31 Kilo Gold erleichtert, als ich einen kleinen runden Teich entdeckte, der nach unten in einem Wasserfall auslief. Der gesamte Grund dieses Teichs war mit einer dicken Schicht Gold bedeckt. Ich dachte bei mir, mein Gott, was da noch drinliegt, du kannst jetzt unmöglich gehen. Ich hatte aber ja schon die 31 Kilo und hätte gehen müssen. Es war wie in der Legende, so, als ob ich noch mal zurückgekommen wäre, um mir noch mehr zu holen, statt zu sagen, 31 Kilo ist ja irre, lass mich rausgehen und Schluss machen. Ich habe mich also mit meinen Männern reingesaugt in diese Schicht, wie im Fieber. Ich hatte tolle Männer ... Doch leider habe ich zu spät bemerkt, dass eine faule Pflaume darunter war, ein gewisser Viktor. Er hat sich die Waffen und die Munition geschnappt, die 31 Kilo, die dummerweise in meinem Zelt waren, und ist auf und davon. Während der Hetzjagd nach ihm gab es oben in den Bergen einen gewaltigen Wolkenbruch. Oben in den Kämmen, wo nur eine ganz dünne Humusschicht den felsigen Boden bedeckt, schießen in Sekundenschnelle enorme Wassermassen zusammen. Diese Flutwelle reißt alles mit sich. Wir hatten unser Camp unten am Fluss, wir hatten die Maschine unten am Fluss, wir hatten eigent-

Flussgold, so wie es die Natur geformt hat. Dieser Anblick ist für den wahren Goldsucher der Inbegriff der Schönheit.

*Wer jemals eine so gut ge-
füllte Pfanne in Händen
hielt, kennt die Krankheit:
Goldfieber. Die Heilungs-
chancen sind gering.*

lich alles unten am Fluss, was wir besaßen, und wussten genau, wir schaffen den Weg nicht mehr zurück, um das alles zu retten. Als wir zurückkamen, war unsere ganze Arbeitsstelle weg, die Maschinen, das Camp, es war alles weg. Und dieser Viktor war natürlich auch weg. Das Einzige, was von meinem dicken Fund übrig geblieben ist, ist dieses 106 Gramm schwere Nugget. Und das auch nur, weil ich es nach dem Fund in die Reißverschluss-tasche meines Overalls gesteckt hatte.«

Michael hat das Stück bis heute: »Und wenn ich drei Wochen nur Brot essen muss, das Nugget bleibt in der Sammlung, weil diese Geschichte da dranhängt«, sagt Michael und steckt den glänzenden Klumpen wieder ein. Das Nugget ist so etwas wie sein Talismann geworden, sein Mahner wider die Goldgier.

Neue Träume

Ariane und Michael träumen nicht mehr von Millionen. In manchen Jahren verdienen sie zwar sehr viel Geld, aber das brauchen sie auch, um ihre Freiheit finanzieren zu können. Die Flüge kosten Geld, die Helikopterversorgung, die Maschinen, der Proviant, die Medikamente. Keine ihrer Expeditionen kommt mit weniger als dreißig bis vierzig Kilogramm Medizin aus. Sie behandeln Pilzkrankheiten, Hautkrankheiten, Wunden oder Malaria. Jeden Tag sind eineinhalb Stunden Hospitalzeit eingeplant, in der nichts anderes gemacht wird, als die einheimische Bevölkerung medizinisch zu versorgen. Behutsam wollen die Goldsucher mit den großen Herzen die »wilden Menschen« an die Zivilisation heranführen, um sie auf weitere Begegnungen mit Weißen, die nicht ausbleiben werden, vorzubereiten. So erklären sie den Leuten im Wald auch den Unterschied zwischen einem zwanzig- und einem fünfzig-Kina-Schein, sagen ihnen, wie viel Gold wert ist, damit sie später von den großen ausländischen Firmen nicht übers Ohr gehauen werden.

Die Arbeiter sollen sich, nachdem die Deutschen weg sind, mit ihrem verdienten Geld selbst ein kleines Geschäft aufbauen. »Klein« ist dabei für Michael ein wichtiges Wort. Denn ob im Minengeschäft oder beim Abholzen des Waldes, wenn es im kleinen Stil geschieht, wird den Waldbewohnern nicht die zukünftige Lebensgrundlage entzogen. Der GAU ist für den ökologisch engagierten Goldsucher, wenn die Einheimischen multinationale Konzerne in ihr Land lassen, die in wenigen Jahren die Ressourcen des gesamten Gebiets verbrauchen und dann einfach wieder abziehen. Die Söhne der ehemaligen Wilden wissen danach nicht mehr, wo sie leben sollen, und können ihre Väter nur noch fragen: »Wo soll ich jetzt leben, du hast alles aufgegessen in einer Generation? Wo ist mein Land? Meinen Fluss kann ich nicht mehr brauchen, meine Schweine sind weg, mein Wald ist weg, für mich ist nichts mehr übrig.«

Ungewöhnlich geformte Nuggets erzielen bei Sammlern oder Juwelieren Rekordpreise, die weit über dem eigentlichen, nach Gewicht berechneten Goldpreis liegen.

Auch Ariane ist vom Goldfieber geheilt. Es geht ihr vielmehr um die Faszination, in der Wildnis leben zu können. Da für Nuggets sehr viel bezahlt wird, ungefähr der dreifache Weltgoldmarktpreis, lässt sich dieser Traum realisieren. Warum Nuggets so begehrt sind, ist schnell erklärt. Jedes Stück ist ein Unikat, das von der Natur geformt wurde und das es auf der ganzen Welt nur einmal gibt. Besonders Frauen legen bei ihrem Schmuck immer größeren Wert auf Individualität, und das hat dann eben seinen Preis. Da beim Flussgold-Schürfen relativ oft kleinere und ab und an größere Klümpchen des buttergelb glänzenden Metalls zu finden sind, gelten Ariane und Michael in Fachkreisen als ausgewiesene Nugget-Spezialisten. Im Schnitt sind allerdings von jedem Kilo, das das Duo fördert, 900 bis 950 Gramm feiner Goldstaub, der eingeschmolzen wird. Nur fünfzig bis 100 Gramm des Goldes kann man als Nuggets bezeichnen. Zehn-Gramm-Nuggets kommen etwa alle vier bis sechs Wochen aus der Tiefe des Flusses ans Tageslicht, zwanzig-, dreißig-Gramm-Nuggets so alle drei Monate, und Glücksfälle wie fünfzig- oder 100-Gramm-Nuggets kommen alle paar Jubeljahre einmal vor. Verständlich, dass das eine oder andere Stück unverkäuflich ist und in die Sammlung der Goldsucher wandert. Michael Dianda wurde nach einem Fernsehinterview für sein 106-Gramm-Nugget, das einen Goldwert von 2000 DM hat, 25 000 DM angeboten. Vergebens.

Jeden Abend dasselbe Ritual: Wiegen der Tagesausbeute. Erst dann wird klar, ob sich die Schinderei auch gelohnt hat.

Ärger aus den Bergen

Am späten Nachmittag, wenn die Dredges nach einem Acht-Stunden-Einsatz am Ufer fest vertaut sind und die Taucher erschöpft in ihr Dorf zurückwandern, wäscht Michael mit der Pfanne das Goldkonzentrat aus. Im feinen schwarzen Sand glitzert es. Um die schwarze Spreu vom goldenen Weizen zu trennen, trägt der Goldsucher die Pfanne am Ende sogar mit ins Küchenzelt, nimmt die Kaffeekanne vom Feuer und stellt das zerbeulte Utensil auf die Glut. Schnell trocknet so der Staub. Die leichteren schwarzen Partikel bläst der erfahrene Goldjäger einfach aus, bis nur noch das begehrte »Fleisch der Götter« den Pfannenboden bedeckt. Bei dieser Arbeit legt Michael keinen gesteigerten Wert auf neugierige Blicke; Ariane weiß das und beschäftigt die noch im Camp Anwesenden weit weg vom Kochplatz. Michael ist allein. Auf einer Goldwaage wiegt

174

Das Versteck des Schatzes kennen nur Ariane und Michael. Das ist mehr wert als jede Lebensversicherung.

er die Tagesausbeute und verstaut sie anschließend sorgsam in einem Lederbeutel. Wenn er ganz sicher ist, dass ihn auch ja keiner beobachtet, legt er das Gold in ein Versteck. »Vorsicht ist nicht nur die Mutter der Porzellankiste«, sagt Michael leise, »sie ist im Dschungel schlicht eine Frage des blanken Überlebens.«

Es ist schon dunkel, als plötzlich lautes Geschrei die Stille, die über dem Camp liegt, zerreißt. Fremde scheinen mit dem Watchman George wütend zu streiten. Die Deutschen hatten sich schon in ihr Zelt zurückgezogen, doch als der Disput immer heftiger wird, hält es Michael nicht mehr im Schlafsack. Am Lagerfeuer sieht er George von drei wild gestikulierenden fremden Kriegern umringt. Als er sich der Gruppe nähert, verstummt sie augenblicklich, und das ändert sich auch nicht, als er nach dem

Sie kämpfen für ihre neuen Freunde. Mit Speeren, Äxten und Messern. Wenn es sein muss, auch bis zum Äußersten.

Grund der Diskussion fragt. Wortlos verlassen die drei Krieger das Camp und verschwinden in der Dunkelheit. George wirkt verstört und will auch nicht recht heraus mit der Sprache, nur so viel wird klar, dass es sich bei den Fremden um einen Clan aus dem nächsten Tal handelt, Nachbarn also. Keineswegs beruhigende Neuigkeiten für den Abenteurer. »In Papua hat fast jedes Dorf Feinde, die meistens hinter dem nächsten Berg leben. Es gibt bei uns einige Leute, die nicht ohne Pfeil und Bogen in der Hand arbeiten. Es könnte ja ein Feind über den Berg kommen. Da in den Bergkämmen die Götter und die Geister leben, traut man sich aber meistens nicht hoch. Wenn doch einmal ein Fremder das Land des anderen betritt, wird er erst einmal als Feind betrachtet, und auf den darf geschossen werden.«

Es grenzt fast schon an ein Wunder, dass der nächtliche Disput unblutig endete. Doch für Ariane und Michaels Sicherheit hat sich der Stamm verbürgt: »Wenn wir mit einem Clan zusammenarbeiten, dann stehen wir unter ihrem Schutz, das heißt, wir haben praktisch unsere Privatarmee. Wenn uns einer zu nahe kommen würde, würden die alles um uns herum niedermachen, nur um uns zu schützen.«

Ein Szenario, auf das die Goldsucher gerne verzichten. In der Nacht grübelt Michael viel über die ungebetenen Besucher, eine Clanfehde ist das Letzte, was er bei seiner Arbeit braucht. Beim allmorgendlichen Kaffee spricht er Häuptling Elias an, was er von dem Besuch weiß. Dieser antwortet ausweichend, es ginge um Territoriumsfragen. Was Michael schon ahnt, der Clanchef aber noch nicht zugeben mag: Es geht um den Fluss, die Schürfrechte, das Gold!

Gegen Mittag wird alles klar. Wie aus dem Nichts tauchen wild bemalte Krieger an den Dredges auf und fordern Gold und einen

176

Vertrag mit den Deutschen. Sie behaupten, dieser Teil des Flusses gehöre ihnen. Die Goldsucher versuchen mit den Eindringlingen zu verhandeln, doch dann geht alles blitzschnell. Die Arbeiter greifen zu Pfeil und Bogen und stürzen sich auf die Feinde aus dem Nachbartal. Die Taucher haben sich mit Äxten bewaffnet. Bald liegen die ersten Verwundeten am Ufer, mit klaffenden Fleischwunden, das Wasser färbt sich rot. Aus dem Dorf kommt Verstärkung und nach einer halben Stunde ist der Spuk vorbei. Ariane hat gar keine Zeit, geschockt zu sein, sie versorgt die Verwundeten, und Michael bestürmt Elias: »Ist das der Anfang eines Stammeskrieges? Gehört euch wirklich der ganze Fluss? Sind wir hier noch sicher?« Der nächste Tag wird diese Fragen beantworten, denn während der Nacht bleibt es ruhig. Die Einheimischen fürchten die Dämonen der Dunkelheit.

Die beiden Deutschen bedrängen ihren Clanchef, sie wollen keine weitere Gewalt. Er soll versuchen, mit dem anderen Stamm zu verhandeln. Widerwillig macht sich Elias auf in den Dschungel. Als er nach einigen Stunden ins Camp zurückkehrt, hat er schlechte Nachrichten für die Goldsucher. Die Feinde haben eine Dredge mitgenommen und verlangen die Hälfte des Goldes. Sie beharren darauf, dass der Fluss ihnen gehöre. Elias wiederum sagt, dass das nicht stimmt, da die anderen doch über dem Berg lebten. Er versichert den Deutschen, dass seine Stammeskrieger sie beschützen werden. Außerdem werden sie ihren »Wantok«, ihren Fürsprecher in der Provinzregierung, einschalten. Dann eilt Elias zu seinen Kriegern und gibt Befehle. Eine Gruppe zieht flussaufwärts, der Rest bleibt im Lager. Michael kann seinen Morgenkaffee nicht mehr genießen, er sieht weitere blutige Kämpfe und einen monatelangen Rechtsstreit auf sein Unternehmen zukommen: »Das Problem sind die Leute, mit denen wir nicht zusammenarbeiten. Die gönnen ihren Nachbarn das Gold einfach nicht. Und ehe sie dem anderen etwas gönnen, was sie selbst nicht bekommen, zerstören sie lieber alles.«

Michael installiert sein Satellitentelefon, das er nur in Notfällen benutzt. Er versucht, mit möglichst wenig »Technikballast« in der Wildnis zu leben. Nach wenigen Minuten hat er eine Verbindung mit Steve, dem Chefpiloten des Helikopterservices,

Das unwegsame Bergland
Papua-Neuguineas gehört
zu den am wenigsten er-
schlossenen Regionen der
Welt. Die großen Minen-
konzerne lassen sich von
diesen Schwierigkeiten jedoch nicht aufhalten.

und schildert ihm die Situation. Steve fragt die GPS-Daten der beiden Deutschen im Urwald ab und verspricht, in zwei Stunden bei ihnen zu sein.

Moloch Porgera

Das Dröhnen und Knallen von zwei Rotorblättern lässt die Luft erzittern. »Vladivostok Air« steht in verblassten roten Lettern auf dem Rumpf der unförmig großen Maschine, die schon zu Zeiten der seligen Sowjetunion ein Oldtimer war. Doch die Mi-26 tut im Charterverkehr von Mount Hagen aus seit etlichen Jahren brav ihren Dienst und auf dem Rollfeld von Porgera entsteigen 32 gut gelaunte Männer ihrem Rumpf. Die meisten von ihnen sind Australier, die nach zehn Tagen Heimaturlaub ihre nächste 16-Tage-Schicht antreten. Porgera ist die größte Goldmine in Papua-Neuguinea. 2500 Arbeiter produzieren jährlich 28 Tonnen Gold, bewegen dabei sieben Millionen Tonnen Gestein und hinterlassen ein gigantisches Loch in der Landschaft. Es misst vier Kilometer im Durchmesser und ist fast einen Kilometer tief. In zehn Jahren wird das Goldvorkommen in Porgera ausgebeutet sein, die australischen Ingenieure werden zum letzten Mal in die »Vladivostok Air« steigen. Zurück bleibt eine ruinierte Natur.

Der Moment, wenn der Traum vom Gold Gestalt annimmt. Bei der Goldschmelze im Hochsicherheitstrakt sind nur ganz wenig Eingeweihte zugelassen.

Gewaltige Detonationen erschüttern den Boden. Jeden Tag wird in der Mine gesprengt. Danach kommen die riesigen O&K-Bagger zum Einsatz und beladen Caterpillar-Muldenkipper, die so groß sind wie ein Einfamilienhaus. Das golderzhaltige Gestein wird damit zu den Mühlen gefahren. Erst wenn das Erz klein gemahlen ist, kann es chemisch behandelt werden. In einem aufwendigen Prozess wird das Gold vom Stein geschieden, Zyanid spielt dabei eine entscheidende Rolle. Die Minenmanager sind stolz darauf, dass sie durch technische Verbesserungen jedes Jahr

Kaskaden aus Gold im Wert von mehreren Millionen Euro.

weniger dieses Blausäuresalzes benötigen. Die Umweltschäden sind jedoch nicht zu übersehen. Eine rötliche Brühe fließt unterhalb des Minenkomplexes ins Tal, wo einst ein romantischer Bergbach rauschte. Fische sind hier Fehlanzeige.

Im Hochsicherheitstrakt der Anlage wird aus pulverisiertem Konzentrat das Gold geschmolzen. Nur den wenigsten der 2500 Mitarbeiter von Porgera ist der Blick auf den spannenden Moment erlaubt, wenn aus dem Schmelztiegel das flüssige Gold in die Barrenformen rinnt. Sicherheit hat oberste Priorität, deshalb wissen auch nur ganz wenige, wann die nächste Lieferung mit dem Hubschrauber ausgeflogen wird. Der Landweg wäre für den Goldtransport viel zu riskant. Bewaffnete Banden überfallen beinahe regelmäßig die Sattelschlepper, die schwere Maschinenteile nach Porgera bringen, die nicht eingeflogen werden können. Die 300 Kilometer lange Strecke durch das Bergland ist von der Polizei nicht zu kontrollieren, deshalb sind die Führerhäuser der Lkws vergittert, die Fahrer tragen Revolver. Die Mine hat viele Menschen der Bergregion entwurzelt. Auf der Suche nach Arbeit sind Zehntausende nach Porgera gekommen, doch nur ein Bruchteil fand eine dauerhafte Anstellung. Um das Geld der Glücklichen schlagen sich fliegende Händler, Imbissbuden, Spielhöllen und Schmuggler. Diese Zunft bringt über verschlungene Pfade auch Whisky und Bier nach Porgera – Besitz und Konsum sind in der ganzen Region strengstens verboten.

Michael Dianda sieht seine Arbeit in Papua als Gegenkonzept zu Porgera und den anderen großen Minen im Land. Da diese einen großen Teil zum Staatshaushalt beisteuern, ist ihre Machtstellung enorm und eine wirkliche Kontrolle ihrer Aktivitäten in den unzugänglichen Bergregionen ohnehin fast unmöglich. Haben sie einmal das Schürfrecht in der Tasche, ist ihre Handlungsfreiheit uneingeschränkt. Michael findet es zynisch, »dass die Weißen nach Abschluss der Arbeit einfach wieder in ihr heiles Land zurückgehen. Ihr eigenes Land würden sie nicht so einfach und schnell zerstören wie das fremde. Deshalb bringen wir den Einheimischen bei, lieber die Arbeit im Kleinen zu tun, dafür aber sicherzustellen, dass auch nachfolgende Generationen noch mit der Natur und von der Natur leben können.« Michael versucht möglichst vielen Einheimischen das Know-how des Goldschürfens mit Pfanne und Kleinsaugapparaten beizubringen, damit sie ihre Familien auch noch ernähren können, wenn die Deutschen einmal nicht mehr da sind. Er erklärt ihnen, dass sie mit dieser Methode ihre Natur nicht zerstören, sondern nur das tun, was die Strömung im Fluss macht: nämlich Steine umdrehen und talwärts transportieren. »Denkt immer daran, dass eure Kinder auch noch sauberes Wasser zum Trinken brauchen«, sagt der Öko-Goldsucher immer wieder.

Das geschmolzene Edelmetall wird in Barren zu je zwanzig Kilogramm gegossen. Ein kleines Vermögen bei einem Weltmarktpreis von über 1000 Euro pro Kilogramm.

Die Evakuierung

Steve ist mit seinem Bell-Jet-Ranger am Helipad gelandet. Ariane und Michael verabschieden sich von ihren Arbeitern, die mittlerweile ihre Freunde geworden sind. Elias, der Chef des Clans, kann es gar nicht fassen, dass die beiden so einfach gehen, mit den »Brüdern« vom Nachbartal würden seine Leute schon fertig werden. Doch der Entschluss steht fest. Schnelles Reagieren hat den Abenteurern schon mehrfach das Leben gerettet. Nur das Notwendigste packen die beiden zusammen, Proviant und die komplette Ausrüstung bleiben im Wald. Der Jet-Ranger könnte das Gewicht gar nicht tragen. Aus dem Goldversteck holt Michael die schweren Ledersäckchen, Zeit zum Abrechnen mit dem Clanchef ist keine mehr. Geteilt wird trotzdem. Drei der sechs Beutel bleiben im Dschungel, Elias verbirgt sie unter seinem Lendenschurz. Ein letzter Rat des Deutschen an den Häuptling: »Versteck das Gold gut, zeige es vorerst niemandem, und verkaufe es nur an jemanden, dem du vertrauen kannst. Und vergiss nicht, die gelben Steine sind kein Menschenleben wert!«

Nach sechs Wochen ist ein Traum geplatzt. Die Leute im Wald hatten zu den Fremden Vertrauen gefasst. »Mama« und »Papa« nennen manche im Camp sie liebevoll. Sie haben Hilfe und Veränderung gebracht und jetzt soll plötzlich alles aus sein? Elias fleht Michael an: »Bitte bleibt, ihr habt uns so viel beigebracht, ihr könnt uns jetzt nicht einfach allein lassen, wir brauchen euch.« Die Situation ist herzzerreißend. Die Rotoren des Hubschraubers drehen sich bereits, als sich der erfahrene Goldsucher mit Tränen in den Augen verabschiedet: »Was soll ich tun? Wir müssen raus hier, wir wollen keinen Krieg um das Gold auslösen. Wir haben versucht, euch das Bestmögliche mitzugeben. Jetzt müsst ihr auf eigenen Beinen stehen, macht was daraus.« Die Krieger, mit ihren Knochen durch die Nase und ihren Speeren in der Hand, weinen wie die Kinder und krallen sich an den Deutschen fest. Ariane und Michael haben die Gesichter noch vor Augen, als sie längst im Hubschrauber sitzen und über die dicht bewaldeten Abhänge der bizarren Bergwelt des Hochlands fliegen. Sie wollen zurückkommen, wenn sich alles beruhigt hat, denn die mehrere hunderttausend Mark teure Ausrüstung liegt noch am Fluss. Ihr Arbeitsgerät ist ihr Kapital, ein Teil ihres Lebens.

Port Moresby, Hauptstadt von »PNG«, erreichen die beiden Goldabenteurer nach einer mehrtägigen Odyssee quer über die

Gold schmilzt bei 1063 Grad Celsius. Die Arbeiter tragen deshalb Schutzanzüge.

Insel. Viele Inlandsflüge von »Air Niugini« waren gestrichen worden, nachdem eine Protestkundgebung von Studenten in der Hauptstadt von der Polizei mit brutaler Gewalt niedergeschlagen worden war. Das Resultat: zehn Tote und das Land am Rande eines Generalstreiks. Da nehmen sich die Probleme der Schatzsucher geradezu klein aus. Am Abend haben sich die beiden, nachdem sie sich in einem bequemen Zimmer im »Airways Hotel« eingemietet und genüsslich ein Vollbad genommen haben, mit ihrem Anwalt verabredet. Auf der Terrasse des Luxushotels, hoch über den Wellblechdächern der Stadt, spürt man nichts von den Unruhen. Leise Pianomusik mischt sich mit einer kühlen Brise, die vom Meer her weht, die Menschen sitzen gut gelaunt bei Chateaubriand und einem trockenen Chablis. Die Stimmungslage von Ariane und Michael trübt sich jedoch sofort wieder, als der Advokat ihnen berichtet, dass der zuständige Provinzrichter

»Gelbes Geld«. Wie viele Menschen mussten dafür schon sterben?

ihr gesamtes Equipment beschlagnahmen könne, bis die Besitzverhältnisse am Fluss juristisch geklärt seien. Und das kann dauern in »PNG«.

»Degussa« – Deutsche Gold- und Silber-Scheideanstalt

Die Sonne taucht die langen Korridore in gleißend weißes Licht. Ariane Golpira besucht in den Labors der »Degussa« bei Hanau einen guten Freund. Professor Hans-Gert Bachmann war lange Jahre für das Unternehmen auf der ganzen Welt unterwegs, um Goldlagerstätten zu erkunden. Er ist einer der renommiertesten Fachleute, wenn es um das Edelmetall mit der Ordnungszahl 79 geht. Aurum – Gold ist nicht gleich Gold, und Bachmann kann mit verschiedenen Analyseverfahren die Qualität, das heißt die

Einst galt Gold als heilig, wegen seines unzerstörbaren Glanzes. Die Menschen sahen in ihm ein Geschenk von Mutter Erde.

Reinheit des Goldes messen. Deshalb ist die Goldsucherin nach ihrer Rückkehr aus Papua auch zu ihm gekommen. Sie will wissen, wie gut die Nuggets sind. Professor Bachmann benötigt dazu nur ein kleines Körnchen aus Arianes Lederbeutel. Dann beginnt er sein Analyseprogramm mit der klassischen Feuerprobe. Sie ist die älteste und nach wie vor die zuverlässigste Art der Goldanalyse. Immer, wenn es darum geht, ganz exakte Goldgehalte zu bestimmen, greift man auf die Feuerprobe zurück. Die Königliche Münze in England wendet das Verfahren seit 1283 bis zum heutigen Tage immer noch ausschließlich an.

Die Feuerprobe basiert auf der einfachen Tatsache, dass Gold in der Natur niemals rein vorkommt. Stets ist es mit Silber legiert und enthält meist noch andere Verunreinigungen. Um diese vom Gold zu trennen, wird die Probe zuerst mit Blei zusammengeschmolzen; in einer zweiten Stufe werden die Verunreinigungen vom Edelmetall getrennt. Das ist ein sehr einfacher Vorgang. Die geschmolzene Masse, in der sich alle Stoffe befinden, wird in kleinen schüsselförmigen Tontiegelchen einem starken Luftstrom ausgesetzt. Dieser Luftstrom oxidiert das Blei zu Bleiglätte, die auch die Verunreinigungen enthält. Die sehr dünnflüssige Bleiglätte wird begierig von dem porösen Tiegelchen aufgesogen. Das ursprünglich enthaltene Edelmetall bleibt bei diesem Oxidationsprozess zurück. Noch allerdings sind Gold und Silber in der Probe vereint. Die Trennung dieser beiden Stoffe erfolgt anschließend in einem Bad aus verdünnter Salpetersäure. Das Gold bleibt als das edlere Metall unbeeinflusst zurück. Vergleicht man nun Ausgangs- und Endgewicht der Probe, hat man den Reinheitsgrad des Goldes bestimmt.

Ariane ist sehr gespannt, als der Professor ihr das Ergebnis der Untersuchung mitteilt – immerhin stecken jede Menge Schweiß, Entbehrung und Gefahr in den gelben Körnern. Bachmann beginnt seinen Vortrag: »Schon von der Farbe her habe ich das Gold auf einen Reinheitsgrad von ungefähr 95 Prozent geschätzt. Die Feuerprobe hat dies noch übertroffen: Mit 97 Prozent ist das Gold sehr hochwertig.« Die Goldsucherin ist glücklich, denn sie weiß, dass ein so guter Wert selten vorkommt. Man kennt aus Papua auch Gold, das bis zur Hälfte Silber enthält. Die Griechen nannten diese Legierung, die auch eine andere Farbe hat, Elektron.

Heute ist Gold »Big Business«. Das große Geschäft wird von multinationalen Konzernen beherrscht.

Der »Gold-Professor« zeigt Ariane Golpira anschließend noch die neuesten Verfahrenstechniken der »Degussa-Labore« – so zum Beispiel die Röntgenfluoreszenzanalyse, die völlig zerstörungsfrei arbeitet. Das zu untersuchende Gold wird zunächst mit einem energiereichen Röntgenstrahl beschossen. Dieser regt die Eigenstrahlung aller in der Probe enthaltenen Elemente an, die über ein kompliziertes elektronisches Registriersystem erfasst werden. Aus der Intensität dieser Röntgeneigenstrahlung ist das Maß für die Konzentration der Elemente, die in dieser Probe enthalten sind, herauszulesen. Im Fall von Golpiras Gold aus Papua-Neuguinea bestätigt die Röntgenfluoreszenzanalyse den hohen Reinheitsgehalt des Edelmetalls. Die Oberflächenuntersuchung mit dem Rasterelektronenmikroskop sagt dem Spezialisten auch, dass es sich bei der Probe um Flussgold handelt. »Na, das hätte ich Ihnen aber auch so sagen können«, scherzt Ariane ausgelassen beim Abschied.

*Gold, Glück, Gier, Gewalt.
Der magische Glanz hat
den Verstand des Men-
schen schon oft getäuscht.*

Der Glanz des Goldes: Glück oder Fluch?

Michael hat gerade Frühstück gemacht, als Ariane mit der guten
Nachricht nach Hause kommt. Er genießt es, nach den Monaten
der Strapazen wieder einmal in einem weichen Bett ausschlafen
zu können, sich ein warmes Bad einlaufen zu lassen und danach
gemütlich in ein frisch gebügeltes Hemd zu schlüpfen. Doch die
Gedanken der beiden Abenteurer kreisen schon nach wenigen
Tagen wieder um das Gold und die Menschen von Papua-
Neuguinea. »Das wird uns nie mehr loslassen«, meint Michael
wehmütig. »Wir haben dort eine phantastische Goldkonzentra-
tion gefunden und Menschen, die uns sofort ins Herz geschlossen
haben. Ob wir wirklich zurückgehen, das wird das Schicksal zeigen, aber im Moment haben wir nicht vor, uns durch die aufge-
tretenen Schwierigkeiten davon abhalten zu lassen. Die Unbe-
rührtheit der Natur, die Ursprünglichkeit der Menschen dort, das
fasziniert uns einfach.« Für Ariane und Michael ist die Zeit im
Dschungel wie ein Aufenthalt im Paradies gewesen, den sie mit
ihren Goldnuggets finanzieren konnten: »Das größte Geschenk
und das Schönste, was mir im Urwald passiert ist, ist, dass ich

angstfrei geworden bin. Das heißt nicht, dass ich kopflos durch den Wald renne, jeder Mensch hat Angstgefühle. Man denkt an die Zukunft, seine Gesundheit, Giftschlangen. Doch ich habe im Dschungel gemerkt, dass ich mit allem fertig werden kann. Das gibt dir ein unwahrscheinlich gutes Gefühl und dann kannst du das Leben richtig genießen«, meint Ariane.

Das Leben der Goldsucher von Papua ist spannend, jeder Tag läuft ab wie ein Kriminalfilm. Sie wissen nie, wann und wo sie auf Gold stoßen. Auf einmal ist der Felsboden frei und da liegt einfach ein gelber Teppich. »Das kann man eigentlich nur nachvollziehen, wenn man so etwas wirklich einmal miterlebt und gesehen hat«, meint Michael. »Dann beschlägt mir jetzt nach 23 Jahren noch die Taucherbrille, so schwitze ich unter Wasser und kann es erstmal gar nicht fassen, wie wunderbar das aussieht.« Beinahe noch häufiger als auf Gold stoßen sie jedoch auf Probleme. Der letzte Konflikt war kein Einzelfall. Der Glanz des Goldes repräsentiert für sie auch das Böse, die Versuchung des Menschen. Generationen von Goldsuchern mussten diese bittere Erfahrung schon machen, haben ihr »Goldfieber« teuer bezahlt, wie Oldörp und Dammköhler. Es bleibt zu hoffen, dass Ariane und Michael ihren Traum vom grünen Paradies mit den goldenen Flüssen noch lange weiterträumen können.

Peter Prestel

Unsere Zeit mit den Goldsuchern Ariane und Michael geht zu Ende. Nicht lange, dann werden die beiden wohl wieder zu einem neuen Abenteuer in den Dschungel aufbrechen.

Dieser »Zug nach Nirgendwo« wurde einst für den Abtransport von Geröll in einer Goldmine in der Tundra, kurz unterhalb des Polarkreises, angeschafft. Er wurde einfach zurückgelassen als die Goldsucher weiterzogen.

DAS GOLD VOM WILDEN STROM

Hier herrschten Chaos und
Gewalt. Die Überreste der
Pieranlagen in Dyea erin-
nern an die wüsten Tage
des Goldrauschs. Über
Nacht entstand eine Stadt
aus dem Nichts. Professor
Dieter Harmening beginnt
hier seine Suche nach den
Deutschen im Goldrausch.

Der größte Goldrausch der Geschichte löste von 1896 an eine wahre Völkerwanderung in den eisigen Norden Kanadas und der USA aus. Unter den Abenteurern waren auch tausende Deutsche. Gehörten sie zu den »lucky few«, die Gold fanden, oder scheiterten sie in der Wildnis? Eine abenteuerliche Spurensuche entlang des Yukon beginnt.

NOCH HEUTE IST die verlassene Bucht von Dyea am Lynn Kanal in Alaska ein magischer Ort. Gespenstisch ragen einige Dutzend grün vermooste Holzpfosten aus dem Sand am Ufer des Pazifik. Die Flut hat tote Fische an Land gespült. Links und rechts der Bucht ragen schneebedeckte Berge in den Himmel. Professor Dieter Harmening betrachtet die überwucherten dicken Pfosten. Die Anordnung der Holzstämme erinnert an prähistorische Kultanlagen – und doch liegt die große Zeit dieses einsamen Strandes nur knapp 100 Jahre zurück. Die Stumpen, die hier mahnend in den Himmel ragen, sind die letzten Hinweise auf eine blühende Hafenstadt, die 1897 binnen weniger Wochen aus dem Boden gestampft worden war.

Dyea war neben dem benachbarten Skagway der Ausgangspunkt für abertausende Männer und Frauen, die während des großen Goldrauschs von 1897 bis 1899 in ihren Heimatländern alles stehen und liegen ließen, um zu den gerade entdeckten Goldfeldern am Klondike, einem bis dahin unbekannten Nebenfluss des Yukon, aufzubrechen. Der heute verlassene Strand von Dyea wurde damals von einer wahren Invasion heimgesucht: Waren und Ausrüstungsgegenstände aller Art wurden mit Flößen von den Dampfern an den Strand gebracht. Bald bauten findige

Binnen Wochen, teilweise nur Tagen entstanden während des großen Goldrauschs ganze Städte. Alles musste mühselig herangeschafft werden.

Geschäftsleute die ersten Landungsbrücken, aber diese vereisten so schnell, dass immer wieder Menschen beim Versuch, an Land zu gehen, in das eiskalte Meerwasser fielen. Wenn es überhaupt gelang, sie aus dem Meer zu ziehen, waren ihre Kleider steif gefroren, die Körper stark unterkühlt.

Die ersten Warenhäuser wurden zur wichtigsten Anlaufstelle für die Neuankömmlinge. Nahrungsmittel, Werkzeug und jegliche Spezialausrüstung für die Goldsuche waren heiß begehrt – und in der Wildnis Mangelware. Für Pferde erzielte man, egal wie klapprig sie auch sein mochten, die damals horrende Summe von 600 Dollar. Doch die vom Goldfieber gepackten Menschen aus aller Welt kümmerte weder der Schlamm auf den Straßen noch der Dreck in den verlausten Unterkünften oder die vielen Halsabschneider, die nur darauf warteten, ihnen das Geld aus den Taschen zu ziehen. Nach wenigen Wochen hatte Dyea eine Einwohnerschaft von 10 000 Menschen und war damit die größte Stadt im damals völlig unerschlossenen Alaska.

Heute stehen an der Hauptstraße von Dyea zehn Meter hohe Bäume. Lediglich eine schiefe Holzfassade, die aus einer einzigen

Wand besteht, erinnert an die Menschenmassen im Goldfieber, die vor über 100 Jahren die Straßen zwischen den eilig zusammengezimmerten Bauten bevölkerten.

Dieter Harmening ist emeritierter Professor für Volkskunde der Universität Würzburg. Ihn beschäftigt seit Jahren die Frage, was aus den Auswanderern wurde, die vor allem im 19. Jahrhundert Deutschland verließen. Neugier und sein Hobby führten ihn vor über zehn Jahren zum ersten Mal an den Yukon. Der agile Mann ist dem Wasser seit seiner Jugend verbunden und wollte ursprünglich Seemann werden. Er fuhr als Matrose auf Handelsschiffen nach Chile und Asien – auch auf der legendären »PAMIR«, die 1957 im Atlantik versank und deren Untergang damals eine der ersten nationalen Katastrophen der noch jungen Bundesrepublik war. Erst später studierte er Volkskunde.

Zu seiner Forschungsarbeit über die deutschen Auswanderer in Alaska ist er auf ungewöhnliche Weise gekommen. Seine Leidenschaft für das Wasser und für seinen »Klepper«, wie er sein Faltboot nennt, hatte ihn zu einer Bootstour auf dem Yukon animiert. Für Paddler eine ungewohnte Herausforderung, denn der Fluss, der fast ganz Alaska durchquert, ist nicht nur wegen seiner Strömung für einen Kanuten interessant. Er führt noch heute durch weitgehend unbewohnte Gebiete. Auf diesem Strom ist die Einsamkeit zu finden, die Ruhe, nach der man sich auf deutschen Flüssen vergeblich sehnt. Tagelang kann man sich auf diesem legendären Strom treiben lassen, ohne auch nur einem Menschen zu begegnen. Der Fluss bestimmt die Landschaft, nicht die Zivilisation.

Ausgerechnet auf seiner ersten Urlaubsreise in diese verlassene Wildnis machte Dieter Harmening eine aufregende Entdeckung. An den Ufern des Flusses fand er immer wieder merkwürdige Holzreste.

Nur noch eine Fassade ist von der Goldgräberstadt Dyea übriggeblieben. Das einstige Stadtgebiet wurde von der Wildnis zurückerobert.

Ruinen von Blockhäusern, die offenkundig seit vielen Jahren leer standen – ehemalige Goldgräbercamps. Routinemäßig inspizierte der Wissenschaftler auch die Friedhöfe im Umkreis der Camps. Für Volkskundler sind Gräber und vor allem die Grabsteine eine wertvolle Quelle, denn aus den Namen der Toten und den Grabinschriften können sie Rückschlüsse auf Herkunft, Beruf und Lebensweise der Verstorbenen ziehen. Die Ausgestaltung der Gräber verweist auch auf wirtschaftliche Bedingungen und kulturelle Verflechtungen. Auf einem kleinen unscheinbaren Indianerfriedhof in Circle, mitten in Alaskas Nirgendwo, stieß er zufällig nach einem anstrengenden, kräftezehrenden Tag auf dem Fluss auf eine Inschrift, die ihn faszinierte: »Mrs. Massman, native german«. Das Grab musste, nach Konstruktion und Lage zu urteilen, aus der Zeit des Goldrauschs stammen. Sein wissenschaftliches Interesse war geweckt.

Spurlos in Amerika verschwunden

Die deutsche Auswandererforschung hat sich zwar intensiv mit den Gründen für den Aufbruch aus unterschiedlichsten Regionen nach Nordamerika beschäftigt, aber selten sind Wissenschaftler der Frage nachgegangen, was aus den Menschen wurde, nachdem sie die neue Welt betreten hatten. Noch nie hat sich – nach allem, was wir wissen – ein deutscher Wissenschaftler auf die Spur der deutschen »Stampeder«, wie man im hohen Norden die vom Goldrausch Besessenen nennt, gemacht. Was man dagegen immer wieder hört, sind Mythen über kleine Leute, die im Goldrausch zu Reichtum gekommen sein sollen. Doch was wurde aus den Deutschen im Goldfieber wirklich? Das ist seit seinem ersten Besuch am Yukon die zentrale Frage von Harmenings Forschungsreisen.

Wenn es deutsche Goldsucher gab, müssen sie auch in Dyea angelandet sein. Sofort nach dem Entladen der Ausrüstung auf dem Strand begann ein existenzge-

Das Grab eines deutschen in Dawson City. Peter Creamer starb 1899 auf den Höhepunkt des Goldrauschs. Wie er sein Leben verlor, ob bei einer Schießerei oder einem Unfall, wissen wir nicht.

fährdender Wettlauf gegen die Zeit. Wer sich keine Pferde leisten konnte, musste seine Kisten und Koffer mit Muskelkraft vor der anrückenden Flut in Sicherheit bringen. Der Kampf gegen die Natur bot hier, am Rande des Pazifik, bereits einen kleinen Vorgeschmack auf das, was noch kommen würde. »Ich sah kräftige Männer in Tränen ausbrechen, wenn sie es nicht schafften, ihre Sachen vor der Flut in Sicherheit zu bringen. Sie hatten ihre begrenzten Bargeldbestände für ihre Ausrüstung ausgegeben, und nun wurden ihr Mehl, Zucker, Backpulver, Salz, ihre getrockneten Kartoffeln und Trockenfrüchte vom Salzwasser zerstört. Sie hatten weder die Zeit noch das Geld, um diese Vorräte zu ersetzen. Und damit waren ihre Chancen, die Goldfelder am Klondike zu erreichen, dahin. Ein fürchterlicher Rückschlag selbst für die stärksten Männer«, berichtet ein Augenzeuge 1898.

Heute sind nur noch einige Fundamente der Stadt Dyea übrig. Der einstige Goldgräberhafen, der chaotische wilde Ausgangspunkt der Hoffnung Hunderttausender, existierte nur ein Jahr.

Es war die letzte Hoffnung. Dicht gedrängt werden Neuankömmlinge in Nome an der Beringsee an Land gesetzt. Alle träumten vom schnellen Reichtum.

Schon 1899 wurde der neu gegründete Ort zu einer Geisterstadt. Gold wurde im damals völlig unerforschten Alaska, das einst zum russischen Zarenreich gehörte, schon geschürft, als davon in Europa noch niemand etwas vernommen hatte. Entlang des Yukon wurden fast dreißig Jahre vor dem großen Goldrausch um 1870 die ersten Goldgräbercamps eingerichtet. »Fortymile« mitten in Alaska war eines dieser legendären Camps. Die Goldgräber dieser frühen Epoche hatten nur wenig Gepäck: Ein Rucksack, eine Schaufel, eine Goldpfanne und vielleicht noch ein paar Schneeschuhe für den plötzlichen Wintereinbruch, daraus bestand oft ihre gesamte Ausrüstung. Zu dieser Zeit herrschten in Alaska, das erst um 1848 durch die Gründung der Handelsposten Fort Yukon und Fort Selkirk durch die Pelzhändler der »Hudson Bay Company« auf den Landkarten der westlichen Welt erschien, fast paradiesische Zustände. Es gab keine Fürsten oder staatliche Institutionen. Steuereintreiber waren gänzlich unbekannt. Die Goldgräber verband ein erstaunlicher Ehrenkodex. Man teilte das Wissen über neue Goldfunde brüderlich und konnte sich aufeinander verlassen. Händler räumten den Goldgräbern freiwillig Kredit für Ausrüstung und Lebensmittel für ein Jahr im Voraus ein. Das Ehrenwort, bei erfolgreicher Goldprospektion zu zahlen, genügte als Sicherheit. Im amerikanischen Teil Alaskas blieb den Goldgräbern auch nichts anderes übrig, denn es gab nicht einmal Polizisten oder Richter. Die Freiheit des Einzelnen wurde durch nichts und niemanden eingeschränkt. Diese Zustände sollten sich dramatisch ändern, als im Sommer 1896 am Klondike Gold in einer bisher nie da gewesenen Menge gefunden wurde.

Amerika im Goldfieber

Im Herbst des Jahres 1897 dampften zwei Schiffe von Alaska in Richtung Seattle und San Francisco. An Bord achtzig Goldgräber, die noch ihre verschlammte Kleidung aus den Yukon-Bächen trugen, und eine wertvolle Fracht: Gold! Gold in Koffern, Gold in Seesäcken, Goldstaub in Ledertaschen, in Tomatendosen, Medizinflaschen. Goldbarren, so schwer, dass nur zwei Männer sie überhaupt tragen konnten. Die Barren waren frei zugänglich an Deck gestapelt – ihr Gewicht war die beste Versicherung gegen

Diebstahl. Insgesamt waren drei Tonnen Gold in Form von Nuggets, Barren und Goldstaub an Bord der beiden Schiffe. Die Männer an Deck, vor wenigen Monaten noch arme Schlucker, sahen jetzt hoffnungsvoll einer besseren Zukunft entgegen. Sie stammten aus aller Welt, hatten nun aber eines gemeinsam: Sie kamen von den auf keiner Landkarte verzeichneten Bächen am Klondike, deren klingende Namen »Eldorado« und »Bonanza« bald wie ein Lauffeuer um die Welt gehen sollten.

Darstellung des Goldabbaus auf einer Zigarrenkiste. Neben Kaffee und Zucker waren Zigarren eines der wichtigsten »Lebensmittel« der Goldgräber.

Als die Schatzschiffe die Küste erreichten, rissen sie ein Amerika aus dem Schlaf, das geprägt war von Buffalo Bill und Mark Twains Romanen. Sie waren unverhoffte Glücksboten in einem

Land, in dem die anhaltende Rezession die Reichen reicher und die Armen ärmer machte. Gold war das Einzige, was Bestand hatte in jenen wirtschaftlich schwierigen Zeiten. In Europa wurde Gold dringend als Währungsreserve benötigt, und auch in den USA war das blinkende Edelmetall Mangelware. Ein Golddollar war doppelt so viel wert wie ein Papierdollar. Man hortete Golddollars in Zuckerdosen und Strümpfen, versteckte sie unter den Fußbodenplanken.

Tonnenweise wurde das Gold in den Safes der Banken und Minen in Dawson City gestapelt.

Die Nachricht, dass die »Excelsior« mit Gold im Wert von 500 000 Dollar aus den bis dahin in den Vereinigten Staaten unbekannten Goldfeldern des Klondike in San Francisco eingelaufen war, schlug ein wie eine Bombe. Als nur zwei Tage später die »Portland« in Seattle mit Gold im Wert von damals einer Million Dollar an Bord an der Pier anlegte, führte das mitten in der Wirtschaftsdepression zu einer Massenhysterie. Die gerade gegründeten Boulevardzeitungen heizten einen Goldrausch an, der innerhalb weniger Stunden ganz Amerika erfasste. In Seattle brach das Transportsystem zusammen, weil die Straßenbahnschaffner sich auf den Weg zum Klondike machten. Verkäufer kündigten während der Geschäftszeit. Friseure ließen die Schere fallen. Ärzte vergaßen ihre Patienten, sogar Priester machten sich auf nach Alaska, ohne ihre Kirchengemeinden zu benachrichtigen. Der große Goldrausch stürzte das Land in ein nie da gewesenes Chaos. Und die Kunde vom, wie man heute sagt, letzten wirklich großen Abenteuer der Zivilisation gelangte in Windeseile auch über den großen Teich nach Europa.

Wer sich 1897 zum Klondike aufmachte und wenig Geld hatte, nahm den Landweg – und der begann in Dyea. Doch welche Spuren konnten die vom Goldrausch Besessenen 1897 am Strand von

An goldreichen Bächen wird das Gold mit einer langen Holzrinne gewaschen. Am »Long Tom« entschied sich, ob der Claim Reichtum oder Bankrott brachte.

Die Goldfelder am Klondike – Stationen unserer Expedition

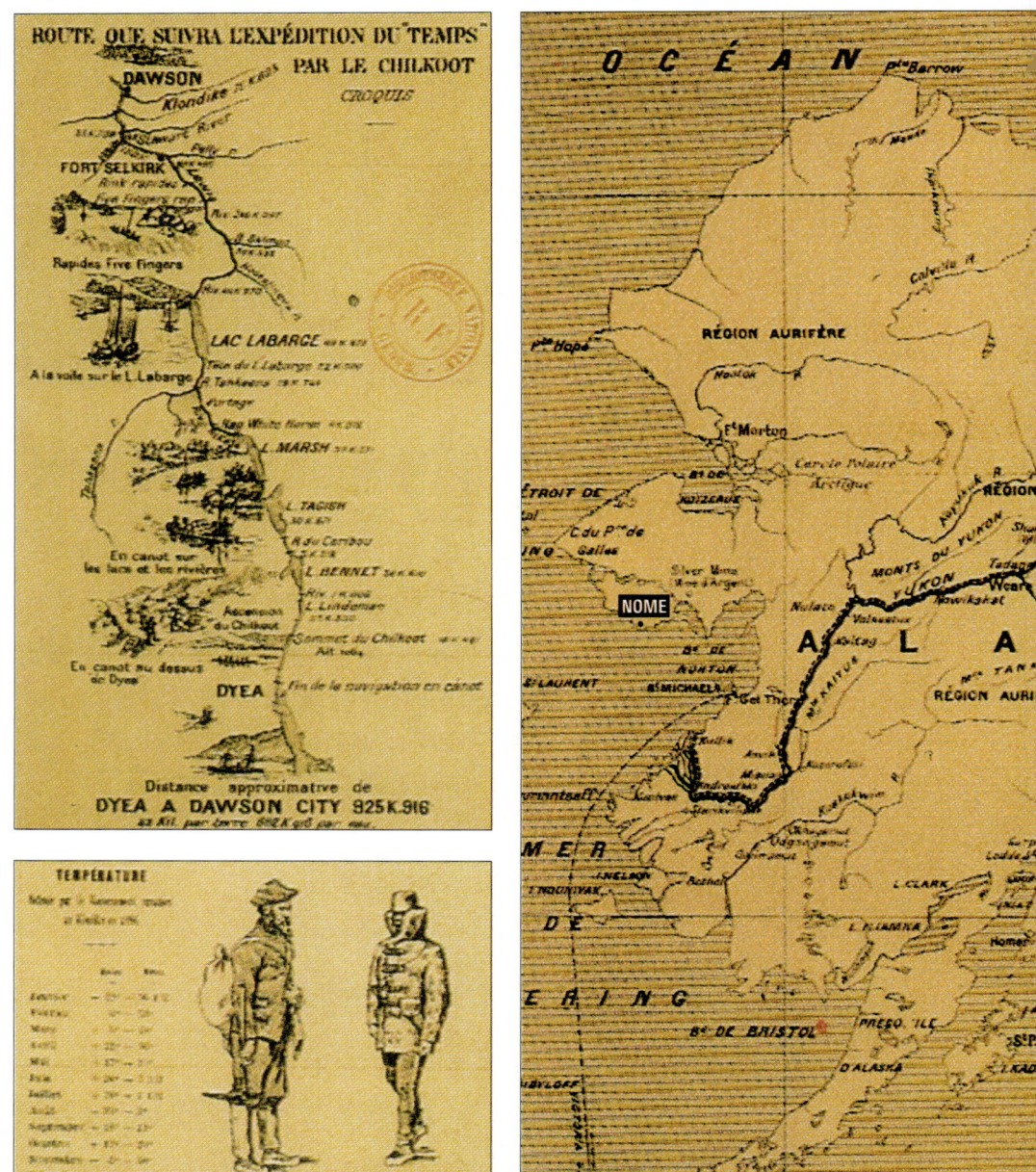

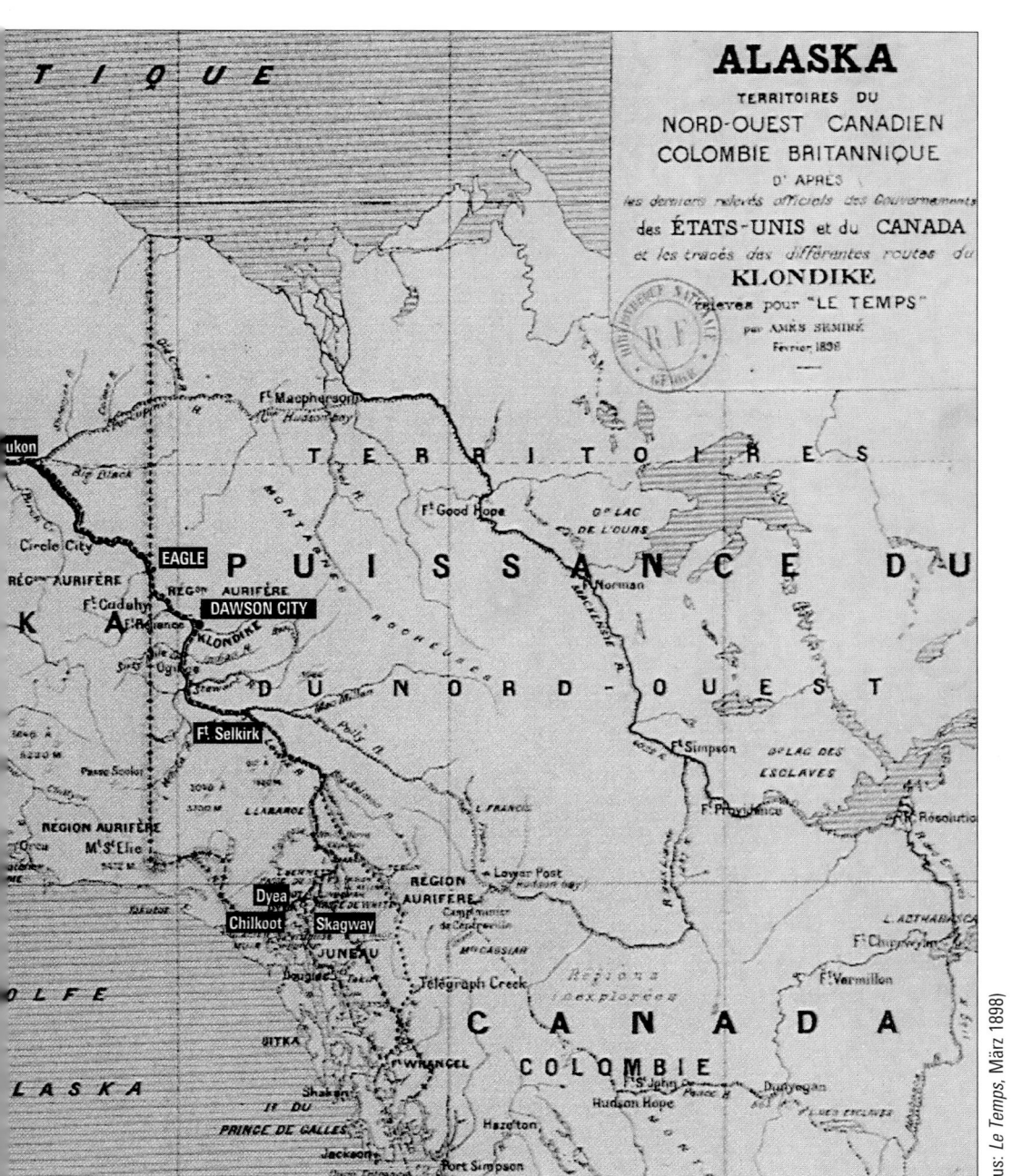

Dyea hinterlassen haben? Waren womöglich auch schon deutsche Auswanderer oder Abenteurer darunter? Professor Dieter Harmening ist nachdenklich. Wie könnte man dieses Rätsel lösen? Vielleicht finden sich in alten Handbüchern für Goldgräber, die kurz vor der Jahrhundertwende auch in Deutschland erschienen waren, erste Antworten. In einem Buch entdeckt Harmening eine alte Ausrüstungsliste: Ein Zelt, 150 Pfund Mehl, 100 Pfund Bohnen, 150 Pfund Speck, jeweils 25 Pfund getrocknete Pfirsiche und Äpfel, je eine Kaffeekanne und Bratpfanne, 25 Pfund Reis, ein Verbandskasten, 100 Pfund Zucker, fünfzehn Pfund Kaffee, 25 Pfund Butter, ein Pfund Pfeffer, eine Dose Streichhölzer sowie jeweils eine Axt, Handsäge, Schaufel und Spitzhacke, selbstverständlich eine Goldpfanne und noch vieles mehr. Nur Toilettenartikel waren nicht vorgesehen.

Im kanadischen Teil Alaskas sorgt die Royal Canadian Mounted Police damals wie heute für Recht und Ordnung. Der amerikanische Teil dagegen war im Goldrausch ein rechtsfreier Raum.

Fast eine Tonne Gepäck war insgesamt nötig. Ausrüstung und Proviant waren in Dyea und im benachbarten Skagway zu haben, aber nur zu horrenden Preisen. Die Männer und Frauen landeten zwar im amerikanischen Teil Alaskas an, doch die legendären Goldfelder des Klondike lagen in Kanada. Grenzposten Ihrer Majestät der Königin von England, die gefürchteten Rotjacken der Royal Canadian Mounted Police, kontrollierten gewissenhaft, ob die Glücksritter genügend Ausrüstung und Lebensmittel mit sich schleppten. Verpflegung für ein Jahr musste gegenüber den kanadischen Grenzposten nachgewiesen werden, denn die Behörden in der britischen Kolonie fürchteten Hungersnöte auf den Goldfeldern des Klondike.

Hatten die Auswanderer so viel Geld dabei? Mussten sie sich vielleicht von Wertsachen trennen? Harmening sucht in Antiquitätenläden nach alten Dingen, die aus Deutschland stammen könnten. Hat vielleicht jemand seine goldene Uhr hier für seine Ausrüstung versetzt? Wir finden heraus, dass es in Skagway seinerzeit mehrere Uhrmacher gab – und ihre Namen klingen vertraut. Einer von ihnen war ein gewisser Herrmann Kirmse, der schon 1897 einen Juwelierladen in Skagway eröffnete. Damals gab es für sein Geschäft allerdings nicht einmal ein Haus – Uhren und Schmuck verkaufte er in einem Zelt. Über diesen Uhrmacher können wir in Skagway allerdings nur in Erfahrung bringen, dass er europäischer, vermutlich deutscher Abstammung und vor dem Goldrausch in Iowa ansässig war. Das kleine Küstenstädtchen scheint für unsere Recherchen wenig Erfolg versprechend zu sein. Wenig ist hier bewahrt worden.

Auf Spurensuche am Pass des Leids

1897 gab es nur einen Landweg von der Küste zum Yukon und seinen Goldfeldern: den legendären Chilkoot-Pass. Er ist heute Teil eines Nationalparks. Harmening wandert den alten Pfad entlang. Am Wegrand weist ein Mahnmal auf einen kleinen Friedhof inmitten fast 100-jähriger Bäume. Es ist der so genannte Lawinenfriedhof. Im Frühjahr 1898 riss an dem Pass, den alle Goldgräber mühsam zu Fuß überwinden mussten, eine Lawine fünfzig Männer in den Tod. Harmening inspiziert die Gräber.

Die »golden stairs« am Chilkoot-Pass waren die Hölle für die Goldgräber. Eine Tonne Gepäck musste den dreißig Grad steilen Pass hinaufgetragen werden.

Diese Feldforschung außerhalb von Archiven und verstaubten Akten ist, so erklärt Professor Harmening, für die Volkskunde von oft unterschätzter, aber erheblicher Bedeutung. Eines der einfachen Grabkreuze interessiert ihn besonders. »W. Carl« ist darauf deutlich zu lesen. Das klingt nach einem deutschen Namen. Harmenings Nachfragen im örtlichen Museum ergeben, dass deutsche Gastwirte in der Geschichte des Ortes eine wichtige Rolle gespielt haben: zum Beispiel Ed Joppe und Adolph Mueller, zwei deutsche Immigranten, die über Pennsylvania nach Alaska gekommen waren. In einem Zelt

unterhalb der berüchtigten »golden stairs« am Chilkoot-Pass eröffneten die beiden 1897 ein »Restaurant«. Die »golden stairs«, das war jener Abschnitt des Passes, der mit einer Steigung von nahezu dreißig Grad zur tödlichen Falle für viele Goldsucher

*Auf einem Indianerfried-
hof am Ufer des Yukon finden sich auch Spuren der
Deutschen, die in dieser
Wildnis versuchten, ein
bürgerliches Leben zu
führen.*

wurde. Nur mit Mühe retten sich die beiden Gastwirte in ihrem ersten Winter in
Alaska vor einer herantosenden Lawine,
das lasen wir in alten Zeitungsberichten
nach. Sie hatten Glück. Doch noch lange
Zeit hörte man damals die Schreie von
Verschütteten, die von Stunde zu Stunde
auf grausame Weise leiser wurden ... Wie
viele ihre Sehnsucht nach dem Gold am
Chilkoot-Pass mit dem Leben bezahlt
haben, wird nie genau zu ermitteln sein.

Das Lokal von Ed Joppe und Adolph
Mueller wurde schnell zur Nachrichten-
börse für die Männer und Frauen, die zu
den Goldfeldern 1000 Meilen weiter nördlich im Klondike-Revier strömten. Informationen waren sprichwörtlich Gold wert:
Wo war zuletzt das begehrte Metall gefunden worden? Als hilfreich erweist sich für
Professor Harmening der Kontakt zu Karl
Gurcke, den er an einer der wenigen erhal-
tenen hölzernen Fassadenruinen in Dyea trifft. Gurcke arbeitet
als Historiker für den National Park Service. Die Forschungs-
tätigkeit des deutschen Professors interessiert ihn. Karl Gurcke ist
deutscher Abstammung. Sein Vater wurde in Hamburg geboren.
Die beiden Wissenschaftler analysieren die Fakten. Aus den
Archivunterlagen geht hervor, dass W. Carl aus San Francisco mit
einem Dampfer nach Dyea gekommen ist. Nachfragen in der kali-
fornischen Hafenstadt ergeben jedoch wenig: Die Passagierlisten
sind beim großen Erdbeben von 1906 in San Francisco allesamt
zerstört worden. Woher er kam, ob er eigens aus Deutschland
anreiste oder von den älteren Goldfeldern Kaliforniens aufbrach,
um hier in Alaska endgültig sein Glück zu machen, wir wissen es
nicht. In San Francisco verliert sich die Spur von W. Carl. Wir
kennen nur sein Grab und seinen Todestag: Es war der 2. April
1898.

Die Archive der benachbarten Hafenstadt Skagway sind dagegen erhalten geblieben. Aus alten Zeitungen und Listen hat Karl Gurcke in mühevoller Kleinarbeit Meldungen über Deutsche in Skagway für uns herausgesucht. Eine Volkszählung aus dem Jahr 1900 listet tatsächlich 85 Deutsche auf. Darunter ein John Bauer, der als Bäcker arbeitete; die Schlachter J. P. Laumister und Hermann Meyer sowie die Musiklehrerinnen Augusta und Katherina Schneider. Wir wissen wenig über sie, sicher aber ist, dass die beiden Schlachter in der Lokalpolitik tätig waren. Erstaunlicherweise finden sich unter den aufgeführten Berufen der Deutschen

Eine »Gem. Bakery«, eine »German Bakery«, findet sich erstaunlicherweise in fast jeder Goldgräberstadt. Deutsche Bäcker versorgten damals die Männer des Goldrauschs mit Brot und Kuchen.

nur sieben Goldgräber. Gurcke vermutet, dass sie in Skagway nur überwintert haben, und die Lage ihrer Goldminen in der Wildnis den Behörden bei der Volkszählung schlicht verschwiegen haben.

Harmenings Idee, in der zeitlich und räumlich beschränkten Phase des Goldfiebers exemplarisch den Verbleib der deutschen Auswanderer zu erforschen, führt schon hier zu ersten Erfolgen, da die Behörden anreisende Goldgräber argwöhnisch und detailliert erfassten und zeitgenössische Journalisten den großen Goldrausch akribisch schilderten. Die *Skagway News* berichtet etwa in ihrer Ausgabe vom 23.9.1898 von einem Verbrechen, dem ein deutscher Saloonbesitzer zum Opfer fiel: »German Saloon on 6th Robbed of $ 1,900.« Wir erfahren auch, dass sich im April 1901 ein gewisser Fred Ronkendorf für seine deutsche Bäckerei nach einem Brand im Backraum eine neue Fassade leistete. Die Häuser des deutschen Schneiders Henry Boas und der »Mascot Saloon« eines Albert Reinert wurden vom National Park Service in den letzten Jahren sogar aufwändig rekonstruiert – als typische Beispiele für die Architektur der Goldrauschzeit.

Ein Ostfriese in Alaska

Bei seinen weiteren Recherchen über die Deutschen stößt Harmening auch auf den Stadtgründer von Skagway: Captain William Moore. Der legendäre Mann, der noch im hohen Alter von 74 Jahren 900 Meilen mit Schneeschuhen im tiefsten Winter quer durch Alaska zurücklegte, wurde 1822 in Emden, Ostfriesland, geboren.

Damit hat keiner von uns gerechnet: Der Gründer einer der ersten Siedlungen des Goldrauschs ist deutscher Abstammung. In Alaska gilt Moore als Inbegriff des Pioniers. Seine Lebensgeschichte ist mehr als schillernd. Er war Raddampfer-Kapitän auf dem Mississippi, kämpfte im Krieg gegen Mexiko auf Seiten der Vereinigten Staaten und versuchte sein Glück als Goldgräber in Oregon und Peru, bevor er Konkurs ging und das Schicksal ihn nach Skagway verschlug. Mehr als zehn Jahre vor dem großen Goldrausch war er überzeugt davon, dass auch am Yukon Gold zu finden sei. Es war dieser deutsche Abenteurer, der die erste Hütte in Skagway errichtete.

In den letzten Jahren wurde auch sie restauriert. Eigentlich ist sie für die Öffentlichkeit nicht zugänglich, aber Karl Gurcke macht für Professor Harmening eine Ausnahme. Rohe Holzstämme sind zu einer knapp 25 Quadratmeter großen Hütte zusammengefügt. Betritt man den schummrigen Raum, wird schnell deutlich, warum die Parkverwaltung nur ausgewählte Besucher hineinlässt: Die Wände sind mit alten Zeitungen beklebt. Es sind Originale aus der Zeit des Goldrauschs. Sie dienten als Tapete und sollten verhindern, dass es durch die Ritzen zog. Moore hat sie sorgfältig ausgewählt. Vor allem Zeitungsseiten mit vielen Bildern schmückten seine kleine Hütte.

Gangster im Goldrausch

Angenehm und mühelos ist das Leben zu Zeiten des Goldrauschs in Skagway sicher nicht gewesen. Die Bevölkerungszahl explodierte 1897. Man fühlte sich hier schon wie im San Francisco des Nordens, und zwar nicht nur im positiven Sinne, denn

Der deutsche Goldgräber Arthur Froehlich war Hobbyfotograf. Hunderte Bilder dokumentieren sein einsames und hartes Leben in der Wildnis am mittleren Yukon.

auch allerlei Gangster landeten in Skagway. Der Berüchtigtste von ihnen war Soapy Smith. Zu Beginn seiner Karriere soll er – wie der Name schon sagt – Seife verkauft haben. Mit fünf bewaffneten Männern errichtete er ein wahres Syndikat in der Goldgräberstadt. Er machte einige angesehene Bürger der Stadt zu seinen Komplizen: Der Richter Smith und der Herausgeber der Zeitung deckten seine Geschäfte. So betrieb er ein Informationsbüro, das den Neuankömmlingen »zuverlässige« Träger und Ausrüstungsgeschäfte empfahl. Die »Greenhorns« wurden von skrupellosen Kumpanen nach Strich und Faden ausgenommen. Wer sich wehrte, wurde kaltblütig umgebracht.

Eines seiner harmloseren Unterfangen war der Betrieb einer Telegrafenstation. Für fünf Dollar – damals eine erhebliche Summe – konnten die Goldgräber zu ihren Lieben nach Hause telegrafieren, versprach der Beamte. Für weitere fünf Dollar war es möglich, auch den Empfang einer Antwort im Voraus zu bezahlen. Das Telegrafenbüro war ein Bombengeschäft. Allerdings gab es zu dieser Zeit in Skagway keine einzige Telegrafenleitung. Die Auswanderer wurden kurz nach ihrer Ankunft zu Opfern derjenigen, die ihre Begeisterung schamlos ausbeuteten: »In dem Land, in das sie mit dem Jubelruf ›Auf nach Amerika‹ gezogen waren, wurden sie von Bauernfängern, deren Sprache sie nicht verstanden und deren Tricks sie nicht durchschauten, und weil sie von der Treuherzigkeit jener waren, die der Hand von Sklavenhaltern entkommen waren und sich wieder unter Menschen wähnten, bis auf die Haut geplündert«, schreibt Harmening in seinem Buch »Am Wilden Strom«. Es waren grausame Zeiten: »Sechs Nächte schlief ich in Skagway und jede Nacht wurde auf den Straßen geschossen. Mindestens ein Mann, den ich kannte, wurde erschossen. Auch über meinen Kopf flogen nachts die Kugeln«, klagte ein Zeitzeuge. Obwohl Alkohol in Alaska verboten war, gab es eine eigene Whiskybrennerei, selbstverständlich unter der Kontrolle von Soapy Smith.

Die Terrorherrschaft des Gangsters dauerte an. Doch im Sommer 1898 hatten die Bürger endlich genug. Kurz zuvor war ein angesehener Prospektor, John Stewart, von Soapy Smith's Bande ausgeraubt worden. Prospektoren waren die Männer, die damals wie Pfadfinder in der Wildnis auf der Suche nach noch unbekannten goldträchtigen Gebieten waren. Der Mann war mit Goldstaub im Wert von 2500 Dollar in der Stadt eingetroffen. Einige von Soapy Smith's Leuten überzeugten den Prospektor, sein Gold im Hotelsafe zu deponieren. Nur da wäre es vor Diebstahl sicher. Selbstverständlich verschwand der Goldstaub über Nacht. Die Bürgerwehr stellte Soapy Smith. Ein Frank Reid erschoss den Gangster, erlag aber zwölf Tage später den Verletzungen, die er sich bei dem Schusswechsel zugezogen hatte.

Diese wilde Zeit scheint heute noch lebendig zu sein, wenn man den erhaltenen Saloon aus diesen Tagen in Skagway besichtigt. Eine lange Theke, viele Flaschen in Regalen an der Wand und runde Tische zum Pokerspielen finden sich in dem

Taubeneigroße Goldnuggets. Noch heute werden sie in den Bächern und Bergen rund um Dawson City gefunden. Schöne Stücke wie diese sind selten und daher bei Sammlern sehr begehrt.

restaurierten Gebäude. Doch eines unterscheidet diesen Saloon vom Wild-West-Stereotyp: Es gibt eine eigene Vitrine für sündhaft teure Havanna-Zigarren. Auch dieses Etablissement gehörte damals einem deutschen Einwanderer. Woher er kam, was aus ihm wurde, das alles ist in Vergessenheit geraten.

Harmening will auch den kanadischen Teil des legendären Chilkoot-Passes in Augenschein nehmen. Das Gelände entlang des Fußpfads gilt als eines der größten Freiluftmuseen der Welt. Auf den 32 Meilen des Chilkoot-Trails wurde all das liegen gelassen, was nicht mehr gebraucht oder einfach zu schwer wurde: Schuhe, Koffer, Dosen, Flaschen, ganze Küchenherde, Schlitten, Wagenräder und Werkzeuge aller Art. Oben auf dem Pass finden sich noch heute die vermoderten Überreste von zahlreichen Faltbooten, die hier vor über 100 Jahren zurückgelassen wurden. Nur die vielen Pferdekadaver, die auf den alten Fotografien zu sehen sind, haben die Zeiten nicht überdauert.

Besonders gefürchtet waren besagte »golden stairs«, die goldenen Stufen. Weil der Pfad mit seiner gewaltigen Steigung im Sommer in Matsch und Schlamm zu versinken drohte, war dieser Weg eigentlich nur im Winter halbwegs sicher zu begehen. Der Aufstieg dauerte allein auf diesem Wegabschnitt mindestens sechs Stunden, und auf dem schmalen Pfad war nur Platz für jeweils einen Mann. Bei einer Tonne vorgeschriebenem Gepäck, war diese Strecke eine unvorstellbare Tortur, zumal manche Goldgräber bis zu dreißig Mal hinaufsteigen mussten, um ihr gesamtes Hab und Gut vom Fuß der »golden stairs« zum Gipfel zu transportieren. Dennoch wurde über diesen Pfad alles, was man sich nur vorstellen kann, geschleppt: Tische, Stühle, Pianos und sogar gusseiserne Küchen-

Was nicht auf die selbst gezimmerten Boote passte, blieb zurück. Ein alter Ofen aus dem Winterlager 1897/98 am Lake Bennett.

Über 200 Meilen bis zur nächsten menschlichen Siedlung. Einsamkeit bestimmt die Landschaft am Teslin. Bären trifft man hier häufiger als Menschen.

öfen. Die Chilkoot-Indianer, nach denen der Pfad benannt war, verdingten sich bei den Wohlhabenderen als Träger. Die Männer schleppten bis zu 75 Kilogramm schwere Lasten auf ihren Rücken über den Pass und erhöhten meist auf der Mitte des Pfades ihre Preise. Auf der anderen Seite des Passes erblickten die Neuankömmlinge in der Ferne zwei imposante Gebirgsseen. Lake Lindemann und Lake Bennett. An ihren Ufern kampierten im Winter 1897/1898 über 30 000 Menschen in einer gewaltigen Zeltstadt. Sie warteten darauf, dass das Eis auf dem Yukon aufbrach. Als es endlich soweit war, wurden die umliegenden Wälder abgeholzt. Jeder brauchte Holz für Flöße und selbst gezimmerte Boote.

Da man noch heute für den Fußmarsch vom Chilkoot-Pass zum Lake Bennett über eine Woche Zeit veranschlagen muss, entschließt sich Professor Harmening, mit der wieder in Betrieb genommenen White-Pass & Yukon-Eisenbahn zu fahren.

Aufbruch in die Wildnis

Es ist eine romantische Reise, die uns in den alten Wild-West-Eisenbahnwaggons mitten durch unberührte Landschaft führt.

Die historische Dampflok aus den vierziger Jahren des letzten Jahrhunderts, deren Rauch uns in mancher Kurve ins Gesicht schlägt, braucht viele Stunden, bis sie sich zum Lake Bennett am Ende des Chilkoot-Trails hinaufgekämpft hat.

Bei unserer Ankunft macht sich Ernüchterung breit: Noch heute sind die Ufer des Sees mit dem Müll der besessenen Goldsucher bedeckt. Naturverbundenheit war für die Pioniere ein Fremdwort, ihnen ging es um das gelbe Metall, nur das interessierte sie. Das Ufer der traumhaften Seen ist eine einzige Mülldeponie. Über viele Kilometer sehen wir verrottete Dosen, Flaschen, Gerätschaften aller Art, die von den Goldsuchern hier zurückgelassen wurden. »Was hier geschehen ist«, erklärt uns Harmening, »ist furchtbar. Die Menschen suchten das große Abenteuer, sie kamen mit vielen Illusionen. Die Wirklichkeit aber war hart, sie lebten in Schlamm und Dreck unter hygienisch katastrophalen Bedingungen. Die Idealisierung, die man heute gerne vornimmt, Alaska, ›the last frontier‹, täuscht über die wahren Zustände hinweg. Die Jubelliteratur ist eine reine Verklärung der Vergangenheit. Tatsächlich herrschten hier Elend und Kriminalität jeglicher Art: Raub, Prostitution, Glücksspiel. Die ›schöne Goldgräberzeit‹ ist ein Mythos. Aber sie ist auch ein Teil der europäischen Geschichte, denn viele der Goldsucher kamen in den Hungerjahren aus Europa.«

Kurz nach dem Beginn des Goldrauschs baute man von Skagway aus eine Eisenbahn über den White-Pass. Die Dampfzüge aus der Vergangenheit verkehren hier heute wieder.

Am Lake Bennett haben wir Mühe, unser gesamtes Gepäck in der nötigen Geschwindigkeit auszuladen – allein die Kameraausrüstung ist in 48 Kisten und Packsäcken verstaut. Zelte und persönliche Sachen sind nur der kleinste Teil unserer Expeditionsausrüstung. Unser Team besteht aus sechs Männern und einer Frau. Karen Digby ist unsere kanadische Führerin für die

Flüsse am Yukon und vor allem den Teslin, den Harmening besonders interessant findet. Sie wohnt, wie sie sagt, »irgendwo im Busch« nördlich von Whitehorse in den Yukon-Territorien.

Sie hat 34 Schlittenhunde und liebt es, im Winter allein mit ihnen durch die Wildnis zu fahren. Als Einzige im Team ist sie bewaffnet, denn Alaska ist Bärenland. Unser zweiter Führer, Kevin McCarthy aus Anchorage in US-Alaska, ist der »Mann fürs Lebensnotwendige«. Er ist für die Verpflegung und die Bewältigung der enormen Entfernungen, die wir in den nächsten Wochen zurücklegen wollen, zuständig. Zum Drehteam gehören Kameramann Roland Breitschuh, sein Assistent Thomas

Nach der Fertigstellung der Eisenbahnlinie konnten die Goldgräber bequemer den Lake Bennett erreichen. Hier war auch die Anlegestelle für die Raddampfer nach Dawson.

Poppianga und unser »dritter Mann« Max Schecker, der als zweiter Assistent alle schwierigen Aufgaben so unauffällig und schnell erledigt, dass wir in der Regel nicht bemerken, dass er auch noch Standfotos fertigt.

Im Bärenland

Ein Parkranger erklärt uns, wo wir zelten können, und warnt uns. In dieser Gegend habe es zwar bisher noch nie Probleme mit Bären gegeben, aber vor zwei Tagen sei ein Grizzly oberhalb der Campplätze gesichtet worden. Es sei wichtig, die üblichen Vorsichtsmaßnahmen zu beachten. Mit unserer Führerin Karen begutachte ich den Lagerplatz. Es gibt eine Kochstelle mit einem Gerüst, um die Lebensmittel außerhalb der Reichweite von Bären aufzuhängen. Knapp zehn Meter entfernt davon liegen die »sicheren« Zeltplätze. Auf dem Weg zum nahen Wasser weist mich Karen auf einen dunklen Haufen mit frischen Beerenresten hin: Bärenkot. Damit ist die Hoffnung, dass uns der Ranger vielleicht nur auf den Arm nehmen wollte, dahin.

Während wir unsere Zelte beziehen, wird schnell ein Abendessen unter einer Plane bereitet. Regenwolken ziehen auf. Nach dem Essen folgt der »Beartalk« unserer Führer. Damit ist kein Unterhaltungsprogramm, sondern eine dreißig Minuten dauern-

Ein einfacher beschrifteter Holzpfahl im Bachkies – das reichte 1899 um einen Claim abzustecken. Professor Harmening lässt sich die Prozedur genau zeigen.

de Einweisung in das richtige Verhalten gegenüber Bären gemeint. In der Wildnis gibt es rund 40000 dieser imposanten Tiere. Grizzlys, manche von ihnen werden über drei Meter groß, können ein Gewicht von bis zu 700 Kilogramm erreichen und sind bis zu sechzig Kilometer pro Stunde schnell, was eine Flucht unmöglich macht. Sie können ohne weiteres einen Menschen zerfetzen. Glücklicherweise sind sie meistens eher auf Beeren und Lachse aus und halten sich daher gern an Flussläufen auf. Genau in den Gebieten also, die wir aufsuchen werden ... Wichtigste Anweisung Karens: »Wenn ihr auf einen Bären in unmittelbarer Nähe trefft, lauf keinesfalls weg. Das weckt nur den Jagdinstinkt der Tiere. Macht euch groß und redet laut mit den Bären.« Sehe man sie allerdings aus der Ferne, empfehle es sich, schnell das Weite zu suchen. Lärm sei ebenfalls nicht schlecht. Ich bin bester

Hoffnung, dass unser Expeditionsteam beim Transport unserer immensen Ausrüstung schon für genügend Krach sorgen wird. Wenn man jedoch auf eine Bärin mit Jungen treffe, erklärt Karen weiter, dann könne eigentlich nur noch Gott helfen. Doch, so beruhigt sie uns, sie habe noch nie Probleme mit Bären gehabt.

Einige im Team sind skeptisch. In der folgenden Nacht schlafen sie nicht besonders gut.

Flug in die Einöde

Dichter Nebel liegt über dem See. Das schlechte Wetter zwischen den hohen Bergen bringt unsere Pläne durcheinander. Die beiden Wasserflugzeuge, die uns heute ausfliegen sollen, werden wohl später landen als geplant. Uns bleibt nichts anderes übrig, als zu warten. Erkundungen in der Umgebung können wir auch nicht machen, denn wenn die Flugzeuge erst einmal gewassert sind, müssen wir sie schnell beladen. Gegen Mittag kommt hier oben oft Wind auf, dann wäre ein Ausfliegen nicht nur sinnlos, sondern lebensgefährlich. Unser nächstes Ziel ist ein Nebenfluss des Yukon, der Teslin. Werden wir ihn heute noch mit unserer gesamten Ausrüstung erreichen?

Gegen zehn Uhr hören wir ein leichtes Brummen. Das rote einmotorige Buschflugzeug von Gerd Mannsperger ist über dem verhangenen See nur schwach auszumachen. Wenig später erreicht auch die zweite Maschine, eine Cessna mit dem Piloten Jim, das flache Seeufer. Mit einem Blick auf unser Gepäck stellt der erfahrene Pilot fest: Wir haben mehr zu transportieren, als er erwartet hat. Auch uns wird nach einer kurzen Inspektion des Frachtraums klar, dass wir mit den geplanten zwei Flügen nur wenig verrichten können. Wir müssen das Team teilen. Das ist nicht einfach, denn Karen macht

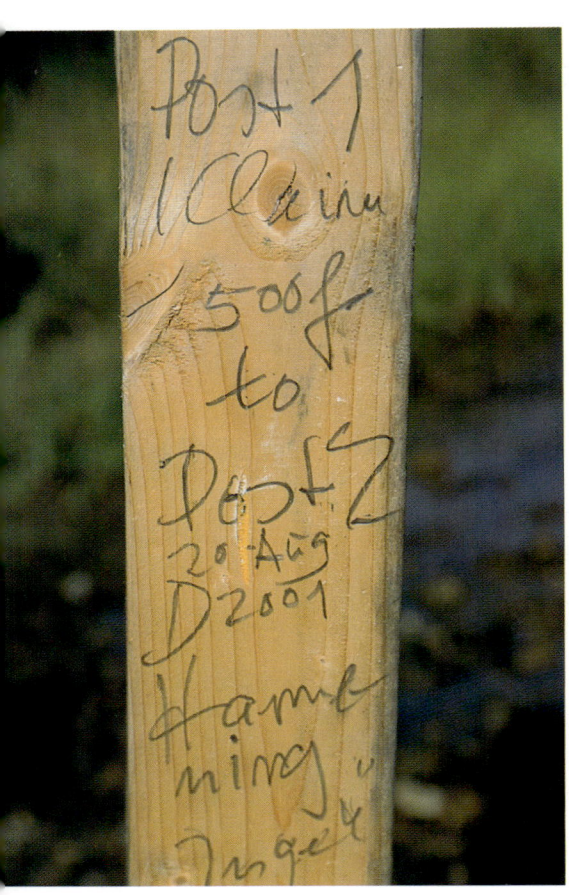

Nach dem Abstecken des Claims folgte die Eintragung ins Grundbuch. Erst damit wurde aus dem beanspruchtem Claim das rechtmäßige Eigentum des Goldgräbers.

uns schnell deutlich, dass die Wetterverhältnisse sich hier oben sehr rasch ändern können. Wer nicht mit der ersten Maschine ausfliegt, der kann unter Umständen mehrere Tage hier in der Wildnis festsitzen. Dasselbe gilt für die, die zuerst zum Teslin fliegen. Wir müssen gut organisieren. Jeder muss seine persönliche Wetterschutzkleidung dabeihaben, außerdem Schlafsack und Zelt sowie Essensvorräte und Mittel zur Wasserdesinfektion, denn das klare Gebirgswasser ist leider seit einigen Jahren mit für den Menschen gefährlichen Mikroben versetzt. Ferner wird mit dem Filmteam eine Mindestausrüstung verladen, so dass im Notfall weitergedreht werden kann. Eine weitere Bedingung ist, dass jede Gruppe immer von einem in der Wildnis erfahrenen Führer begleitet wird. Jetzt vermissen wir ein Satellitentelefon oder ein Buschradio schmerzlich. Doch die Zeit drängt, schnelle Entscheidungen sind nötig. Dann wird geladen. Sechs Flüge werden notwendig sein, errechnen wir. Glücklicherweise haben wir die Schlauchboote auf halbem Weg zum Teslin in Whitehorse deponiert, sonst wäre es gar nicht zu schaffen. Jedes der Flugzeuge benötigt über drei Stunden für die Strecke vom Lake Bennet zum Teslin und zurück. Aus unserer Expedition wird eine kleine Luftlandeoperation irgendwo in der Einsamkeit des Yukon. Nach über einer Stunde kann es endlich losgehen.

Der Start in einem Wasserflugzeug lässt sich nicht mit dem in einem anderen Flugzeug vergleichen. Auf einem See entlangzurasen, wenn das Wasser zur Seite spritzt, erinnert zunächst an ein Schnellboot, hebt man ab, erscheint das Fliegen unwirklich, fast wie ein Traum. Wegen der hohen Berge schraubt sich die kleine Cessna in engen Kreisen auf die benötigte Flughöhe. Dann geht es über den See und durch ein gewaltiges Felsentor in eine weite Seenlandschaft. Hohe Wolken türmen sich auf. Vorsichtshalber denken wir nicht daran, dass in Alaska jedes Jahr mehrere Dutzend dieser kleinen Maschinen abstürzen. Es ist ein faszinierender Anblick. Weit und breit ist kein Dorf, keine Stadt zu erkennen. Anfangs können wir noch eine Straße ausmachen und einige einzeln liegende Blockhäuser. Aber bald sehen wir nur noch den typischen niedrigen Fichtenwald. Hunderte von Kilometern fliegen wir über unendlich scheinende Wälder und Flüsse. Es ist ein ganz ungewöhnliches Gefühl, mit solchen Maschinen hier oben unterwegs zu sein, denn auf Grund ihrer geringen Flughöhe kann man jeden Bach, jeden Baum und vielleicht sogar einzelne Bären erkennen. Wir fliegen auf eine Bergkette zu, die in dichte Wolken gehüllt ist. Ein Blindflugsystem scheint Jim nicht an Bord zu haben. Oben über dem Cockpit ist ein Taschen-GPS mit Klebeband installiert. Das ist vermutlich das wichtigste Navigationsmittel. Doch Jim findet zwischen den Wolken zielsicher eine Lücke. Vor uns taucht der Teslin auf. Die Maschine fliegt eine steile enge Kurve und stürzt sich dann in das enge Flusstal hinab. Das Flugzeug folgt unterhalb der Baumwipfelhöhe mit hoher Geschwindigkeit dem Flusslauf. Keine zwanzig Meter links und rechts von unserer Maschine beginnt der Wald. Sicher setzt Jim dann endlich seine Cessna auf dem Fluss auf und tuckert zu einem kleinen Sandstrand am Ufer. Kurz danach folgt die nächste Landung. Mit der Ruhe in der Einöde ist es jetzt erst mal vorbei. Möglichst schnell versuchen wir die beiden Maschinen zu entladen. Gleich danach beginnt Karen einen provisorischen Regenunterstand zu errichten. Ein Blick zum Himmel sagt uns, dass wir mit heftigem Unwetter zu rechnen haben.

Aus der Art der Bautechnik lässt sich häufig auf die Herkunft der ehemaligen Besitzer schließen.

Hütten am Goldbach

Fährt man den Teslin herab, sieht man auf den ersten Blick nur undurchdringlichen Wald. Betrachtet man die Ufer genauer, wird einem gelegentlich etwas Ungewöhnliches auffallen: Reste von hölzernen Wasserrinnen oder gar übereinander gelegte Baumstämme. Das sind die ersten Indizien für ein aufgelassenes Goldgräbercamp. Harmening schlägt sich durch das Gestrüpp. Er vermutet hier in Masons Landing weitere Bauten. Ruinen in der Wildnis sind für den Wissenschaftler überaus aufschlussreich. Da vieles über Jahrzehnte

unangetastet liegen blieb, lassen sich in der
Einöde Spuren finden, die andernorts in
Amerika schon lange nicht mehr vorhanden sind. Gerade in der Abgelegenheit der
Goldgräbercamps hofft er so Antworten
auf seine zentralen Fragen zusammenzu-
tragen: Was wurde aus den deutschen
Auswanderern? Wie veränderte das Goldfieber ihre angestammten Lebensweisen
und Bräuche?

Nach ungefähr 100 Metern entlang
eines überwucherten Pfades stößt er auf
die Reste einer Hütte. Das Gebäude ist
knapp vier mal vier Meter groß; neben
dem Fundament stehen noch etwa anderthalb Meter Mauer, der Rest ist eingefallen.
Wir finden zwischen den Ruinen einen
alten Kochtopf. Etwas weiter entfernt stoßen wir auf ein kleines Blockhaus. Es ist

noch im Wesentlichen erhalten, nur ein Teil des Daches ist einge-
stürzt. Harmening interessieren besonders die Konstruktion des
Dachfirsts und die Zimmermannstechniken an den Eck-
verbindungen. »Das ist eindeutig europäisch«, sagt er. Auch das
Türschloss findet er spannend. Um 1870 hat noch kein Mensch in
der weiten Wildnis von Alaska sein Haus abgesperrt. Auch nicht,
wenn er Monate unterwegs war. Erst mit dem großen Goldrausch
verdarben die Sitten. An dieser alten Tür gibt es einen einfachen
Holzriegel und ein eisernes Schloss, wie es hier erst später üblich
wurde. Das ist ein Hinweis darauf, dass auch noch nach den
Jahren des großen Goldrauschs Menschen in dieser Einöde lebten. Harmening sucht nach Spuren deutscher Siedler. Doch die
lassen sich weder in diesen beiden Ruinen noch in einer dritten
Hütte finden.

Erst später werden wir in Archiven mehr über diesen Ort im
Nirgendwo erfahren. Ein W. L. Mason kam am 21.7.1899 aus
Michigan in dieses Gebiet, das belegt ein überlieferter Bericht der
North West Mounted Police, die jeden, der an den Yukon kam,

*»Masons Landing« war
erst ein Goldgräberlager,
später ein Bauernhof. Bis
vor wenigen Jahren trotz-
ten diese Hütten aus der
Goldrauschzeit den harten
Wintern in Alaska.*

Seine Studierstube ist das Lagerfeuer. Meistens ist er in der Wildnis allein, doch ab und an hatte Professor Harmening auch schon ungebetenen Besuch von Bären.

registrierte, um die Zahl der Goldsucher halbwegs zu begrenzen. Später war Masons Landing der Ausgangspunkt eines Trails für die Versorgung von Livingstone Creek. Hier wurde die Fracht von den Raddampfern, die wegen der oberhalb gelegenen Sandbänke nicht mehr weiter flussaufwärts fahren konnten, abgeladen und mit Pferden weitertransportiert. Nach allem was zu erfahren ist, hat Mason nach einigen hier verbrachten Wintern seine Hütte aufgegeben. Von 1912 an soll es hier auch eine Farm eines gewissen John Waldorf Brown gegeben haben, doch davon ist im dichten Wald nichts mehr zu erkennen.

Am Abend kommen mit einem der letzten Flüge unsere Schlauchboote nebst Außenbordmotoren. Schon beim Aufpumpen erleben wir eine böse Überraschung. Sie sind viel zu klein, um das Team und unser gesamtes Gepäck flussabwärts zu transportieren. Auch die Motoren entsprechen mit ihren zehn und fünfzehn PS nicht dem, was wir auf dem Fluss mit seiner starken Strömung benötigen. Uns bleibt nur eine einzige Alternative: Wasserflugzeuge müssen von nun an unser Gepäck von einem Camp zum nächsten transportieren. Gerd Mannsperger, Pilot und Inhaber von »Alpine Aviation«, trägt es mit Fassung. Wir sind kein schlechtes Geschäft für ihn.

Beim Ausladen sehe ich am Flussufer eine noch gut sichtbare Fährte. Der Abdruck hat die Größe von zwei Handflächen und kommt mir verdächtig vor. Ich nehme Karen beiseite und sehe sie fragend an: »Das ist eine relativ frische Bärenspur«, sagt sie, »ich hatte eigentlich gehofft, dass sie euch nicht auffällt.« Da bisher noch kein Verteidigungsmittel gegen Bären eingetroffen ist, Pfefferspray soll sich angeblich bewährt haben, verzichte ich vorerst darauf, das Team erneut zu beunruhigen. Als dann später die Fährte gedreht werden soll, hat der Fluss sie bereits fortgespült.

Harmening, der sein Nachtlager etwas abseits an einem

Bachlauf errichtet hat, hat inzwischen den Erhaltungszustand der Hütten für seine Forschungsarbeiten fotografiert. Am Abend haben wir etwas Zeit für Lagerfeuerromantik. Kevin bereitet ein improvisiertes Barbecue, doch lange bleibt keiner von uns am Feuer. Kurz nach Einbruch der Dunkelheit sind alle in ihren Zelten verschwunden.

In der Nacht beginnt es, sintflutartig zu regnen. Im Morgengrauen wache ich voller Panik auf. Ich höre ein scharrendes Geräusch und entscheide mich, es für ein schnarchendes Teammitglied zu halten. Wenige Minuten später höre ich vom Lagerfeuer lautes Geschrei. »Vorsicht, Professor!« Ein Grizzly hat sich bei Kevins Frühstücksvorbereitungen eingefunden und sich dann in Richtung zum Lagerplatz des Professors aufgemacht. »Als ich aufwachte«, erzählt Harmening uns später, »lag der Bär über mir auf dem Zelt. Da bekommt man schon Herzklopfen. Man darf nur eines nicht machen: in Panik geraten. Nach einer kleinen Ewigkeit ist er weggetrottet. Ich bin dann vorsichtig aus dem Zelt gekrochen. Das gewaltige Tier stand mitten auf dem Weg! Ich habe meine Arme in die Luft gereckt, mich ein bisschen größer gemacht und mit ihm geredet.« Glücklicherweise hat der Bär sich wenige Minuten später über den Fluss davongetrollt. Wir müssen lernen, mit der allgegenwärtigen Gefahr zu leben, einem Bären zu begegnen.

Der Regen bringt unseren Tagesplan durcheinander. Das sehnlichst erwartete Flugzeug, das den letzten Teil von Harmenings Boot bringen soll, verspätet sich. Erst gegen Mittag hören wir die Motorengeräusche. Jetzt kann Harmening endlich sein Faltboot zusammenbauen. Das Konstruktionsprinzip seines Kleppers ist auch für das Team erstaunlich. Mit wenigen Handgriffen lässt sich aus mehreren Säcken ein Boot zaubern, das sogar Platz für eine komplette Munitionskiste voller Forschungsunterlagen bietet. Diesmal dauert es jedoch etwas länger – das nasse Material lässt sich nicht so gut ziehen wie im trockenen Zustand. Doch

Ein Faltboot ist für Dieter Harmening das ideale Expeditionsgefährt. Untiefen und Landpassagen sind mit diesem Fahrzeug kaum ein Problem.

dann können wir uns auf den Weg den Teslin hinab zum Yukon machen. Wir lassen dem Professor etwas Vorsprung, schließlich fahren wir anderen mit einem Außenborder. Unser Glaube an die Technik war allerdings voreilig. Zwar springt der eine sofort an, aber der zweite widersetzt sich allen Bemühungen von Kevin. Erst nach einer guten Stunde brummt er los. Kevin führt das erste Schlauchboot. Allerdings droht es zu sinken, wenn er Vollgas gibt, obwohl er mit zwei Packsäcken allein an Bord ist. Es war wohl doch keine so gute Idee, Schlauchboote mit Wasserflugzeugen einzufliegen. Bei der Planung der Expedition war schlichtweg

Schlösser an den Hütten der Goldgräber wurden erst spät üblich. Zu Beginn des Goldrauschs garantierte ein Ehrencodex die Sicherheit der Abenteurer.

nicht bedacht worden, dass große Schlauchboote einen Holzboden haben. Diese Teile waren für die Wasserflugzeuge zwar nicht zu schwer, aber zu sperrig.

Die Fahrt geht vorbei an unberührter Wildnis. Harmening paddelt meist im Hauptstrom, um Kräfte zu sparen und Untiefen zu vermeiden. Es bedarf einiger Erfahrung, um drohende Sandbänke zu erkennen. Der Wissenschaftler inspiziert das Ufer sehr genau. Er hofft, bisher unbekannte Goldgräber-Camps zu entdecken. Doch an diesem Tag ist der Wildnis wenig zu entlocken. Wir genießen die Ruhe des Stroms. Gelegentlich springt ein Wildlachs aus dem Wasser. Diese bis zu einem Meter langen Fische sind die Leibspeise der Bären und ein Hauptnahrungsmittel der hier seit Jahrhunderten ansässigen Indianer.

Wie ein unendliches langes Band zieht sich der Fluss Kurve um Kurve durch die hügelige Landschaft. Wir begegnen keinem Boot, keinem Ort und keinem Menschen. An diesem Tag sind wir ganz allein auf dem Fluss. Nach sechs Stunden wird der Strom breiter, die Strömung kräftiger und schneller. Wir haben endlich den legendären Yukon erreicht.

Überraschung im Dickicht

Wir legen in Hootalinqua, einer alten Raddampferstation auf einer Insel im Yukon, an. Von 1899 an gab es hier in einem Indianerdorf eine Polizeistation. Heute ist der Lagerplatz verlassen. Eine alte Goldgräberhütte steht unweit des Ufers; sie ist mit einem neuen Schloss gesichert. Harmening bemerkt nach zwei Meilen am Ufer merkwürdige Bohlen. Vorsichtig legen wir an. Im Wasser sehen wir überall Holzpfosten, die unsere Boote aufspießen könnten. Sonst ist nichts zu erkennen. Neugierig schlagen wir uns durch dichtes Buschwerk landeinwärts.

Zum Schutz vor dem Eis des Yukon hat man diesen Raddampfer in ein Winterlager an Land gezogen. Ein längst vergessenes, bizarres Relikt des Goldwahns.

Was mag hier gewesen sein? Eine kleine Stadt, oder nur ein einsames Camp? Plötzlich stehen wir vor einer zehn Meter hohen Holzwand. Hier, 100 Meter vom Fluss entfernt, liegt mitten im Wald ein riesiger Flussdampfer. Harmening inspiziert den Dampfer vorsichtig. Man kann ihn zwar noch betreten, doch viele Bodenbretter sind durchgebrochen. Langsam steigt er hinauf bis zum Salon. Bald stellt er fest, dass das Schiff in der Wildnis fachgerecht aufgebockt wurde. Die Insel muss eine Art Winterlager für den Raddampfer gewesen sein. Man hatte ihn offensichtlich hier vor den gefährlichen Eisschollen des Yukon in Sicherheit gebracht.

Als wir einige Tage später gegen Abend unser Lager auf einer Halbinsel aufschlagen, hören wir die Geräusche eines Tiers im dichten Buschwerk am Ufer. Wir sind

An Bord gab es schicke Salons und Glücksspiel. Für die Raddampfer wurde der Wald entlang des Yukon nahezu vollständig abgeholzt. Mittlerweile sind wieder Bäume nachgewachsen.

erschrocken. Dann ein Schnauben. Ein Reiter in Uniform kommt aus dem Dickicht. Es ist ein Polizist der Royal Canadian Mounted Police. Konstabler Curtis Kuzma und sein Dienstpferd Hector sind auf dem Weg zu einem »Discovery Day« in einem nahen Goldgräbercamp. »Discovery Days« sind die Tage des ersten Goldfunds in einem Gebiet. Sie werden noch heute ähnlich wie bei uns die Schützenfeste mit großem Tamtam gefeiert, wenn auch nur noch wenige Menschen in den ehemaligen Goldstädten oder Siedlungen leben. Der Mountie hat einen entscheidenden Tipp für den Volkskundler. Er erinnert sich von Deutschen gehört zu haben, die als Raddampferkapitäne auf dem Yukon gearbeitet haben.

Der Hinweis wird sich später bei Harmenings Recherchen bestätigen. Die Raddampfer waren zur Zeit des Goldrauschs das Rückgrat der Versorgung mit allen lebensnotwendigen Gütern am Yukon. Straßen wurden im Wesentlichen erst nach dem Zweiten Weltkrieg gebaut. Bis dahin war der Strom die einzige Lebensader in der Wildnis. In vieler Hinsicht waren die Raddampfer das perfekte Transportmittel für den Yukon. Es gab verschiedene Typen, deren Aufbauten sich nach der jeweiligen Ladung richteten. Man versuchte, immense Mengen von schwerer Ladung auf einem möglichst leichten Schiff unterzubringen. Geschwindigkeit und Manövrierfähigkeit waren von besonderer Bedeutung. Die Ingenieure nahmen bei ihrer Konstruktion

Rücksicht auf die Sandbänke und die Geröllufer des Flusses. Man baute sie sehr flach und ohne Kiel, damit die Schiffe wenig Tiefgang hatten. Die Schiffe ließen sich mit eisernen Ketten, die vom Bug bis zum Heck reichten, sogar so spannen, dass – je nach Ladung und Wegstrecke – immer eine optimale Durchbiegung des Schiffskörpers gewährleistet war. Dank dieser Ketten war es möglich, die Raddampfer aus dem Holz der umliegenden Wälder zu bauen, das weniger Zugkräfte als normales Schiffsbauholz aufnehmen konnte oder – anders ausgedrückt – weicher war, als normales Schiffsbauholz. Angetrieben wurden sie mit einem Dampfkessel, befeuert wurden sie mit Holz. Die Besatzung führte an Deck relativ wenig Brennstoff mit, denn entlang des Yukon gab es alle fünfzig bis 100 Meilen Holzfällercamps, die für den notwendigen Nachschub an Brennmaterial sorgten. War der umliegende Wald abgeholzt, wurde das Camp, das meist nur aus Zelten bestand, einfach an einen anderen Ort verlegt. Der Holzverbrauch war besonders hoch, wenn gegen den Strom flussaufwärts gedampft wurde. Die Ruderhäuser wurden hoch über dem Schiffsboden errichtet, damit die Steuerleute eine möglichst gute Sicht hatten. Es war keine ungefährliche Reise. Strömungen und ständig wechselnde Wasserstände sorgten für Navigationsprobleme, häufig liefen Raddampfer auf Grund. Hauptgefahr war allerdings Feuer an Bord, da die Oberdecks zum Schutz vor Regen mit Baumwollsegeln überdacht waren. Flogen Funken aus dem Schornstein, konnte der Dampfer schnell in Brand geraten. Rund um die Uhr mussten deshalb Besatzungsmitglieder an Deck Feuerwache halten. Für die Passagiere der ersten Klasse gab es luxuriöse Kabinen, teilweise sogar mit eigenem Bad, während in der Decksklasse auf dem Schiffsboden geschlafen wurde. Es gab exponierte Aussichtsräume und gemütliche Salons, und auf der 2000 Meilen langen Fahrt von St. Michael nach Dawson, die über vier Wochen dauerte, wurde den Reisenden allerlei Unterhaltsames geboten: Musikkapellen spielten auf und ab und an wurden auch Maskenbälle veranstaltet.

Diese luxuriöse Art zu reisen konnten sich allerdings nur Wohlhabende leisten. Wer über weniger Geld verfügte, musste 1897 den kräftezehrenden Chilkoot-Pass oder später den etwas einfacher zugänglichen White-Pass bewältigen. Insgesamt wurden bis in die fünfziger Jahre 250 Raddampfer speziell für den Einsatz auf dem Yukon und seinen Nebenflüssen gebaut. Nur noch drei sind erhalten, darunter die »Evelyn«, die wir vor ein paar Tagen im Wald entdeckt haben. 1908 war sie in Seattle gebaut worden, leistete einige Jahre oder Jahrzehnte ihren Dienst und wurde irgendwann auf eingefetteten Baumstämmen an Land gezogen und der Wildnis überlassen.

Abenteurer aus Deutschland

Harmening wäre kein angesehener und erfolgreicher Wissenschaftler, wenn er neben der Feldforschung Archivrecherchen nicht besonders ernst nehmen würde. Die meisten schriftlichen Quellen finden sich schon lange nicht mehr an ihren ursprünglichen Aufbewahrungsorten, sondern in regionalen Archiven. Einerseits vereinfacht das die Arbeit, andererseits ist es schwierig, in der Fülle des Materials die richtigen und interessanten Unterlagen zu finden.

Im Yukon-Archiv in Whitehorse, einem gesichtslosen Neubau, macht Harmening nach langem Suchen eine faszinierende Entdeckung. Zwischen alten Folianten und speckigen Büchern aus der Zeit der Jahrhundertwende entdeckt er einen deutschen Text. Er kann es kaum fassen. Auf dreißig Seiten schildert ein gewisser Alexander Baethke detailliert, wie er sich im Frühjahr 1898 von Hamburg über New York und Skagway zum Klondike durchschlug. Harmening liest gebannt, was dieser Mann aus der Zeit des Goldrauschs berichtet: »Am zehnten Tag und elften Juni [1898] durchfuhren wir den zwanzig Meilen langen, sehr flachen Mud Lake. Undurchdringliche Rauchwolken lagerten über diesem See: hervorgerufen durch die vielen Waldbrände, welche durch das leichtsinnige Umgehen mit den Lagerfeuern verursacht worden waren. So mussten wir in der Nacht des elften Juni vor einem solchen Brand, welcher in einem Nachbarlager entstanden ist, schleunigst auf das Wasser fliehen, nur mit Mühe unsere Sachen rettend. Schaurig schön war der Anblick des vom Winde entfachten Flammenmeeres, welches in den Wipfeln der schlanken Bäume so weit das Auge reichte wütete.«

Auch Baethke hatte am Ufer des Lake Bennett auf den Aufbruch der Eisdecke gewartet und sich dann einer kleinen Bootsgesellschaft von Abenteurern aus den verschiedensten Ländern angeschlossen, die ihr Glück am legendären Klondike machen wollten. Sein Reisebericht sei ethnographisch überaus aufschlussreich, meint Harmening, da »er ganz verschiedene Erfahrungsebenen miteinander verschränkt: Das Subjektive mit dem Objektiven, das Gegenwärtige mit dem Geschichtlichen«.

Harmening vergleicht die Daten in dem Reisebericht mit seinen Unterlagen aus Hamburg. Verblüffenderweise sind trotz aller Kriegswirren die Passagierlisten der »Hamburg Amerika Paket Aktiengesellschaft« aus den Zeiten des Goldrauschs in einem Auswandererarchiv in der Hansestadt noch zugänglich. Sein Vergleich ergibt: Ein Alexander Baethke hat sich tatsächlich am 3. April 1898 auf dem Dampfer »Patria« eingeschifft und erreichte am 18. April des gleichen Monats New York. Doch woher kam er? Und was waren seine Beweggründe dafür, die Heimat zu verlassen?

Sein Gold reichte gerade für die Heimreise. Nach seinen Abenteuern in Alaska kehrte Alexander Baethke nach Berlin zurück, heiratete und wurde Gutsverwalter.

Hamburg und Bremen waren im 19. Jahrhundert die deutschen Auswandererhäfen. Ab Mitte des 19. Jahrhunderts waren es überwiegend Handwerker, die sich nach Amerika aufmachten. Meistens verbesserten sie ihren Lebensstandard erheblich, denn Land und Hausbesitz waren günstiger und die Löhne für Facharbeiter doppelt so hoch wie in Deutschland. Für ungelernte Arbeiter waren die Lebensbedingungen allerdings nur wenig besser als in der Heimat. Immerhin wurden damals in den USA – anders als heute – weniger Stunden pro Woche gearbeitet als in Deutschland. Intellektuelle waren in der absoluten Minderheit und fühlten sich in der neuen Welt auch nicht besonders wohl: So fiel dem Reisenden Gottfried Duden bereits 1824 auf, dass die Amerikaner viel zu viel Fleisch und dieses zudem viel zu hastig

Ein Reisebericht von Alexander Baethke

17.5.1898

[...] Nach einer sehr stürmischen Reise auf einem Postdampfer der Hamburger Paketfahrt Gesellschaft erreichte ich Mitte April glücklich New York. Großartig war der Anblick des Hafens mit der Freiheitsgöttin in der Mitte. Nachdem ich mir mit Mühe und Not ein Billet besorgt hatte, es wird hier mit dem Verkauf von Eisenbahnkarten viel Schwindel getrieben, trat ich meine Weiterreise auf der Canadian Pacific quer durch Nord-Amerika an. [...] Nach Wochen erreiche ich Dawson, wo sich auch die Residenz des Gouverneurs befindet. Die Ordnung ist im allgemeinen eine ganz gute, wozu hauptsächlich die schweren Strafen beitragen. Seit seinem Bestehen vor zwei Jahren ist Dawson zweimal von einer großen Feuersbrunst heimgesucht worden, von denen die letztere dadurch entstand, daß eine eifersüchtige Schöne ihrer Rivalin in einem Tanzlokal eine brennende Lampe an den Kopf warf. Nachdem ich mir einige Tage Dawson angesehen hatte, machte ich mich auf den Weg zu den Goldminen am Bonanza. Der Weg dorthin führt zuerst durch das schmale Tal des Klondike. Nach einstündiger Wanderung kommen wir in das eigentliche Minengebiet, jedoch müssen wir noch stundenlang einen Bach hinaufwandern. Zehn Meilen entfernt liegen die lohnendsten Goldgruben, welche, obgleich ihre Besitzer schon viele Millionen hinausgenommen haben, noch lange nicht erschöpft sind. [...] In der Nacht träume ich von zukünftgen Goldfunden.

(Reisebericht aus den Yukon Archives in Whitehorse)

verzehrten, während Charles Sealsfield alias Karl Postl, der sich zur selben Zeit wie Tocqueville um 1840 in den USA aufhielt, mit diesem das Befremden über den amerikanischen Materialismus teilte. Die Lebensphilosophie der Amerikaner, schrieb Sealsfield, lasse sich auf den Leitspruch »to make money« reduzieren.

Die deutschen Auswanderer gehörten bei ihrer Ankunft in Amerika nur in seltenen Fällen zu den Ärmsten der Armen. Durchschnittlich verfügten sie über Geldmittel in Höhe von achtzig Talern, das ist viel, gemessen an den damaligen Einkommen. Hätten sie allerdings vorher eines der Handbücher für Auswanderer gelesen, in denen rund 1000 Taler als Startkapital genannt wurden, dann hätten 95 Prozent aller deutschen Auswanderer ihre Heimat nie verlassen dürfen.

Die größten Auswandererwellen, bezogen auf die Gesamtbevölkerung der Heimatorte, gab es unter anderem in der Eifel, um Osnabrück und in Westfalen, wo um 1830 auf Grund zunehmender internationaler Konkurrenz in der Leinenindustrie viele Arbeitsplätze verloren gingen. Andere mussten nach der gescheiterten Revolution von 1848/49 vor den deutschen Behörden fliehen, weil sie als Aufrührer verurteilt worden waren. Und nicht wenige von ihnen, wie Friedrich Hecker, Carl Schurz, Friedrich Kapp, Lorenz Brentano und Theodor Olshausen, emigrierten in die USA. Auch nach der Einführung der Sozialistengesetze flüchteten viele deutsche Sozialdemokraten und Anarchisten nach Amerika. Ihnen erging es dort allerdings nicht besonders gut. Sozialistische Ideen passten nicht zum »american dream«.

Obwohl die Mehrzahl aller deutschen Einwanderer aus ländlichen Gebieten stammte, erwarben nur wenige von ihnen Farmland. Land gab es zwar zeitweise fast umsonst – für zehn Dollar verteilten staatliche Behörden Grundstücke für eine ordentliche Farm –, aber für die Wirtschaftsgebäude der Höfe mussten mindestens 500 Dollar Startkapital aufgebracht werden. Und das konnten die Wenigsten vorweisen.

In Missouri und Texas waren die Deutschen keine Pioniere, sondern »late comers«, die nicht die Prärie rodeten, sondern bestehende Farmen übernahmen. Das förderte nicht gerade ihr Ansehen. Theodor Roosevelt erklärte 1894, die amerikanische Nation brauche keine Deutsch-Amerikaner, sondern nur überzeugte Amerikaner. Die Deutschen beschwerten sich bei ihren heimischen Regierungen über den Assimilierungsdruck: Interessant ist in diesem Zusammenhang ein Schreiben des damaligen Staatssekretärs und späteren Präsidenten John Quincy Adams, der von solchen Nachfragen Kenntnis erhielt und den Einwanderern freundlich, aber bestimmt seine Linie bekannt gab: »Dies ist«, so Adams, »nicht ein Land der Privilegien, sondern der gleichen Rechte. [...] Auswanderer aus Deutschland oder anderen Ländern, die hierher kommen, sollten deshalb keine Begünstigungen von den Regierungen erwarten. [...] Sie müssen ihre europäische Haut abwerfen und sie nie wieder anziehen.« Doch angesichts des Goldrauschs konnte das viele deutsche Glücksritter nicht abschrecken. Für sie gab es nur eines: Auf zum Yukon!

Auf dem Wilden Strom

Professor Harmening will sich auf die Spur von Alexander Baethke machen. Weitere Analysen der Hamburger Unterlagen ergeben, dass er aus dem Ort Birkenwerder bei Berlin stammte. Der Deutsche hat einst den gleichen Weg wie alle anderen vom Goldrausch Besessenen genommen: den Yukon hinab.

Der Professor folgt jener Route, die Baethke in seinem Bericht nicht nur romantisch beschreibt: »Munter setzten wir am nächsten Morgen unsere Reise fort. Keiner von uns konnte ahnen, wel-

Passagierliste der »Patria«, Hamburg – New York, 3. April 1898

(Passagierliste aus dem ehemaligen Emigrationsbüro, Hamburg) cher gefährlichen Strecke wir entgegengingen, auch auf meiner Spezialkarte fehlte jeder Vermerk. Aus unserer sorglosen Ruhe wurden wir plötzlich durch gewaltiges Brausen aufgeschreckt, und bei jäher Biegung des Flusses befanden wir uns einem steilen Felsen gegenüber, an welchem sich die Wogen mit Donnergetöse brachen, vergebens war ein Ankämpfen gegen die Strömung, unwiderstehlich wurden wir fortgerissen und näher und näher rückte der Verderben bringende Fels. Ein vor uns fahrendes Boot wurde gegen denselben geschleudert und zerbrach. Zwei von den Insassen wurden von den Fluten fortgerissen und ertranken, drei andere hatten sich in Todesangst an den Felsen geklammert. Schon gaben wir den Kampf auf und wollten uns resigniert unserem Schicksal überlassen, als unser Boot von selbst wandte und haarscharf am Fels vorüberglitt. Unsere starken Ruder wurden dabei wie Strohhalme geknickt. So glücklich der Gefahr entronnen, strebten wir nun mit aller Kraft dem Ufer zu, um in Verbindung mit anderen dort lagernden Leuten den Verunglückten Hilfe zu bringen. Aber alle unsere Anstrengungen, zu dem Felsen zu gelangen, scheiterten an der rasenden Strömung. Da, als schon die Kräfte der Unglücklichen zu schwinden drohten, erschienen Indianer, welche gern Hilfe leisteten. In ihren leichten, kaum zehn Pfund wiegenden Birkenkanus, welche mehr über dem Wasser tanzten als darin schwammen, fuhren sie geschickt steuernd von der Strömung fortgerissen dicht am Fels vorüber, im Vorbeifahren einen nach dem anderen der Verunglückten packend und mit sich fortziehend, bis es ihnen gelang, in ruhigerem Wasser ans Ufer zu kommen. Nach diesem Aufenthalt setzten wir unsere Reise fort. Die Strömung blieb den ganzen Tag gleich reißend, dazu kamen viele Sand- und Felsbänke sowie einzelne Felsen, welche die Fahrt zu einer sehr gefährlichen machten. Zu beiden Seiten waren die Ufer mit Schiffstrümmern bedeckt und auch manches einsame Grab sprach zu uns von der Gefahr dieser Strecke. Wir saßen einige Male fest, kamen aber immer glücklich wieder los. Am Nachmittag erreichten wir die Mündung des Hootalinqua, welcher aus dem Teslin-Lake kommt und dort in den Yukon mündet. Am Vormittag des nächsten Tages passierten wir den Big Salmon River mit dem ersten Prospektor-Lager.«

Auch wir durchqueren die »Five Finger Rapids«, jene beeindruckende Formation von steilen Felsen im Fluss, die im letzten Jahrhundert nicht nur manchen Goldgräber auf seinem eilends zusammengezimmerten schwimmenden Gefährt, sondern auch großen Raddampfern zum Verhängnis wurde. Harmening muss an diesem Tag, um den Anforderungen von Kameramann Roland Breitschuh zu genügen, mehrfach die reißende Stromenge durchqueren. »Fünf Mal mit dem Faltboot an einem Tag durch die ›Five Finger Rapids‹, das ist bestimmt ein Rekord«, meint der unermüdliche Wissenschaftler, als das Team hinterher seine Paddelleistung bewundert.

Feuer in der verlassenen Siedlung

Zwei Tage später, die Reise geht über dreißig Kilometer an abgebrannten Wäldern vorbei, die in einer gewaltigen Feuersbrunst vor zehn Jahren lichterloh brannten, erreichen wir Fort Selkirk. Diese Ortschaft ist 25 Meilen entfernt von der nächsten Straße und wie schon zur Zeit ihrer Gründung 1848 nur per Boot zu erreichen. Langsam treiben wir auf die Blockhäuser zu. Kein Steg ist in Sicht. Aber Rauch steigt von irgendwoher auf. Oben am Ufer ist kein Mensch auszumachen. Es ist wie in einem jener Western, wo sich ein einsames Kanu einem soeben von Indianern abgebrannten Fort der US-Cavallery nähert. Als wir angelegt haben, treffen wir tatsächlich auf Indianer, die heute »political correct« »First Nation« genannt werden. Der Rauch, den wir bereits bemerkt hatten, gehört zu einem Lagerfeuer, das unerwartete Besucher zum Bleiben einlädt. Mariah von Bibber, so heißt die Indianerin, ist der gute Geist dieser alten Siedlung. Sie wacht, wie schon zuvor ihr Vater über dieses Kleinod in der Einsamkeit.

Fort Selkirk zieht uns sofort in seinen Bann. Mehr als drei Dutzend historische Gebäude aus der Goldrauschzeit sind erhalten geblieben. Es gibt keine Neubauten. Wir betreten eine der Hütten – eine Schule. Die grünen Bänke stehen noch an Ort und Stelle. Die Tafel hängt schief an der Wand. Der alte Kanonenofen in der Mitte des Raumes ist noch verwendbar. Alles sieht aus wie vor fast 100 Jahren. Träumen wir? Hat uns eine Zeitmaschine in die Vergangenheit zurückversetzt? Wir betreten das Haus, das

einst dem Offizier der hier stationierten Einheit der Royal Mounted Police als Büro diente. Ein ehemaliger Laden befindet sich gleich nebenan. Fort Selkirk, diese Geisterstadt, hinterlässt mit ihren zahlreichen Hütten und deren oft noch vorhandenem Inventar einen unheimlichen Eindruck. Es gibt eine Werkstatt, die aussieht, als wäre sie schlagartig verlassen worden. Wir finden immer wieder kleine Blockhäuser, Hütten, die noch mit den Betten und den Utensilien ihrer Bewohner zu Goldrauschzeiten ausgestattet sind. Anscheinend haben die Menschen, die hier lebten, sie vor vielen Jahren von heute auf morgen verlassen. Die Indianerin Mariah van Bibber bewacht diese vergessene Stadt aus der Goldgräberzeit den gesamten Sommer über. Eine kleine Kirche gibt es und daneben das Haus des Pastoren, sagt sie. Harmening schreitet durch verlassene Räume. Auch Baethke ist hier gewesen: »Gegen Abend erreichten wir Fort Selkirk mit einer Polizeistation und Post. Fort Selkirk ist eine alte Niederlassung der Hudson Bay Company, welche hier ein Dutzend Blockhäuser

Abgelegen von jeder Zivilisation haben viele der alten Goldgräberhütten unbeschadet die Zeiten überdauert. Fort Selkirk ist ein alter Handelsplatz der »Hudson Bay Company«.

erbaut hat und im Winter ihre Beamten hierherschickt, welche von den Indianern Felle gegen Waffen, Munition und Lebensmittel eintauschen.« Alte Zeitungen aus der Zeit des Goldrauschs liegen heute noch auf den rohen Holzdielen des ehemaligen Pastorenhauses herum. Der Pastellton der Wände verleiht dem Haus etwas sehr Unwirkliches.

Vorsichtig steigt Harmening die Treppe hinauf. Hinter einer Tür findet er wieder einen mit alten Zeitungen tapezierten Raum. Was damals eine Notwendigkeit war, Schutz gegen den eisigen Wind der arktischen Nächte, wird für uns zu einem beeindruckenden Einblick in die vergangene Zeit des Goldrauschs. An den Wänden lesen wir von den Goldfunden und von alltäglichen Begebenheiten der längst vergessenen Minen und Camps. Da ist die Rede von in Kürze anlegenden Raddampfern, von Schießereien im Saloon und von neu entdeckten Goldfeldern, die ihre Besitzer für einige Tage reich machten und doch schon längst erschöpft sind. Harmening ist fasziniert. Das ist wirklich äußerst lebendige Geschichtsschreibung. Zwischen all den Nachrichten einer längst untergegangen Welt findet er eine kurze Notiz: »Hamburg Amerika Linie von New York nach Hamburg.« Die Reederei gibt

Immer wieder stößt man auf Spuren der Vergangenheit. Alaska kommt uns vor wie ein Geschichtsbuch.

ihre Abfahrtszeiten in der örtlichen Zeitung bekannt. Mehrere tausend Kilometer von Deutschland entfernt. Mit einer Taschenlampe liest er im schwindenden Tageslicht weiter und stößt erneut auf einen entscheidenden Hinweis: Ein Bäcker wirbt auf einer fast verblichenen Zeitungsseite für seine »German Bakery«, seine deutsche Bäckerei. Das ist faszinierend, schon wieder ein deutscher Handwerker, der mit seinen daheim erworbenen Fertigkeiten versucht, hier in Amerika sein Glück zu machen.

Das Fort erweist sich als wahre Fundgrube für Relikte der Vergangenheit. Nur seine Abgelegenheit hat es vermutlich bisher vor der Plünderung bewahrt. Die Anlage ist so groß, so unübersichtlich, dass Mariah van Bibber sie allein gar nicht schützen könnte. Wie wir hören, investierte die kanadische Regierung schon Millionen Dollar, um die verrotteten Balken eingefallener Hütten so realistisch zu konservieren, wie es nur irgend geht. Wenn ein einst mit der Hand geschlagener Baum ersetzt werden muss, dann wird er auch heute noch mit der Hand gefällt und genauso bearbeitet wie damals. Die Authentizität, die damit erreicht wird, ist beeindruckend.

Nuggets aus deutscher Hand

Weit entfernt von den Ufern des Yukon, oben in den Bergen bei Keno, betreibt Hans Barchen seine Goldmine. Der gebürtige Augsburger ist Anfang der fünfziger Jahre des 20. Jahrhunderts ausgewandert. Eigentlich wollte er nur eine kurze Zeit bleiben, am Ende sind doch viele Jahrzehnte daraus geworden.

»Gold macht die Menschen verrückt«, sagt er und holt unter der Matratze seiner

Hütte auf seinem Minengelände einen Stoffsack hervor. Zwei Hände voll bis zu Taubeneiergroßen Nuggets prasseln auf die eigens auf den Tisch gestellte Schale. Solche Nuggets findet man nur noch selten. Auch der Goldaufkäufer Simon Wood ist erstaunt. Er ist heute den weiten Weg von Dawson City heraufgekommen, um den Sack Goldstaub, den Hans Barchen zusätzlich auf den Tisch stellt, aufzukaufen und zu einem Barren einzuschmelzen. Die Gerätschaften dafür hat er im Kofferraum seines Kombis. Es dauert fast zwei Stunden, bis der Gasbrenner den Goldstaub geschmolzen hat.

Barchen arbeitet nicht mehr mit der Goldpfanne im Bach, sondern mit mehreren riesigen Bulldozern und Lastwagen, die das Geröll auf eine Tiefe bis zu 25 Metern im Tagebau abtragen. Einmal hat er sogar ein Nugget gefunden, das ein Pfund schwer war. Das hat er nicht verkauft. Auch die anderen großen Nuggets will er nicht abgeben, obwohl sie auf dem Markt einen viel besseren Preis als Goldstaub erzielen würden. Sie gehören in den Safe im fernen Whitehorse und sollen das Familienerbe begründen. Zwei Söhne hat er hier in der Wildnis aufgezogen. Keine leichte Aufgabe – der nächste Ort mit etwa 100 Einwohnern

Eine Blechschüssel für zehn Dollar, mehr braucht man nicht – die Goldsuche kann beginnen.

»Sie haben Charakter«, sagt Hans Barchen. Die schönsten Nuggets verkauft auch ein Goldgräber nur ungern.

234

hat eine Kneipe, mehr Abwechslung gibt es in dem einsamen Bergcamp nicht.

Barchens Erfolg hängt von den Goldpreisen im fernen New York ab. Ob sich der Einsatz von zehntausenden Litern Dieselöl lohnt, wird an der Börse entschieden. Bis zum Anschlag auf das World Trade Center am 11. September 2001 verfiel der Preis des Edelmetalls ständig, denn die Staatsbanken der Welt lösen seit einigen Jahren ihre Goldreserven auf. Die Währungen sind nicht mehr an das harte Metall gebunden.

Gold wurde hier in den Bergen bei Keno schon während des Goldrauschs gefunden. Barchen erzählt mit viel Witz, wie die Entdecker, zwei Schweden, mit allerlei Finten die Männer aus Dawson, die sich an ihre Fersen geheftet hatten, in die Irre geführt haben. Lange Zeit wurde hier auch nach Silber gegraben, doch mittlerweile ist die Mine, die hunderte von Arbeitern beschäftigte, geschlossen. Denn Silber gibt es momentan im Überfluss.

Professor Harmening fragt Hans Barchen, ob er je etwas über seine deutschen Vorgänger zu Zeiten des Goldrauschs gehört habe. Hat er vielleicht von Alexander Baethke gehört, der seinem Reisebericht zufolge einige Täler weiter einen eigenen Claim abgesteckt hatte? Hans Barchen schüttelt den Kopf. Er hat weder von Baethke noch von anderen deutschen Goldgräbern der Jahrhundertwende je etwas vernommen. Im nächsten Ort gebe es allerdings ein paar deutschstämmige Einwanderer – vielleicht können sie uns auf die richtige Spur bringen.

In der Zwischenzeit ist der Goldstaub geschmolzen. Simon Wood gießt mit einem meterhohen Feuerschweif einen Goldbarren. »Der Wert beträgt circa 40 000 DM«, sagt er und Hans Barchen schaut befriedigt auf seine Ausbeute, die allerdings noch nicht golden hell schimmert. Den Glanz des Goldes wird dieser

Gold für über 25 000 Euro. Hans Barchen, der aus Augsburg stammt, sucht seit fünfzig Jahren Gold am Yukon.

Barren erst annehmen, wenn er in der Scheideanstalt bei einem erneuten Schmelzvorgang von anderen Metallen gereinigt wird. Der Goldaufkäufer bezahlt nicht cash. Eine Quittung mit Handschlag reicht am Yukon – man kennt sich seit Jahrzehnten. Wir dagegen sind verwundert, dass der Goldbarren ganz ohne Bewachung in einem normalen Auto abtransportiert wird. Straßenraub scheint man hier nicht zu befürchten.

Das war 1898 anders. Alexander Baethke berichtet von schwer bewaffneten Männern mit grimmigem Blick, die die Goldtransporte begleiteten. Es gab Gauner und Betrüger zuhauf, die neu angekommenen »Greenhorns« bereits abgesteckte und ausgebeutetete, aber angeblich immer noch goldhaltige Claims teuer verkauften, indem sie zuvor Goldstaub mit Flinten in den Boden geschossen hatten.

Der Goldstaub wird vom Aufkäufer noch im Goldgräbercamp eingeschmolzen. Zu leicht kann der feine Goldstaub sich in alle Winde verteilen.

120 Meilen hat sich Alexander Baethke 1898 den reißenden Stewart River hinaufgekämpft. Es war eine Quälerei. Mit bloßem Paddeln kamen sie nicht mehr vorwärts, sie zogen ihr Boot vom Ufer aus mit einem langen Tau hinter sich her. Oft wurde es von der Strömung wieder zurückgerissen. Ihre Hände waren blutig. Es muss eine sehr harte und gefährliche Reise gewesen sein: »Fünfzehn Tage haben wir so unter unendlichen Mühen gebraucht, bis wir den 125 Meilen aufwärts mündenden Mc Question erreichten. Der Mc Question ist ein Bach von ungefähr hundertzwanzig Meilen Länge. Er ist für Boote nicht befahrbar. Wir ließen daher unsere Fahrzeuge zurück, und mit Picke und Goldpfanne versehen, machten wir uns auf den Weg, um den Bach nach Gold abzusuchen. Aber es ging uns wie vielen anderen, wir fanden nichts, und nach fünftägigem vergebenem Suchen kehrten wir müde und abgerissen zu unserem Boot zurück.«

Fotograf im Goldrausch

Barchen bestätigt uns, dass die alten Claimbücher aus der Zeit des Goldrauschs noch in den Archiven vorhanden sind. Anhand der Namenslisten könnten wir den deutschen Goldgräbern auf die Spur kommen. Wir hören von Barchens Goldaufkäufer, dass es in Eagle, im amerikanischen Teil Alaskas, sehr viele Archivstücke über die deutschen Goldgräber geben soll. Eagle liegt zwar rund 400 Kilometer entfernt, doch so eine Distanz gilt hier im Norden noch als nähere Nachbarschaft.

Über den Top of the World-Highway fahren wir zur kanadisch-amerikanischen Grenze. Nach einigen Kilometern ist die Straße nicht mehr asphaltiert. Eagle liegt unterhalb eines mehrere 100 Meter steil aufsteigenden Felsmassivs an einer langen Biegung des Yukon. 160 Einwohner hat die Ortschaft heute, aber einst war dieser Flecken das Herz von Alaska – und beinahe wäre Eagle sogar Hauptstadt geworden.

Nach dem Gießen muss der Goldbarren vom Ruß befreit werden. Dann wird er poliert und erhält seinen begehrten Glanz.

Die Arbeit der Goldgräber war unvorstellbar hart. Sie konnten nur im Winter Schächte in den Boden hauen, im Sommer drohte der Schlamm an der Oberfläche jede Grube zu verschütten. Auf bis zu Minus sechzig Grad Celsius fiel in dieser Gegend im Januar das Thermometer. Gearbeitet wurde mit einfachsten Mitteln. Der gefrorene Boden wurde zunächst mit großen Holzfeuern aufgetaut, dann wurde gegraben. Hunger und Erfrierungen waren an der Tagesordnung.

Dieser Ort in der Wildnis am Yukon wurde am 5. Dezember 1905 weltberühmt: Mitten im eisigen Winter traf ein unbekannter Mann ein. Er sei über 1000 Meilen mit einem Hundeschlitten aus dem Norden von einem eingefrorenen Schiff her gekommen, sagte er den erstaunten Dorfbewohnern. Er müsse unbedingt ein Telegramm nach Norwegen schicken. Es war Roald Amundsen,

Aus dem Tagebuch von Arthur Froehlich

Oktober

12. Habe Brief von Marie & G. Stowt bekommen.
13. Eagle um 7 Uhr verlassen; heimgekommen um 4. Wetter klar.
14. G. ist jagen gewesen, ich habe die Fallen überprüft. Schöner Tag, nachts kalt.
15. Bin bei Willys Lager gewesen. Einige Elche gesehen. Klar.
16. Wind und Schnee.
17. Bin am Creek lang gelaufen. Klar.
18. Etwas Schnee.
19. Habe neue Fallen aufgestellt. Schnee.
20. Bin am Eldorado gewesen. Wolkig.
21. Bin bei den Wasserfällen gewesen. Wolkig.
22. Bin um 8 Uhr vom Crooked Creek losgegangen, hatte Probleme, bin erst um 3.30 Uhr in Barney angekommen. Gemeiner Tag, Schnee und Wind.

(Tagebuch aus der Eagle Historical Society)

der Polarforscher, der aller Welt mitteilen wollte, dass er die Nordwestpassage entdeckt habe. Das kleine Eagle machte weltweit Schlagzeilen.

Harmening trifft in dem verschlafenen Goldgräbernest Eagle auf Elva Scott von der »Eagle Historical Society«. Sie berichtet über einen deutschen Goldgräber, der in diesem Gebiet ganz in der Nähe einst eine Goldmine betrieben habe. Arthur Froehlich wurde 1862 in Berlin geboren und kam 1895 nach Alaska. Er arbeitete hart und war ein geselliger Mensch. Für uns ist er interessant, weil er Hobbyfotograf war und ein Tagebuch führte, das man uns gerne zeigt. Viele Goldgräber führten damals Tagebücher, um Feiertage nicht zu verpassen, an denen sie in die nächste Stadt wanderten. Feste waren für die Menschen in der Wildnis stets von enormer Bedeutung. Nach seinem Tod 1933 wurde an Froehlichs Schwestern in Deutschland eine jährliche Rente aus seinem Claim überwiesen. Sie betrug meist 100 Dollar, in guten Zeiten höchstens 150 Dollar pro Jahr. Das ist das spärliche Vermächtnis eines erfolgreichen Goldgräbers.

Analysiert man die Claimbücher aus der Zeit des großen Goldrauschs, dann wird schnell eines klar. Wer sich erst 1898 aus Europa aufmachte, um am Klondike sein Glück zu machen, kam zu spät, um noch einen einzigen Claim in dem legendären Gebiet abzustecken. »Für die Zurückgebliebenen auf dem alten Kontinent verloren sich die Spuren der Auswanderer bald. Doch lassen sich in wohl einzigartiger Weise die Wege der Goldsucher im Land verfolgen«, erklärt Harmening. Im Museum von Dawson, jener Goldgräberstadt, die den Goldfeldern am Klondike am nächsten liegt, hat Harmening umfangreiche Verzeichnisse der Grenzbehörden, der Überseeschiffe und Yukon-Dampfer, der

Herbergen, der Postfahrer und anderer gesellschaftlicher Gruppierungen und staatlicher Organisationen eingesehen. Mit diesen Informationen und 250 eindrucksvollen historischen Bildern hat er seinen spannend zu lesenden Forschungsbericht gestaltet und zahlreiche weitere schillernde Facetten der vom Goldfieber gepackten Deutschen am Yukon zusammengetragen.

Die Illusion vom großen Glück

Als im Sommer 1898 dann in Nome an der Beringstraße Gold gefunden wurde und obendrein noch einfach am Strand – nur Schaufeln waren nötig, um das Gold zu schürfen –, setzten sich Tausende nach dem neuen Eldorado ab. Noch heute macht Nome den Eindruck einer heruntergekommenen Goldgräberstadt. Keine Straße führt dorthin, es ist nur per Schiff oder mit dem Flugzeug zu erreichen. Vom Wetter ausgeblichene Häuser, teils schief, weil sie auf dem Permafrostboden abgesackt sind, prägen das Bild der Ortschaft. Doch in ihrer Umgebung ist der Goldrausch noch allgegenwärtig. Vierzig Dredges, jene gewaltigen schwimmenden Goldbagger, groß wie Raddampfer, verrotten im eisigen Polarwind. Wenn die Goldclaims sich erschöpften, wurde die mühsam hierher gebrachte Ausrüstung meistens da, wo sie gerade stand, zurückgelassen. Niemand hat die alten Maschinen abtransportiert. Zu unserer Überraschung befindet sich unter den Hinterlassenschaften der Goldgräber auch ein

Wenn in der Goldpfanne nach langem Suchen endlich das glänzende Metall auftaucht, bleibt kein Goldgräber ruhig.

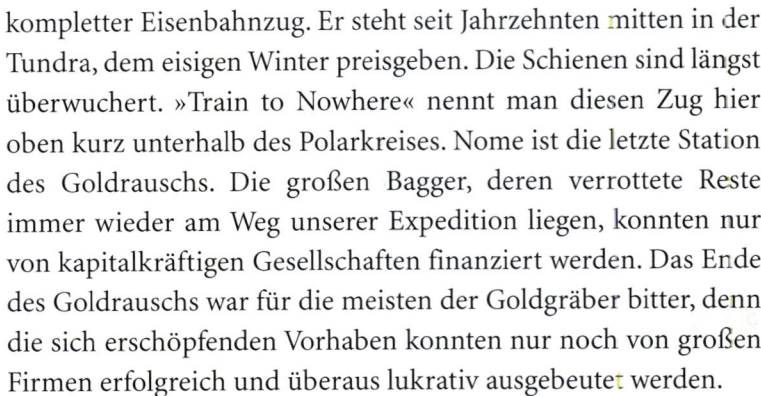

kompletter Eisenbahnzug. Er steht seit Jahrzehnten mitten in der Tundra, dem eisigen Winter preisgeben. Die Schienen sind längst überwuchert. »Train to Nowhere« nennt man diesen Zug hier oben kurz unterhalb des Polarkreises. Nome ist die letzte Station des Goldrauschs. Die großen Bagger, deren verrottete Reste immer wieder am Weg unserer Expedition liegen, konnten nur von kapitalkräftigen Gesellschaften finanziert werden. Das Ende des Goldrauschs war für die meisten der Goldgräber bitter, denn die sich erschöpfenden Vorhaben konnten nur noch von großen Firmen erfolgreich und überaus lukrativ ausgebeutet werden.

Der Goldrausch ist schon nach wenigen Monaten für die auf eigene Faust arbeitenden Abenteurer vorbei. Obendrein fordern die US-Bürger, dass Ausländer keine Claims mehr abstecken dürfen. Gesellschaften übernehmen die Goldfelder. Mit ihrem Kapital können sie wirtschaftlicher arbeiten, als die vielen tausend Männer, die ihre Hoffnung auf Glück bis hier an den Polarkreis geführt hat. Die Industrieruinen in der unwirtlichen Tundra sind die Mahnmale ihrer gescheiterten Hoffnungen.

»Train to Nowhere« nennen die Eskimos diesen Zug in der Tundra. Für viele Leute mündete der Goldrausch von Nome unterhalb des Polarkreises in ein rasches Ende des Traums vom großen Glück.

Victoria Moessner, eine Professorin aus Fairbanks, erzählt uns die abenteuerliche Geschichte der deutschen Künstlerin Augusta Enders-Schichanowsky, die im Jahr 1900 ganz allein von Berlin nach Nome zog. Während im kanadischen Teil Alaskas die Gesetzeshüter die schlimmsten Auswüchse verhinderten, muss Nome an der Beringstraße die Hölle für die Neuankömmlinge gewesen sein. »Jeden Morgen liegt hier eine Leiche auf der Straße«, schreibt ein Goldgräber schockiert nach Hause. Augusta Enders-Schichanowsky wohnt allein in einem Zelt. Sie selbst ist verwundert, dass sie niemand behelligt. Als die Pest ausbricht, muss die Deutsche

weiterziehen. Zuerst zu Fuß. Doch schon nach wenigen Tagen schwinden ihre Kräfte. Fieber befällt sie. Sie bricht zusammen. Ein Goldsucher findet sie und bringt die geschwächte Frau zurück nach Nome. Nach ihrer Genesung macht sie sich mit zwei Männern auf die Suche nach Gold. Als Malerin kann sie Katzengold und Glimmer auf Grund der Farbe schnell von richtigem Gold unterscheiden. Das verschafft ihr Anerkennung. Mit ihren Begleitern erreicht sie Council, ein gottverlassenes Goldgräbernest. Drei Claims kann sie am Bear Creek erwerben. Nebenbei betreibt sie anthropologische Studien. Sie sammelt Eskimoschädel für die Universität Berlin und das dortige Museum für Völkerkunde. Dann kommt der harte Winter. In den kalten Monaten schauen die Menschen morgens immer nach, wessen Schornstein noch raucht. Wenn kein Rauch aufsteigt, kann das bedeuten, dass der Hüttenbewohner erfroren ist, weil er in der Nacht den Ofen nicht nachgefeuert hat. Eines Morgens ist auch Augustas Schornstein ohne Rauch. In letzter Minute wird sie gerettet. Eine Militärpatrouille bringt sie nach St. Michael, von dort kehrt sie nach Deutschland zurück. Aber nur, um 1903 wieder nach Council zurückzukehren. Dort muss sie erleben, dass

Dredge beim »Jack Wade Camp«. Diese gewaltigen Schwimmbagger waren Anfang des 20. Jahrhunderts die wichtigsten Maschinen bei der professionellen Goldförderung.

241

Jahrzehntelang wurde mit diesem Gerät Gold gewogen. Als die Mine bei Dawson still gelegt wurde, blieb das Werkzeug zurück.

ihr Claim von einer Kapitalgesellschaft mit einer Dredge bearbeitet wird. Dagegen rechtlich anzugehen macht hier oben keinen Sinn, erkennt sie resignierend. Die beiden anderen Claims lässt sie bearbeiten, aber sie werfen gerade genug für die Rückreise ab. Das ist typisch für die Mehrzahl der deutschen Goldsucher. »Meine Goldfelder, wie großartig und wohlhabend das klingt, und wie wenig ist dahinter! Von der ganzen Herrlichkeit meiner Goldfelder ist mir nur etwas Goldstaub übergeblieben und ein einziges kleines Nugget«, schreibt sie 1926 nach ihrer Rückkehr nach Deutschland in ihren Erinnerungen.

Auch Alexander Baethkes Reise führt ihn in seinem Kanu bis an die Westküste. Er hat den letzten Raddampfer verpasst. In der Mündung des Yukon reißt ihn im Nebel der Tidenstrom auf den

Pazifik hinaus. Sein Kanu droht im Ozean zu kentern. Fast scheint das Schicksal ihn für seine Goldgier zu strafen. Doch er wird vom letzten Postdampfer, der im Herbst den Yukon herabfährt, aufgefischt und gerettet. Enttäuscht verlässt Baethke, wie viele der deutschstämmigen Abenteurer, Alaska und geht vermutlich nach Kalifornien. Später wird Harmening von Baethkes Nachfahren hören, dass der Goldsucher nach Berlin zurückkehrte und als Gutsverwalter sein Glück machte.

Kein Gold ohne Geld

Harmening fährt nachdenklich zurück nach Dawson. Unterwegs findet er in einem Archiv in Fairbanks Unterlagen über die Volkszählung von 1900. Diese Daten enthalten eine wissenschaftliche Überraschung. 525 Deutschstämmige sind aufgelistet, die 1900 im amerikanischen Teil von Alaska tätig sind: Doch wiederum nur ein knappes Drittel von ihnen, 168, arbeiten als Goldgräber. Harmening zieht Steuerunterlagen hinzu. Sie bestätigen seine Vermutung. Auf erstaunliche Weise löst sich plötzliche das Rätsel des Schicksals der Deutschen im Goldfieber. Sie kamen fast alle zu spät, um am Klondike als Goldgräber erfolgreich zu sein. Als Kaufmann, Hotelbesitzer, Handwerker, Bäcker oder Metzger verdienten sie mehr – und das obendrein mit sicherer Arbeit.

Der Sachse Arthur Schink wurde im Goldrausch reich. Doch nicht etwa mit der Goldpfanne, sondern als Konditor.

Viele Deutsche machen während des Goldrauschs ihr Glück. Aber nicht das Gold brigt ihnen Erfolg und Wohlstand, sondern ihre handwerkliche Begabung. Anhand eines alten Fotoalbums erzählt uns Archivar Gould die Geschichte von Ernst Schink, der als Siebzehnjähriger aus Treuen in Sachsen in aller Heimlichkeit vor dem Militärdienst flüchtet, kein Wort Englisch spricht, als Konditor im damaligen New Yorker Hotel »Waldorf Astoria« arbeitet, das sich auf dem Gelände des heutigen Empire State Building befand, und schließlich in Dawson eine Bäckerei aufmacht. Bald besitzt Ernst Schink die unterschiedlichsten Geschäfte und Firmen am Klondike, ja er eröffnet sogar eine Kohlenmine. Die Deutschen errichten Hotels und Werkstätten, eröffnen Saloons oder gründen Unternehmen wie der Postfahrer Ed Biedermann. In den dreißiger Jahren wurde er mit seiner Schlittenpost zu einer Legende Alaskas.

Das Gold, das auf den Straßen der Goldgräberstädte ausgegeben wurde, brachte den deutschen Einwanderern Wohlstand. »Mining the miners« nannte man dieses Geschäftsprinzip. Anders konnte man am Klondike sein Glück in dieser späten Phase nicht mehr machen – die besten Claims waren längst abgesteckt.

Aus den Steuerunterlagen der damaligen Zeit gehen weitere Details hervor. Ein Emil Geisler – damals 32 Jahre alt – verdiente als Goldgräber 1901 240 Dollar. Ein Paul Geisler, der drei Jahre zuvor mit 31 Jahren an den Yukon kam, brachte es ebenfalls auf ein Einkommen von 240 Dollar jährlich. Das war das damalige Standardgehalt der auf den abgesteckten Claims angestellten Goldgräber. Auch Hermann Alewell, seit 1898 Goldgräber, und Ernst Hein kamen nicht über dieses Einkommen hinaus.

Wir waren Wochen unterwegs auf der Suche nach den Spuren deutscher Goldgräber, nach den alten Lagerstätten und Minen, Abbauplätzen und Schürfstellen einer versunkenen Epoche. Wir haben die alten Goldgräber-Camps gefunden und Nuggets in den Händen gehalten, die heute noch dem Boden entlockt werden. Und wir haben die Spuren der Deutschen im Goldfieber wiedergefunden. Viele von ihnen blieben – aber nicht als Golddigger, sondern als Bäcker, Uhrmacher, Hoteliers. Eine ganz eigene, unerwartete Glücksgeschichte.

»Das Ergebnis ist für mich überraschend«, erklärt Harmening zum Abschluss unserer Expedition. »Die Deutschen haben das wenige, was sie gefunden haben, anders als Auswanderer anderer Nationen, schnell in eine solide Existenz investiert. Sie haben Serviceleistungen erbracht. Sie haben Wurst gemacht, Bier gebraut und haben Hotels geführt, sie waren Kneipiers und Uhrmacher, fuhren im Sommer auf den Yukon-Dampfern und im Winter mit den Hundeschlitten Post über das Land. Das spiegelt eine besondere Einstellung zur Arbeit wider. Sie zogen es vor, in soliden Berufen zu arbeiten. Indem sie das taten, erfüllten sie ungewollt –

und für uns vor allem überraschend – das, was man ihnen, wohl eher als Schmähung gedacht, hinterherrief, als sie Deutschland verließen: »Bleibe im Land und nähre dich redlich.«

Geblieben ist der Mythos vom schnellen Reichtum der kleinen Leute auf den Goldfeldern am Klondike.

Andreas Orth

»Nach Golde drängt, am
Golde hängt doch alles«,
seufzt Gretchen in Goethes
»Faust«. Wen wundert's,
beim Anblick dieser
Nuggets?

DIE »AKTE GOLD« – NOTIZEN ÜBER BARES UND WUNDERBARES

WER KENNT SIE nicht, die Geschichten von Habgier und Hinterlist, Niedertracht und Gewalt, Verrat, Verzweiflung und Untergang, die alle um das eine kreisen: Gold! Wohin auch immer die Geschichte den Goldstaub geweht hat, überall – so will es scheinen – hat er ein bösartiges, ansteckendes Fieber hervorgerufen und eine Blutspur hinterlassen. Und doch: Stellen wir uns einmal vor, ein nüchterner unvoreingenommener, wissbegieriger Kriminalist würde sich die »Akte Gold« zur Hand nehmen, was würde er finden?

Zuallererst sicher einen ausführlichen chemischen Steckbrief. Die Kollegen aus der Naturwissenschaft haben gut gearbeitet, wird er feststellen, auch wenn er die Befunde nur überfliegt: Ordnungszahl 79; relative Atommasse 196,9665; Dichte 19,32 Gramm pro Kubikzentimeter; Schmelzpunkt bei 1064,43 Grad Celsius; hohe Widerstandskraft gegen Luft, Wasser, Säuren, Basen und Salze; große Leitfähigkeit für elektrischen Strom; höchste Dehnbarkeit unter allen Metallen. Auf den ersten Blick also kein besonders verdächtiges und wahrscheinlich erst recht kein kriminelles Element, stellt der lesende Detektiv fest. Eher ein Stoff mit vielen

Tugenden, ganz und gar außergewöhnlich, ein edles, geradezu charakterfestes Material. Besonders beeindruckend: Dichte und Dehnbarkeit. Sogar konkrete Beispiele gibt die Akte an die Hand: Aus einem einzigen Gramm Gold lässt sich ein feiner Draht über drei Kilometer Länge ziehen. Und ein Barren von 12,5 Kilogramm reicht aus, um diesen Draht von 0,006 Millimetern Durchmesser auf die Länge des Erdumfangs zu bringen. Spektakuläre Eigenschaften also, aber Fehlanzeige, was bösartige Neigungen oder gar konkrete Schuldfaktoren für die in Rede stehenden Kapitalverbrechen angeht.

Unser Kriminalist wird auch die weiteren Ausführungen über Goldgewinnung und Goldverarbeitung, über Gold als Kriegsbeute, Grabschmuck oder Währungsfaktor, über die Kulturgeschichte, die Mythologie oder die Alchemie des Goldes lesen, ohne die Verdachtsmomente gegen das angeblich »mörderische« Metall erhärten zu können. Denkerisch begabt und analytisch geschult, wird er nach etwas suchen, das stets dann auf den Plan getreten ist, wenn auch der vermeintliche Missetäter »Gold« am Werk war. Es wird nicht lange dauern, bis er fündig wird: Es ist der Faktor Mensch.

Die »Akte Gold« liegt natürlich nicht auf dem Schreibtisch eines Kriminalkommissars oder eines Detektivs. Sie befindet sich auch nicht in einem Geheimfach an einem schwer zugänglichen Ort. Ganz im Gegenteil, sie ist öffentlich einsehbar, für jedermann, der lesen kann, zu erreichen, auch wenn er viel Zeit mitbringen muss, um all die Dokumente, Chroniken, Berichte und Geschichten zu studieren, die seit Jahrtausenden zusammengetragen wurden. Die »Akte Gold« füllt ganze Bibliotheken und Archive – ein unvergleichliches Arsenal von Daten und Fakten, von Erlebnissen und Erinnerungen, in dem es nur vordergründig um Chemie oder Geologie, um Minen oder Schatzkammern, um Blattgold, Rotgold oder Weißgold, um Barren, Münzen und Nuggets geht. Nicht Metallkunde, sondern Menschenkunde ist das größte Kapital der »Akte Gold«.

»Nach Golde drängt, am Golde hängt doch alles«, lässt Goethe Gretchen sagen. Der viel zitierte Seufzer aus »Faust«. Der Tragödie erster Teil ist zu einer Universalformel für die Affinität des

Menschen zum edelsten aller Metalle geworden. Nur Märchenhelden, die keine Entwicklung vor sich haben (wie etwa der einfältige Hans im Glück), können es sich leisten, einen Klumpen feinstes Gold wie einen lästigen Stein wieder loszuwerden. In der Entwicklungsgeschichte des Homo sapiens aber ist zwischen Mensch und Gold schon seit Urzeiten eine Art anthropologischer Magnetismus, eine unauflösliche Geschichts- und Schicksalsgemeinschaft entstanden.

Gold dürfte das erste Metall gewesen sein, das dem Menschen auf seinen Streifzügen begegnete. Es beeindruckte ihn durch Glanz, Gewicht und Geschmeidigkeit und blieb Stimulans seiner Sehnsucht, weil es sich rar machte. Liebe auf den ersten Blick also, wenn man zur Liebe auch jene Formen rechnet, die von der Besessenheit oder der Sucht kaum noch zu unterscheiden sind. Aus gutem Grund steht am anderen Ende der Heldenskala – als Antipode des Hans im Glück – der sagenumwobene König Midas, dem als bittere Konsequenz seiner Wünsche alles zu Gold wird, was er berührt. Auch Brot, Braten und Wein.

Silber, Bronze, Kupfer, Zinn und Eisen in allen Ehren – ohne Gold wäre menschliche Zivilisation und Kultur merkwürdig glanzlos geblieben. Gold sorgte für Schönheit, Pracht und Macht. Seine Ausstrahlung und seine Unzerstörbarkeit ließen es weit über alles Materielle hinaus in den Bereich des Jenseitigen und Überirdischen ragen; es baute Brücken zur Ewigkeit und zu den Göttern. Goldschmiede aller Zeiten setzten ihrer Zunft immer dann die Krone auf, wenn es um Heiliges und Himmlisches ging.

So wurden Mensch und Gold unzertrennlich. Mit Gewinn für beide Seiten – der Mensch hatte ein Metall gefunden, das ihm (fast) alle Träume erfüllte; das Gold fand einen Bewunderer, der über Leichen ging, um es zu besitzen; der Völker ausrottete, Flüsse vergiftete und Berge versetzte, um es zu vermehren; der es in einer unendlichen Vielfalt von Verwendungen und Verarbeitungen zum Leuchten brachte und es schließlich – über den konkreten Umgang hinaus – tief in den Bereich seiner Sprache, seiner Phantasie und seiner schöpferischen Kräfte eindringen ließ.

Gold ist nicht nur ein Metall, es ist mehr, es ist eine Farbe, ein Symbol, eine Metapher, eine Botschaft, ein Prinzip, ein Wort, ein

Klang. Was wären Wissenschaft und Kunst ohne den »Goldenen Schnitt«, jenes Harmonie stiftende Maß der Maße, wonach die Teilung einer Strecke durch einen auf ihr liegenden Punkt so vorzunehmen ist, dass sich der größere Abschnitt zur Gesamtstrecke so verhält wie der kleinere Abschnitt zum größeren? Was wäre das Heilige Römische Reich ohne die »Goldene Bulle«, die griechische Mythologie ohne das »Goldene Vlies« oder die Religionsgeschichte ohne das »Goldene Kalb«?

Von den Meisterwerken der Architektur, der Bildenden Kunst und der Malerei ganz zu schweigen. Komplette Stilrichtungen und Epochen würden verarmen oder hätten gar nicht stattgefunden ohne die konstitutive Kraft der Farbe Gold. Ob hellenistische Mosaike, byzantinische Ikonen, karolingische Evangeliare oder gotische Fresken, ob Rembrandtsche Porträts oder Turnersche Landschaften, ob Botticellis »Frühling«, Jan Vermeers »Dame mit der Goldwaage« oder Paul Klees »Goldfisch« – ohne die Signatur des goldroten Schimmers wären sie alle undenkbar! Nicht zufällig ist es der Sohn eines Goldgraveurs, der Österreicher Gustav Klimt, der den Glanz des Edelmetalls am markantesten in die Malerei der Moderne trägt.

Trostlos auch der Blick in den Bildersaal deutscher Dichtung, wenn diese der Goldmangel oder gar der Goldverzicht träfe: Ohne das dreifache Gold von Haar, Geschmeide und Kamm hätte Heines Loreley ihren Zauber schwerlich entfalten können. Und ohne das metallische Leuchten, dem viele Herbstgedichte von Mörike bis Trakl und von Storm bis Benn Magie und Melancholie verdanken, sähe die deutsche Lyrik arg geplündert aus. Wie heißt es im »Oktoberlied« von Theodor Storm: »Der Nebel steigt, es fällt das Laub; / schenk ein den Wein, den holden! / Wir wollen uns den grauen Tag / vergolden, ja vergolden!«

Allen Vergoldungen in Literatur, Kunst und Wissenschaft zum Trotz – die reichsten Goldvorkommen geistiger Art (nimmt man einmal die ebenfalls goldgesättigten Sprichwörter aus) finden sich noch immer in Sagen und Märchen. Bares und Wunderbares sind hier eine kostbare Allianz eingegangen. Goldesel und Goldeier, natürlich zentnerschwer und von Adlern eingeflogen, goldene Kugeln, goldene Schlüssel, goldene Spinnräder, die Goldmarie nicht zu vergessen, Kammern voll Stroh, die zu Gold werden – wohin man auch sieht: Gold in seiner reinsten Form, unentbehrlich offenbar, um Gut und Böse, Freunde von Feinden und wirkliche Freunde von falschen Freunden zu trennen, um Dummheit zu enttarnen und Klugheit zu belohnen, um Gleichnisse zu erzählen und dem Menschen einen Spiegel vorzuhalten.

Spätestens in den gleichnishaften Geschichten der Märchen enthüllt sich dem lesenden Detektiv und allen anderen, die lesen können und lesen wollen, der wahre Schatz der »Akte Gold«. Über Zeiten und Räume hinweg versammelt sie feine, funkelnde Körnchen, die zur Selbsterkenntnis des Menschen beitragen können, gibt ihm einen goldenen Schlüssel an die Hand, um tief in sein Innerstes zu blicken und mehr über sich zu erfahren; um sich nicht nur mit den Glanzleistungen, sondern auch mit den Verwerflichkeiten zu beschäftigen, zu denen er fähig ist; um das Fieber zu messen, das nicht vom Gold, sondern von ihm selbst ausgeht. Unser Gold-Detektiv hat sein Ziel erreicht; er hat ein schillerndes, aber unschuldiges Metall gefunden – und einen Täter, dem er tief in die Augen und in die Seele sehen kann.

Metall und Mensch werden auch weiterhin unzertrennlich sein. Für die Technologien der Zukunft – von der Elektronik bis zur Raumfahrt – ist das Gold unverzichtbar und das Spektrum seiner Vorzüge noch längst nicht ausgeschöpft. Auch das Reservoir goldhaltiger Gleichnisse und Geschichten wird wachsen – und mit ihm der Spiegel, der Erkenntnis ermöglicht. Das vorliegende Buch und die ZDF-Fernsehserie möchten dabei mithelfen.

Die »Akte Gold« ist offen. Mensch und Gold sind längst noch nicht fertig miteinander.

Hans Helmut Hillrichs, im goldenen Oktober 2001

DIE AUTOREN

Gisela Graichen, geboren in Stendal, studierte Publizistik, Rechts- und Staatswissenschaften und ist diplomierte Volkswirtin. Als Fernsehautorin entwickelte sie für das ZDF die preisgekrönten Filmreihen *Schliemanns Erben*, *Humboldts Erben* und *C 14* über die Forschungsergebnisse von Archäologie und Naturwissenschaften. Für die Konzeption der Reihe *C 14* wurde sie mit dem Deutschen Preis für Denkmalschutz ausgezeichnet.

Ingo Helm, geboren 1955, studierte Geschichte und Germanistik in Marburg und Hamburg. Seit 1981 freier Autor, Journalist und Regisseur von Fernsehdokumentationen. Von 1992 bis 1996 war er Redaktionsleiter bei ZEIT TV, danach entstanden zahlreiche Filme für ZDF, NDR, 3Sat, SWF u.a., darunter auch Beiträge für die ZDF-Reihe *C 14 – Schatzjäger in Deutschland*. Für seinen Film über das Brandenburger Tor in Berlin erhielt er 1992 in Chicago den *Infofilm International Special Award*, für ein Porträt von Willy Brandt in der ZDF-Reihe *Kanzler* 1999 den Hans-Klein-Medienpreis.

Hans Helmut Hillrichs, geboren 1945, studierte Germanistik, Kunstgeschichte, Publizistik, Philosophie und Psychologie. Seit seiner Promotion 1977 ist er für das ZDF tätig. Von 1990 bis 1993 war er Leiter der ZDF-Redaktion »Kultur, Bildung und Gesellschaft«, seit 1993 leitet er die ZDF-Hauptredaktion »Kultur und Wissenschaft«. Er ist Autor und Herausgeber zahlreicher Publikationen zu kulturgeschichtlichen Themen und Medienfragen, zusammen mit Gisela Graichen veröffentlichte er unter anderem *C 14 – Vorstoß in die Vergangenheit*, *C 14 – Die Gebeine des Papstes* sowie *Und wenn sie nicht gestorben sind ... Briefe an Märchenfiguren*.

Andreas Orth, geboren 1957, studierte an der Hochschule für Bildende Künste in Hamburg Architektur, Visuelle Kommunikation und frei Kunst. Seit 1979 ist er als Redakteur und Autor bei verschiedenen Agenturen, Tageszeitungen und Magazinen tätig. Seit 1987 arbeitet er hauptsächlich als Fernsehautor und Producer für öffentlich-rechtliche und private Sender. 1997 wurde er mit dem Ernst-Seidel-Preis der Deutschen Industrie- und Handelskammern für Fernsehberichterstattung ausgezeichnet. Nach den Reihen *Humboldts Erben* und *C 14* ist *Goldfieber* sein drittes Projekt in Zusammenarbeit mit Gisela Graichen.

Peter Prestel, geboren 1962, studierte an der Hochschule für Fernsehen und Film München, Abteilung Dokumentarfilm. Seit 1986 ist er Autor und Regisseur zahlreicher TV-Dokumentationen für den Bayerischen Rundfunk, den Südwestrundfunk und das ZDF. Für Gisela Graichen ist er ein unverzichtbares Teammitglied; er arbeitete bereits bei den ZDF-Reihen *C 14 – Archäologische Entdeckungen in Deutschland*, *Schliemanns Erben*, *Humboldts Erben* und *Goldfieber* mit ihr zusammen.

Thomas Schuhbauer, geboren 1969 in Straubing, studierte Geschichte, Anglistik und Politische Wissenschaften. 2001 Dissertation über die Revolution im Fernsehen der Deutschen Demokratischen Republik 1989/90. Nach Volontariaten im TV-Dokumentarbereich war er zunächst als Redakteur für historische und aktuelle Magazine tätig. Seit 2000 ist er Producer für Dokumentationen.

LITERATURVERZEICHNIS

Von Zauberhüten und dem »Fleisch der Götter«

◆ Staatliche Museen zu Berlin, Museum für Vor- und Frühgeschichte (Hg.): *Acta Praehistorica et Archaeologica*, Bd. 32/2000
◆ Wamser, Ludwig/Gebhard, Rupert (Hg.): *Gold. Magie Mythos Macht. Gold der Alten und Neuen Welt*, Katalog der Ausstellung in der Archäologischen Staatssammlung München, Stuttgart/München 2001

Gold aus Tausendundeiner Nacht

◆ Armbruster, Barbara: »Production traditionelle de l'or au Mali«, Sonderdruck aus *L'or dans l'Antiquité*, Frankfurt a. M., o.D. [1996], S. 163-181
◆ Armbruster, Barbara: »Traditionelles Goldschmiedehandwerk in Mali (Westafrika) als Analogie zu Beispielen bronzezeitlicher Metallverarbeitung«, Magisterarbeit, J.W.-Goethe-Universität Frankfurt a. M. 1989
◆ Barth, Heinrich: *Die große Reise. Forschungen und Abenteuer in Nord- und Zentralafrika 1849-1855*, herausgegeben von Heinrich Schiffers, Tübingen/Basel 1977
◆ Beckwith, Carol/Fisher, Angela: *Afrika. Kulte, Feste, Rituale*, München 1999
◆ Caillié, René: *Travels trough Central Africa, to Timbuctoo and accross the Great Desert, performed in the years 1824-1828*, 2 Bde., London 1830
◆ Cuoq, Joseph M.: *Recueil des sources arabes conçernant l'Afrique Occidentale du VIIIe au XVIe siècle*, Paris 1975
◆ Fischer, Rudolf: *Gold, Salz und Sklaven. Die Geschichte der großen Sudanreiche Gana, Mali, Songhai*, 2. Aufl., Oberdorf (SUI) 1991
◆ Huysecom, Eric: *Die archäologische Forschung in Westafrika*, 2 Bde., München 1987
◆ Huysecom, Eric et al: *2001 – Ounjougou (Mali): résultats préliminaires de la quatrième campagne de recherches*, Swiss-Liechtenstein Foundation for Archaeological Research Abroad, Jahresbericht 2000, S. 105-150
◆ MacIntosh, Roderick James: *The Peoples of the Middle Niger: The Island of Gold*, Malden (MA) 1998
◆ Rudolph, Georg: *Die Abenteuer des Mungo Park. Ein Schotte zieht durch Afrika*, Hamburg 1981
◆ Scagnet, Ernst: »Das Gedächtnis der Erde«, Neue Zürcher Zeitung vom 26./27. 5.2001, S. 65-67
◆ Selby, Bettina: *Timbuktu! Eine Frau in Schwarzafrika allein mit dem Fahrrad unterwegs*, 4. Aufl., München 2000

Das Gold der Steppenreiter

◆ Aitmatow, Tschingis/Krochin, Vadim/Korkin, Vladimir: *Mein Land. Kirgisien, Kasachstan. Ein Fotoband*, Fischerhude 1988

Akishev, K. A./Issyk, Mound: *The Art of Saka in Kazakhstan*, Moskau 1978

Akishev, K.: *The Ancient Gold of Kasakhstan*, Almaty 1983

Gossel-Reck, Berthild u.a.: *Gold der Skythen. Schätze aus der Staatlichen Eremitage St. Petersburg* Katalog der Ausstellung in St. Petersburg und Hamburg, Neumünster 1993

Herodot: *Historien*, Stuttgart 1971

Pander, Klaus: *Zentralasien. Usbekistan, Kirgisistan, Tadschikistan, Turkmenistan, Kasachstan*, Köln 1996

Parzinger, Hermann: »Vettersfelde – Mundolsheim – Aspres-lès-Corps. Gedanken zu einem skythischen Fund im Lichte vergleichender Archäologie«, in: *Kulturen zwischen Ost und West. Das Ost-West-Verhältnis in vor- und frühgeschichtlicher Zeit und sein Einfluß auf Werden und Wandel des Kulturraums Mitteleuropa*; Festschrift für Georg Kossack, Berlin 1993

Popescu, Grigore Arbore/Antonini, Chiara Silvi/Baipakov, Karl: *L'Uomo d'Oro*, Katalog der Ausstellung über die Steppenkulturen Kasachstans in Mantua, Milano 1998

Rolle, Renate u. a. (Hg.): *Gold der Steppe. Archäologie der Ukraine*, Katalog der Ausstellung im Archäologischen Landesmuseum Schleswig, Schleswig 1991

Rolle, Renate: *Die Welt der Skythen. Stutenmelker und Pferdebogner: Ein antikes Reitervolk in neuer Sicht*, Luzern/Frankfurt 1980

Schiltz, Véronique: *Die Skythen und andere Steppenvölker. 8. Jahrhundert v. Chr. bis 1. Jahrhundert n. Chr.*, München 1994

Das Gold der grünen Hölle

Dianda, Michael: *Goldsucher – Ein Beruf mit Zukunft*, Lathen 2000

Dianda, Michael: *Wo die Flüsse schneller fließen*, Lathen 1999

Golpira, Ariane: *Schlangen in meiner Pfanne*, Lathen 1999

Graudenz, Karlheinz/Schindler, Hanns Michael: *Die Deutschen Kolonien*, Augsburg 1994

Kenntner, Georg /Kremnitz, Walter A.: *Neuguinea. Expedition in die Steinzeit*, Andechs 1984

Lipscomb, Adrian/McKinnon, Rowan/Murray, John: *Papua New Guinea*, Hawthorn 1998

Meyer, Hans: *Das Deutsche Kolonialreich*, Leipzig 1910

Tappenbeck, Ernst: *Deutsch-Neuguinea*, Berlin 1901

Das Gold vom wilden Strom

Berton, Pierre: *The Klondike Fever*, New York 1958

Harmening, Dieter: *Am Wilden Strom. Frühe Goldgräbertage im Norden Amerikas*, Stuttgart 2002

Pennington, Gerald L.: *Klondike Stampeders Register*, San Diego 1997

Pitcher, Don/Castleman, Deke: *Alaska – Yukon Kompakt. Terramagica*, Luzern 2000

BILDNACHWEIS

Titel/ Inhalt
Gould, J. A./Yukon Archive, Dawson: 4
Schecker, M.: 2

**Von Zauberhüten und dem
»Fleisch der Götter«**
Germanisches Nationalmuseum,
Nürnberg: 10
Historisches Museum der Pfalz, Speyer: 9
Plamp, C./Museum für Vor- und
Frühgeschichte, Berlin: 6
Römisch-Germanisches Zentralmuseum,
Mainz: 11
Stiftung Preußischer Kulturbesitz,
Berlin: 13

Gold aus Tausendundeiner Nacht
Agentur Focus: 36
Armbruster, B.: 39, 40, 58
Beckwith, C./Fisher, A.: 42
Bibliothèque Nationale Paris: 28/29, 33
Kirtley, M.: 24
Santore, C.: 55
Schecker, M.: 18-23, 25, 27, 30, 31, 43-54,
56, 57, 59-73

Das Gold der Steppenreiter
Hermann, N.: 79, 87-91, 96-102, 104-120,
127, 130-132
Helm, I.: 121-123, 133
Pestarque, G.: 74-76, 78, 85, 124, 128, 129
Rolle, R.: 94, 103

Das Gold der grünen Hölle
Archiv für Kunst und Geschichte, Berlin:
148
Minengesellschaft Progera: 178
Schecker, M.: 134-174, 176-187

Das Gold vom wilden Strom
Archiv für Kunst und Geschichte, Berlin:
200/201
Becker, Ethel/Alaska Geographic Society,
Anchorage: 195
City Museum/Historical Society, Dawson:
205, 243
Gould, J.A./Yukon Archive, Dawson: 197,
199
Kunkel, J.: 192
Schecker, M.: 188-190, 193, 194, 198, 202,
204, 207-222, 231-242, 245
Yukon Archive, Whitehouse: 203

**Die »Akte Gold« – Notizen über
Bares und Wunderbares**
Schecker, M.: 246

Wir danken allen Rechteinhabern für die
freundliche Erlaubnis zum Abdruck der
Abbildungen. Trotz intensiver Bemühungen war es nicht möglich, alle Rechteinhaber zu ermitteln. Wir bitten diese, sich an
den Verlag zu wenden.